Thorsten Heese

Glokalgeschichte

Thorsten Heese

Glokalgeschichte

Ein Ausstellungsprinzip

Bibliografische Information der Deutschen Nationalbibliothek

Die Deutsche Nationalbibliothek verzeichnet diese Publikation in der Deutschen Nationalbibliografie; detaillierte bibliografische Daten sind im Internet unter http://dnb.d-nb.de abrufbar.

www.wochenschau-verlag.de

Umschlaggestaltung: Ohl Design
Umschlagbild: adobe stock, deni
Gedruckt auf chlorfrei gebleichtem Papier
Gesamtherstellung: Wochenschau Verlag
ISBN 978-3-7344-1548-7 (Buch)
E-Book ISBN 978-3-7566-1548-3 (PDF)
DOI https://doi.org/10.46499/2200

Inhalt

„Wir waren sehr traurig, dass wir getrennt wurden. Wir weinten vor Heimweh. Wir sind von unseren Leuten weggeholt worden. Siebzig Tage sind wir von Afrikaland übers Wasser gefahren, und jetzt trennen sie uns wieder. Darum klagen wir. Wir können nicht anders. Wir singen: Eh yea ai yeah, La nah say wu; Ray ray ai yea, nah nah saho ru.“[1]

Oluale Kossola [Cudjo Lewis]
(Bante Yoruba [Benin] ca. 1841–1935 Africatown [=Plateau]/Alabama)

Gewidmet all denjenigen Leben, deren Geschichten nicht mehr erzählt, die nicht mehr gewürdigt werden können, weil die Zeit sie verschüttet hat. Ein anderes Gedächtnis hätte sich ihrer erinnert.

1 Zora Neale Hurston: Baracoon. Die Geschichte des letzten amerikanischen Sklaven. 3. Aufl. München 2020, S. 95. – Oluale Kossola wurde 1860 auf der letzten Mittelpassage des transatlantischen Sklavenhandels in die USA verschleppt. Der Gesang ist ein Abschiedslied, das gegenseitig eine sichere Reise wünscht.

1. Von zeitgemäßen musealen Lernorten und Ziehbrunnen der Geschichte – eine Einführung

Das Museum als öffentliche Institution gehört zu den Schwergewichten der Kulturszene im Allgemeinen wie der Geschichtskultur im Besonderen. Der Begriff umfasst eine höchst diverse Bandbreite unterschiedlichster Einrichtungen – vom staatlich geförderten Nationalmuseum bis zur dörflichen Heimatstube. Es ist so etabliert wie vielfältig, so faszinierend wie gefürchtet, so magisch wie kritisiert. Nur eines ist es nicht: so statisch und verstaubt wie sein kolportiertes Image. Denn die Museumswelt befindet sich in stetem Wandel. Das mag nach außen vielleicht nicht immer sofort sichtbar sein. Dennoch sind die Mitarbeiter:innen im Museum, bei allen Schwerfälligkeiten, die der Institution hier und dort innewohnen mögen, in einem regen regelmäßigen Austausch über neueste museologische, gesellschaftliche und kulturelle Entwicklungen.

Aktuell sind zwei Trends für die Zukunft des Museumswesens von besonderer Bedeutung. Das betrifft einerseits die Öffnung des Museums hin zu seinem Publikum und andererseits den Einfluss der post- bzw. de-kolonialen Debatte.

Eigentlich ist der Wunsch nach einer verbesserten Öffnung der Museen kein wirklich neues Thema. Seit Jahrzehnten werden Möglichkeiten zur Senkung der Schwellenangst diskutiert. Die Museumspädagogik hat nicht nur in der Theorie gewaltige Fortschritte gemacht[2], sondern sich zudem im Bewusstsein von Kulturpolitiker:innen glücklicherweise so fest etabliert, dass ein Museum heute nicht mehr ohne museumspädagogisches Personal denkbar ist. Früher ging es allerdings noch stärker um eine Hinwendung zu den sog. bildungsfernen Schichten; der als bildungsbürgerlich konnotierte „Musentempel" sollte zu einem „Lernort"[3] für alle werden. Die aktuellen Diskussionen versuchen nun einerseits, angesichts einer sich weiter diversifizierenden bundesdeutschen Gesellschaft neu entstandene und entstehende Communities mit in diesen Prozess einzubeziehen. Die Zielgruppen verändern sich also, nicht zuletzt im Zuge der „New Museology" und ihrem besonderen Fokus auf soziale Aufgaben der Kultureinrichtung Museum. Andererseits sollen der Bevölkerung nicht nur mehr

---

2 Siehe exemplarisch: Beatrix Commandeur u.a. (Hg.): Handbuch Museumspädagogik. Kulturelle Bildung in Museen (Kulturelle Bildung; 51). München 2016; Alfred Czech u.a. (Hg.): Museumspädagogik – Ein Handbuch. Grundlagen und Hilfen für die Praxis. Schwalbach/Ts. 2014.

3 Ellen Spickernagel/Brigitte Walbe (Hg.): Lernort contra Musentempel. 3. Aufl. Gießen 1979.

oder andere kulturelle Angebote gemacht werden. Anstelle eines reinen Kulturkonsums sollen sich Menschen vielmehr aktiv und unmittelbar an Prozessen im Museum beteiligen können. Die Schlagworte dazu entwickeln sich fast inflationär. Ob von „Partizipation“[4] oder „Audience Development“[5], vom „Offenen Museum“[6] oder vom „Dritten Ort“[7], von „Inklusion“, „Integration“ oder „Diversitätsorientierung“[8], vom Wandel der Museumsbesucher:in zur User:in[9], vom „lebenslangen Lernen“[10] o.a. die Rede ist – signalisiert wird damit der „Abschied vom klassischen Museumsverständnis“.[11] Einmal anheimgestellt, was ein solcher Abschied tatsächlich bedeuten würde respektive welche ‚klassischen‘ Grundpfeiler für die Museumsarbeit elementar sind und bleiben – ich komme später bezüglich des historischen Lernens im Museum darauf zurück[12] –; spürbar ist, dass das Museum künftig seine Fähigkeiten als kommunikativer, sozialer Ort flächendeckend erkennen und deutlich erweitern wird.

***

Weitaus größere Wellen in der medialen Öffentlichkeit schlägt der zweite Trend. Zwar ist die post-koloniale Debatte angesichts der oft fragwürdigen Herkunft ethnologischer Sammlungsstücke schon länger in der Museumsszene

---

4 Anja Piontek: Museum und Partizipation. Theorie und Praxis kooperativer Ausstellungsprojekte und Beteiligungsangebote. Bielefeld 2017; Susanne Gesser u.a. (Hg.): Das partizipative Museum. Zwischen Teilhabe und User Generated Content. Neue Anforderungen an kulturhistorische Ausstellungen. Bielefeld 2012.

5 Deby Hayes/Alix Slater: Rethinking the missionary position – the quest for sustainable audience development strategies. In: Managing Leisure 7, 2002.

6 Matthias Dreyer/Rolf Wiese (Hg.): Das offene Museum. Rolle und Chancen von Museen in der Bürgergesellschaft (Schriften des Freilichtmuseums am Kiekeberg; 74). Ehestorf 2010.

7 Birgit Mandel: Das Museum als dritter Ort und guter Nachbar? Wie das Bemühen um neue und andere Besucher*innen Museen transformiert. In: Museumskunde 1, 2020, S. 4–8.

8 Brigitte Vogel: Inklusion – Integration – Migration. Das Museum als Raum für gesellschaftspolitische Herausforderungen? In: GWU 68, 2017, H. 1/2, S. 39–51.

9 Thorsten Heese: Gestern Besucher – morgen lebenslanger ‚User‘. Jüngere Trends in der Museumspädagogik. In: GWU 63, 2012, H. 11/12, S. 705–719; Léontine Meijer-van Mensch: Vom Besucher zum Benutzer. In: Museumskunde 74, 2009, S. 20–26.

10 Michael Eissenhauer/Dorothea Ritter (Hg.): Museen und lebenslanges Lernen. Ein europäisches Handbuch. Berlin 2010.

11 Elke Kollar: Abschied vom klassischen Museumsverständnis. Wege zu und mit einem heteregonen Publikum. In: Museumskunde 1, 2020, S. 10–15.

12 Siehe Kapitel 3.

angekommen.[13] Deutlichster Ausdruck dafür ist der Wandel zahlreicher Museumsnamen seit Beginn des neuen Jahrtausends. So heißt das ehemalige „Staatliche Museum für Völkerkunde“ in München seit 2014 „Museum Fünf Kontinente“, und 2018 änderte das 1879 gegründete Hamburger „Museum für Völkerkunde“ seinen Namen in „Museum am Rothenbaum – Kulturen und Künste der Welt MARKK“, um nur zwei Beispiele zu nennen.[14] Das ethnologische Museum steht demnach intern längst auf dem Prüfstand: „Quo vadis, Völkerkundemuseum?“[15]

---

13 Siehe dazu einige Beispiele in Nicole Burzan/Jennifer Eickelmann: Machtverhältnisse und Interaktionen im Museum. Frankfurt/M.-New York 2022, S. 40 f.; die Restitutionsforderungen selbst sind bereits weit älter als die aktuelle Debatte. Sie reichen zum Teil bis in die Zeit nach dem Ersten Weltkrieg und dann insbesondere in die Phase der Dekolonisierung Afrikas zurück; Thomas Sandkühler u.a.: Restitution und Geschichtskultur im (post-)kolonialen Kontext. Facetten einer schwierigen Debatte. In: ders. u.a. (Hg.): Geschichtskultur durch Restitution? Ein Kunst-Historikerstreit. Köln 2021, S. 9–33; hier S. 12.

14 Eine andere, in diesem Kontext interessante Namensdiskussion betrifft die „3. Welt“-Läden und -Zentren. Einst aus sozialpolitischem Engagement für die ärmeren Länder der Welt entstanden, nennen Sie sich mittlerweile zum Teil bereits „Weltladen“, „Eine Welt Laden“ o.ä., um eine Hierarchisierung unterschiedlicher Regionen der Welt zu vermeiden; für Osnabrück siehe Rainer Lahmann-Lammert: Ist der Name noch zeitgemäß? Seit 40 Jahren eine Institution – doch nun hadert das Aktionszentrum 3. Welt Osnabrück mit der eigenen Bezeichnung. In: NOZ, 1.9.2022, S. 12.

15 Michael Kraus/Karoline Noack (Hg.): Quo vadis, Völkerkundemuseum? Aktuelle Debatten zu ethnologischen Sammlungen in Museen und Universitäten (Edition Museum). Bielefeld 2015; in Erinnerung an frühe Ansätze der Ethnologie plädiert Glenn Penny: Im Schatten Humboldts. Eine tragische Geschichte der deutschen Ethnologie. München 2019 für eine differenziertere Debatte. Insbesondere erinnert er an Adolf Bastian, der 1876 Direktor der Berliner ethnologischen Sammlungen wurde, und dessen Vision: „Der Zweck von Bastians Museum war die Schaffung einer Einrichtung für die Produktion von Wissen über die Menschheitsgeschichte, und es stünde uns gut an, zu dieser Vision zurückzukehren. Bastian konzentrierte seine immense Energie auf das Sammeln von materieller Kultur, weil er erkannte, dass alle menschengemachten Objekte historische Texte sind, die Hinweise auf das Weltbild der Menschen enthalten, die sie herstellten und benutzten. Er konzentrierte seine Energie auf die Dinge, die am meisten vom Verschwinden bedroht waren, und in vielen Fällen sind die Stücke, die er für sein Museum erwerben konnte, die einzigen Zeugnisse von Menschen, die zu einer bestimmten Zeit an einem bestimmten Ort lebten. Darin liegt ihr größter Wert. Wir wären dumm, ihn zu ignorieren.“ Ebd., S. 249. – Dagegen spricht Rebecca Habermas: Rettungsparadigma und Bewahrungsfetischismus. Oder was die Restitutionsdebatte mit der europäischen Moderne zu tun hat. In: Thomas Sandkühler u.a. (Hg.): Geschichtskultur durch Restitution? Ein Kunst-Historikerstreit. Köln 2021, S. 79–99 von dem brüchig gewordenen Rettungsparadigma einer fehlgeleiteten Sammelleidenschaft.

Obgleich also deutsche Museen bereits begonnen haben, ihr „heikles erbe“[16] systematisch aufzuarbeiten, konnte die öffentliche Debatte um den richtigen Umgang mit der eigenen kolonialen Vergangenheit dennoch eskalieren.[17] Symbolisch dafür steht das „Humboldt Forum“ im rekonstruierten Berliner Schloss.[18] Das erste Nutzungskonzept für ein „Humboldtforum“ im Schloss wurde am 17. April 2002 von der international mit Expert:innen besetzten Kommission „Historische Mitte Berlin“ vorgestellt.[19] Die ursprünglich für September 2019[20] geplante Eröffnung verschob sich schließlich auf 2021/22.

Die Kontroverse um das „umstrittenste Kulturprojekt Deutschlands“[21] würde ein eigenes Buch füllen. Das Forum bildet den „Kristallisationspunkt der Restitutionsdebatte in Deutschland“.[22] Der Hauptvorwurf geht dahin, dass Forum würde mit Exponaten, deren Herkunft aufgrund der kolonialgeschichtlichen Hintergründe mehr als fragwürdig sei, eine unreflektierte eurozentristische Perspektive der Weltkultur präsentieren. Jürgen Zimmerer als einer der zentralen Agierenden im kolonialgeschichtlichen Diskurs beklagte 2015 an-

---

16 Siehe exemplarisch Alexis von Poser/Bianca Baumann (Hg.): heikles erbe. Koloniale Spuren bis in die Gegenwart. Hannover-Dresden 2016; Stiftung Deutsches Historisches Museum (Hg.): Deutscher Kolonialismus. Fragmente seiner Geschichte und Gegenwart. Berlin-Darmstadt 2016.

17 Zur Debatte siehe exemplarisch den Exkurs „Kolonial geprägte Museen? Machtverhältnisse in Diskursen um Restitution und Repräsentation“, in: Burzan/Eickelmann 2022, S. 33–47.

18 Der Streit um die Rekonstruktion des Berliner Schlosses ist noch älter als die Debatte um das Forum. Letzteres kam erst nachträglich als Nutzungsoption für das Schloss ins Spiel. Nachdem der Deutsche Bundestag im Juli 2002 für den Wiederaufbau des Schlosses gestimmt hatte, wurde 2006/07 dazu ein Architektenwettbewerb ausgelobt. Dieser wurde Ende November 2008 zugunsten des Entwurfs des Architekten Francesco Stella entschieden. Dieser stellt der nahezu vollständigen Rekonstruktion des 1698–1707 von Andreas Schlüter geschaffenen Barockbaus eine moderne Rückseite als dezenten Kontrast entgegen; Kristina Pezzei: Der Historie ergeben. Es kam nicht zum Eklat. Jury prämierte einstimmig den Entwurf von Francesco Stella. Dieser setzt Vorgaben eins zu eins um. In: taz, 29./30.11.2008, S. 4.

19 Nicola Janusch: Das Humboldt Forum im neuen alten Berliner Schloss. Von Forschergeist durchdrungen, Gesellschaft verstehen […] bei freiem Eintritt. In: Magazin museum.de 27, 2016, S. 18–31; hier S. 24 f.

20 Anlass wäre der 250. Geburtstag von Alexander von Humboldt (Berlin 1769–1859 Berlin) am 14. September gewesen.

21 Hanno Rauterberg: Und in uns tönt die Welt. Endlich! Das neue Berliner Schloss zeigt seine ethnologische Sammlung. Nach allen Debatten spricht jetzt die Kunst. In: Die Zeit, Nr. 39, 23. September 2021, S. 49.

22 Burzan/Eickelmann 2022, S. 35.

lässlich des Richtfestes des Baus die offensichtliche Geschichtsvergessenheit des Projektes gegenüber der deutschen Kolonialgeschichte:

„Es ist dieses erinnerungspolitische Vakuum, in dem das unreflektierte Feiern kolonialen Sammelns und völkerkundlicher Ausstellungen, wie es in vielen Verlautbarungen im Umfeld des Humboldt Forums durchscheint, besonders negative Reaktionen hervorruft. Den Verantwortlichen hätte von Anfang an bewusst sein müssen, dass viele der Sammlungsobjekte unter den Bedingungen des Kolonialismus erworben wurden, was die Legalität und die moralische Legitimität dieser Erwerbungen in Frage stellt. […] Im besten Fall ist die bisherige Geschichte des Humboldt Forums ein Kommunikationsdesaster.“[23]

Entgegen der geäußerten Kritik soll das „Humboldt Forum“ gemäß seiner Konzeption gerade eine post-koloniale Ausstellung sein, die im Gegenüber mit der auf das europäische Kulturerbe fokussierten Berliner Museumsinsel eine neue öffentliche Sphäre schafft, die außereuropäischen Sichtweisen im Zentrum Europas Raum gibt. Dieses Gegenüber soll den traditionellen eurozentrischen Blickwinkel in Frage stellen, um sich dadurch einem neuen Wissen über die Welt mit ihrer kulturellen Vielfalt und den damit verknüpfbaren, aber bislang ungenutzten Potenzialen zu öffnen. Auf diese Weise möchte das „Humboldt Forum“ zu einem Symbol der globalisierten Welt in der Metropole Berlin werden.[24]

Abseits der Fragwürdigkeit der 680 Millionen Euro[25] teuren Rekonstruktion eines preußischen Herrschaftsbaus, der engstens mit der kolonialimperialen Politik Brandenburg-Preußens und des Deutschen Kaiserreichs in Verbindung steht[26], sind zwei Ereignisse besonders hervorzuheben. Für die inhaltliche Konzeption des Forums wurde ein mit internationalen Expert:innen

---

23 Jürgen Zimmerer: Humboldt-Forum: Das koloniale Vergessen. In: Blätter für deutsche und internationale Politik 7, 2015, S. 13–16; hier S. 15 f.

24 Stiftung Humboldt Forum im Berliner Schloss. https://www.humboldtforum.org (letzter Aufruf: 5.1.2023).

25 Penny 2019, S. 248 hätte das Geld eher in die Erforschung der in Frage stehenden ethnologischen Sammlungen investiert: „Das ist eine Schande. Es wäre so viel mehr möglich, wenn nur ein Bruchteil jener Hunderter Millionen Euro, die für das Humboldt Forum in der Mitte Berlins ausgegeben wurden, den Sammlungen, der Zusammenarbeit, zusätzlichen Mitarbeitern und der Forschung an den Sammlungen, die im Dahlemer Exil bleiben, zugute käme.“

26 „Das Schloss repräsentiert die antidemokratischen Traditionen eines reaktionären Herrscherhauses.“ Ulrich Gutmair: Die Attrappe einer besseren Vergangenheit. In: taz, 21.7.2021, S. 1.

besetztes beratendes Gremium einberufen. Aus diesem trat die Kunsthistorikerin Bénédicte Savoy 2017 mit dem Bemerken aus, die Problemlage des Projektes sei „unter einer Bleidecke begraben wie Atommüll".[27] Sie bemängelte einen zu geringen Willen der federführenden Stiftung Preußischer Kulturbesitz, die kolonialgeschichtlichen Hintergründe der auszustellenden Objekte zu recherchieren. Die politische Dimension dieser Entscheidung zeigt sich darin, dass Savoy parallel dazu gemeinsam mit dem senegalesischen Wirtschaftswissenschaftler Felwine Sarr für Frankreich die im November 2018 veröffentlichte Studie „Die Restitution des afrikanischen Kulturerbes"[28] erarbeitete. Den Auftrag dazu hatte der französischen Präsident Emmanuel Macron im März 2018 erteilt, und zwar in der Folge seiner programmatischen Rede vom 28. November 2017 in Burkina Faso an der Universität von Ouagadougou. Diese hat die Restitutionsdebatte wieder neu angestoßen.[29] In ihrer Studie plädieren die beiden Wissenschaftler:innen für eine großzügige Rückgabe von in französischen Museen lagernden afrikanischen Kulturgütern und stießen damit bei Macron auf offene Ohren.[30]

Das zweite Ereignis fällt in die Phase der schrittweisen Eröffnung des „Humboldt Forums" ab Juli 2021. Nur wenige Wochen zuvor veröffentlichte der Historiker Götz Aly sein Buch „Das Prachtboot. Wie Deutsche die Kunstschätze der Südsee raubten".[31] Darin recherchiert Aly die koloniale Geschichte eines der zentralen Exponate des Forums: ein von der ozeanischen Insel Luf stammendes Ausleger-Boot, das 1903/04 nach Berlin gelangt ist. Sein Fazit

---

27 dpa: Streit ums Humboldt Forum. Debatte über Provenienzforschung zu Ausstellungsobjekten. In: NOZ, 3.8.2017, S. 28.

28 Felwine Sarr/Bénédicte Savoy: Restituer le patrimoine africain. Paris 2018 (www.restitutionsreport2018.com); siehe auch die gekürzte deutsche Übersetzung von Daniel Faster: Zurückgeben. Über die Restitution afrikanischer Kulturgüter. Berlin 2019.

29 Dort sagte Macron: „Ich kann nicht hinnehmen, dass ein großer Teil des kulturellen Erbes mehrerer afrikanischer Staaten in Frankreich liegt. Es gibt dafür historische Erklärungen, aber es gibt keine akzeptable Rechtfertigung dafür." Zit. nach: Philippe Baqué: König Behanzins geraubt Schätze. In: Le monde diplomatique 8, 2020, S. 10 f.; hier S. 11.

30 Georg Blume: Macrons Ethik des Sammelns. Mit seinem radikalen Vorhaben zur Rückerstattung afrikanischer Kunst wirbelt der französische Präsident die Welt der Museen durcheinander. In: Die Zeit, Nr. 49, 29.11.2018, S. 48; KNA: Zeitenwende in Frankreich? Studie plädiert für Rückgabe afrikanischen Kulturgutes. In: NOZ, 24.11.2018, S. 27. – Eine über erste symbolische Rückgaben hinausgehende systematische Regelung für Restitutionen steht bislang aus.

31 Götz Aly: Das Prachtboot. Wie Deutsche die Kunstschätze der Südsee raubten. Frankfurt/M. 2021.

lautet, dass das Boot nicht, wie vom Museum behauptet, rechtmäßig erworben worden ist.[32]

Abb. 1: Modell eines Ausleger-Bootes (Geschenk von Steuermann Prelle). Holz, Maßstab 1:12 bis 1:20, Ceylon, vor 1888 © Museumsquartier Osnabrück: 2128

Mit seiner Publikation hat Götz Aly gewissermaßen das öffentlichkeitswirksam durchgeführt, was Bénédicte Savoy 2017 bei ihrem Rückzug vermisst hat. Er hat exemplarisch am Luf-Boot die Provenienzforschung durchgeführt, die für die Glaubwürdigkeit der Museumsarbeit in ethnologischen Museen erforderlich ist. Dafür hätte er sich kaum ein besseres Exponat des „Humboldt Forums" aussuchen können. Denn das Boot ist äußerst eindrucksvoll. Aufgrund seiner Größe von 16 Metern Länge musste es bereits während der laufenden Bauarbeiten ins Schloss transportiert, ja förmlich ‚eingemauert' werden. Am 28. Mai 2018 wurde das restaurierte Stück medienwirksam in einer klimatisierten Transportkiste durch eine danach wieder zu schließende Mauerlücke in das Gebäude verfrach-

32 Dazu gibt es allerdings auch Gegenpositionen: Brigitte Hauser-Schäublin: Warum das Luf-Boot im Humboldt-Forum bleiben kann. In: Die Zeit, Nr. 29, 15.7.2021, S. 53.

tet. Im Kontext der post-kolonialen Diskussion mutet es fast symbolträchtig an, dass das Boot nun das Gebäude nicht mehr unbeschädigt verlassen kann; es sei denn, dass Gebäude nimmt Schaden.[33]

Angesichts der beiden genannten Ereignisse wird die besondere kulturpolitische Dimension deutlich, die sich derzeit wie in einem Brennglas am Berliner „Humboldt Forum" abzeichnet. Derweil zeitigt die Restitutionsdebatte erste Erfolge, nicht zuletzt, weil sich Politiker:innen zunehmend für das Thema sensibilisieren lassen. Auch ohne dass Götz Aly Bücher publiziert, wird an deutschen Museen regelmäßig zur Provenienz von Sammlungsgut geforscht. Die geförderte Provenienzforschung etabliert sich mittlerweile auch über NS-Raubgut hinaus im kolonialgeschichtlichen Kontext. Erste Objekte werden restituiert, darunter die Säule von Cape Cross aus dem Deutschen Historischen Museum, Witbooi-Bibel und -Peitsche aus dem Stuttgarter Linden-Museum sowie insbesondere humane Überreste.[34] Ferner beschlossen Bund und Länder am 16. Oktober 2019 gemeinsam, zur Vereinfachung der Restitution von Gegenständen eine zentrale Anlaufstelle einzurichten. Im August 2020 nahm die „Kontaktstelle für Sammlungsgut aus kolonialen Kontexten in Deutschland" ihre Arbeit auf.[35]

In aller Munde sind dabei die in mehreren europäischen Ländern befindlichen Benin-Bronzen, von britischen Kolonialtruppen 1897 während ihres vernichtenden Feldzugs gegen das damalige Königreich Benin im Königspalast gestohlen. Auch hier zeichnen sich Regelungen ab. 2010 wurde die „Benin Dialogue Group" unter internationaler Besetzung gegründet, um u.a. den Bau eines neuen Museums in Benin-Stadt vorzubereiten.[36] Die Gruppe wurde allerdings noch nicht offiziell damit beauftragt, die Restitution von Objekten

---

33 Zur Debatte vgl. auch den Exkurs „Kolonial geprägte Museen? Machtverhältnisse in Diskursen um Restitution und Repräsentation". In: Burzan/Eickelmann 2022, S. 33–47 sowie das Kapitel „Humboldt als Zugpferd". In: Penny 2019, S. 253–268.

34 epd: Berlin gibt „Cape Cross" an Namibia zurück. In: NOZ, 18.5.2019, S. 25; Andreas Fanizadeh: Restitution als Chance. Die Heimkehr von Peitsche und Bibel – die Namibia-Initiative der baden-württembergischen Landesregierung setzt neue Maßstäbe im Umgang mit dem früheren Kolonialismus. In: taz, 9./10.3.2019, S. 12 f.; Patrick Guyton: Daheim statt dahoam. In München wird der Leichnam eines Aborigines an sein Volk zurückgegeben. Fast 100 Jahre lang war der gestohlene Körper in einem Museumsdepot eingelagert. In: taz, 10.4.2019, S. 14.

35 dpa: Anlaufstelle für Restitution von Kolonialobjekten. In: NOZ, 17.10.2019, S. 26; Kontaktstelle für Sammlungsgut aus kolonialen Kontexten in Deutschland. www.cp3c.de (letzter Aufruf: 5.1.2023).

36 Burzan/Eickelmann 2022, S. 34.

zu koordinieren. Deutschland plant mittlerweile die vollständige Übereignung aller in deutschen Museen vorhandenen Benin-Bronzen.[37] Nach der deutschen Absichtserklärung zur Rückgabe der Kunstschätze Anfang Juli 2022 durch Außenministerin Annalena Baerbock und Kulturstaatsministerin Claudia Roth mit ihren nigerianischen Amtskollegen konnte der nigerianische Botschafter in Deutschland, Yusuf Tuggar, mit mehreren deutschen Museen Rückgabeabkommen unterzeichnen. Am 20. Dezember 2022 gaben die beiden deutschen Politikerinnen dann in einem symbolträchtigen Akt während ihrer Reise nach Nigeria in der Hauptstadt Abuja die ersten 20 Bronzen offiziell zurück. Damit übernimmt Deutschland nach Aussage des nigerianischen Direktors der Nationalen Kommission für Museen und Monumente, Abba Isa Tijani, bei der Restitution eine Vorreiterrolle ein.[38]

Was das „Humboldt Forum" betrifft, so kann es nach seiner Eröffnung kritisch in Augenschein genommen werden. Eine der ersten Stimmen spricht von einem „Museum der gemischten Gefühle [...]. Über weite Strecken gelingt es, die Balance zu wahren. Das Museum lässt uns die Eigenmacht der Dinge spüren, ihre Würde; zugleich bleibt die Frage nach Schuld und Verantwortung nicht außen vor."[39] Und auch ein Perspektivwechsel hin zu der Sicht der seinerzeit Kolonisierten scheint möglich, da Europäer:innen im Museum „auf ihre Ahnen [treffen], auf Figuren aus Holz, von afrikanischen Künstlern in der Kolonialzeit geschnitzt. Weiß getüncht sind die Gesichter, blau die Augen, um den Mund ein verkniffener Zug. Verdutzt sehen sie uns an, diese Ahnen. Noch verdutzter schauen wir zurück."[40]

In der Selbstdarstellung des Forums wird erkennbar, dass die Verantwortlichen bemüht sind, aus der Debatte die kritischen Argumente aufzugreifen

---

37 dpa: Deutschland will sämtliche Benin-Bronzen an Nigeria übereignen. In: NOZ, 16.10.2021, S. 26.

38 Heinz Verfürth: Wem gehört die Nofretete? Restitution: Die Benin-Bronzen werden nach Nigeria übertragen. Der Streit über Schätze im kolonialen Kontext geht weiter. In: Das Parlament, 26.09.2022, S. 9; Katrin Gänsler: Dort, wo sie hingehören. Am Dienstagmittag gab Außenministerin Annalena Baerbock die ersten 20 Beute-Bronzen an Nigeria zurück. Für das westafrikanische Land ein bedeutender Schritt auf dem Weg zur Aussöhnung. In: taz, 21.12.2022, S. 3; dpa: „Die Bronzen sind wie ein Türöffner". Kulturstaatsministerin Roth sieht in Rückgabe von Raubkunst Schritt zur Aufarbeitung der Kolonialgeschichte. In: Ostfriesischer Kurier, 27.12.2022, S. 22.

39 Rauterberg 2021, S. 49.

40 dpa: Humboldt-Forum will sich Debatten stellen. Das umstrittenste Kulturprojekt Deutschlands steht vor seiner Vollendung. In: NOZ, 20.7.2021, S. 24.

und die Museumsarbeit entsprechend auszurichten. Auf der Homepage wird Kolonialismus und Kolonialität offensiv als „Kernthema unserer Programmarbeit“ bezeichnet.[41] Anlässlich der bevorstehenden Öffnung sagte Hartmut Dorgerloh, seit 2018 Generalintendant in der Nachfolge der 2015 von Kulturstaatsministerin Monika Grütters einberufenen und von Neil McGregor (Leitung), Horst Bredekamp sowie Hermann Parzinger gebildeten Gründungsintendanz[42], Kernthema des Forums sei „die Auseinandersetzung mit Kolonialismus und den andauernden Auswirkungen der imperialen und kolonialen Aneignung und Ausbeutung der Welt bis heute“.[43] Zur Wiedereröffnung des Ethnologischen Museums und des Museums für Asiatische Kunst aus Afrika, Asien, Amerika und Ozeanien im „Humboldt Forum“ am 22. September 2021 wurden klare politische Signale gesetzt, indem beispielsweise die bekannte nigerianische Schriftstellerin Chimamanda Ngozi Adichie in Gegenwart von Bundespräsident Frank-Walter Steinmeier eine Festrede halten konnte, bei der sie nicht mit kritischen Tönen sparte.[44] Hermann Parzinger, Präsident der verantwortlichen Stiftung Preußischer Kulturbesitz, setzt nun auf das Potenzial der Objekte:

„Endlich sprechen die Objekte, endlich sind wir in der Lage, den Besucherinnen und Besuchern zu zeigen, wie wir Weltkultur ausstellen wollen, was [w]ir mit dem multiperspektivischen Blick auf unsere Sammlungen meinen und wie wir mit den Herkunftsländern und Ursprungsgesellschaften zusammenarbeiten. Es war der Ursprungsgedanke des Humboldt Forums, hier einen Ort zu schaffen, um im Humboldtschen Sinne mehr über die Welt zu erfahren und gleichzeitig sich selbst zu reflektieren; hierin liegt auch die eigentliche Kraft und Botschaft der Objekte. Dabei haben wir die Verantwortung für die Sammlungsgeschichte und ihre Einbettung in den Kolonialismus zu übernehmen, indem die Wege der Objekte offen gelegt werden. Von zentraler Bedeutung aber ist die immer weiter wachsende Zahl von Kooperationen mit Partnern in der Welt, die hier mitarbeiten, kuratorische Mitverantwor-

41 „Wie geht das Humboldt Forum mit kolonialen Sammlungen um?“ www.humboldtforum.org/de/kolonialismus-und-kolonialitaet/ (letzter Aufruf: 5.1.2023).

42 Janusch 2016, S. 19 u. 25.

43 Rauterberg 2021, S. 49.

44 Chimamanda Ngozi Adichie: „Wer hat das Recht, den anderen auszustellen?“ Wenn Europa seinen eigenen Idealen gerecht werden will, darf es nicht länger geraubte Kunstschätze in seinen Museen zeigen. In: Die Zeit, Nr. 40, 30.9.2021, S. 57; www.humboldtforum.org/de/programm/digitales-angebot/digital{festrede-von-chimamanda-adichie-32872/ (letzter Aufruf: 1.9.2022).

tung übernehmen, und von denen wir lernen." Parzingers Ausblick für die bevorstehende Museumsarbeit lautet: *„Das Humboldt Forum muss ein kontinuierlicher Prozess des Miteinanders sein, nur so kann es die Chance nutzen, hier über die Kraft der Kultur ein grundlegend neues Verhältnis zum globalen Süden zu entwickeln.*"[45]

Auch den Kritiker:innen geht es um ein Miteinander. Sie erkennen – ein Anerkennen des geschehenen Unrechts vorausgesetzt – die Gemeinsamkeiten der Geschichte. So äußert sich der bereits erwähnte Felwine Sarr konstruktiv zum Raubgut der Kolonialzeit:

„Dadurch, dass diese Objekte den afrikanischen Gesellschaften genommen wurden, sind sie Teil der europäischen Geschichte geworden. Das wiederum heißt, dass sie zu Mediatoren einer neuen Beziehung werden können zwischen Europa und Afrika. Ihre metamorphotische Identität hat sie zu Hybriden gemacht, die eine Verbindung zwischen beiden Welten herstellen können. Für die Herausbildung einer neuen afrikanischen Identität birgt das eine große Chance, weil diese Perspektive den Blick in die Zukunft und nicht in die Vergangenheit richtet – entlang der Frage: Wer wollen wir werden?"[46]

Und im Kontext der Rückgabe von Benin-Bronzen konstatiert Abba Tijani, Generaldirektor der Nationalen Museums- und Denkmalbehörde in Nigeria, das Land habe kein Interesse, alle Stücke zurückzuholen: „Wir wollen kein Vakuum erzeugen. Uns geht es darum, dass auch in den deutschen Museen funktionierende Ausstellungen verbleiben."[47] Diese können z.B. anhand der Bronzen ihre kolonialgeschichtlichen Verflechtungen darstellen. So stammte die Bronze, aus der die Werkstücke in Benin gearbeitet wurden, häufig von portugiesischen Händlern, die sie nach Afrika brachten, bevor jene an der Wende zum 20. Jahrhundert nach Europa verschleppt wurden.

An der lautstark geführten Debatte um das politisch exponierte Berliner „Humboldt Forum" wird deutlich, dass europäische Museen heute ihre Arbeit

---

45 Ethnologisches Museum und Museum für Asiatische Kunst im Humboldt Forum: Ethnologisches Museum und Museum für Asiatische Kunst. Die Museen mit Schätzen der Weltkulturen aus Afrika, Asien, Amerika und Ozeanien haben im September im Humboldt Forum in Berlin ihre Pforten eröffnet. In: Magazin Museum.de 44, 2021, S. 166–178; hier S. 173.

46 Felwine Sarr: „Es geht nicht um Rache". In: Amnesty Journal 2, 2020, S. 7.

47 Benno Stieber: Schwaben und Badenser als Bundesvorreiter. Das Stuttgarter Linden-Museum macht anderen deutschen Institutionen vor, wie die Restitution der sogenannten Benin-Bronzen gelingt. In: taz, 1.7.2022, S. 16; siehe auch im Folgenden ebd.

nicht mehr wie gewohnt fortsetzen können, sondern angesichts der Globalität kultureller wie gesellschaftspolitischer Problemstellungen ihre Ausrichtung, Fragestellungen und Arbeitsweisen deutlich anpassen müssen; dass sich aber in dem Prozess auch neue Perspektiven eröffnen. Ein zentraler Aspekt dabei ist die verstärkte Berücksichtigung von Multiperspektivität bei historischen wie gegenwärtigen Prozessen. In ethnologischen Museen wird daher noch deutlicher als bisher auf Kooperationen mit Akteur:innen der Herkunftsländer und -regionen ihrer jeweiligen Sammlungsbestände gesetzt.[48]

***

Welche Auswirkungen haben die geschilderten Diskurse und Entwicklungen allgemein auf das Museumswesen, insbesondere auf geschichtlich ausgerichtete Museen? Und welche Chancen bieten sie für dessen produktive Weiterentwicklung? Das Potenzial steckt sicher darin, die jüngsten gesellschaftlichen Themenstellungen mit den genuinen Qualitäten des Museums als Bildungsort zusammenzubringen. Museen als öffentliche Kommunikationsräume dreidimensionaler Visualität – darauf basieren alle neueren partizipativen etc. Vermittlungsansätze – können ein optisch-ästhetisches Geschichtsbewusstsein vermitteln, das Menschen zudem in unserer heutigen stark visuell geprägten Welt für potenzielle Manipulationen sensibilisiert. Dazu werden optische Phänomene mit einer rationalen Ebene verknüpft, die politische, historische, kulturelle und soziologische Hintergründe aufdeckt. Eine solche „Schule des Sehens" kann Menschen befähigen, unabhängiger und autonomer zu handeln.

Ausstellungen sind Erzählungen, die im Raum und zwischen den Zeiten stattfinden. So variabel wie zentral ist dabei, *welche* Geschichte *wer wie* und *warum* erzählt. Bestehen dabei eventuell so etwas wie feste Regeln, die eingehalten werden müssen, z.B. aus fachspezifischen Gründen? Erklären nur Weltmuseen die Welt und Nationalmuseen Staat und Land, während sich Stadtmuseen um Stadt und Region und Heimatmuseen um die „Heimat" oder „Heimatgefühle" kümmern? Schon 1978 formulierte Siegfried Lenz in seinem antirevisionistischen Roman „Heimatmuseum" den Gedanken, dass „Weltkunde immer nur Heimatkunde ist, sein kann."[49] Sein Protagonist Zygmunt Rogalla lebt im ma-

---

48 Dafür plädiert auch deutlich Penny 2019, S. 250: „Man stelle sich Arbeitsgruppen nach dem Modell der Yupik zu allen Sammlungen vor. Man stelle sich vor, sie würden öffentlich in dem riesigen Gebäude in der Mitte Berlins [gemeint ist das Humboldt Forum; TH] stattfinden. Man stelle sich vor, die Öffentlichkeit könnte an der Wissensproduktion teilhaben und nicht nur von den Ergebnissen erfahren."

49 Siegfried Lenz: Heimatmuseum. Roman. Hamburg 1978, S. 191.

surischen „Lucknow“ im Haus seines Onkels, einem jeden Winkel einnehmenden „Heimatmuseum mit seinen unzähligen Zeugnisse und Zeugen, die Onkel Adam leidenschaftlich zusammengetragen hatte.“[50] Die hier benutzte Metapher des ‚mittendrin‘ versinnbildlicht die Bedeutung von Geschichte für das eigene Leben. Das Museum als „Ziehbrunnen der Vergangenheit“ hält „in seiner Tiefe die Beweise vergangenen Lebens“[51] bereit. Die spätere Rettung des Museums auf der Flucht nach Schleswig-Holstein am Ende des Zweiten Weltkriegs begründet Rogalla als einen für das eigene Sein zwangsläufigen Akt:

„Siehst du, und du mußt mir schon glauben, daß ich die Funde und Dokumente, daß ich Belege und vielfache Beweise für unsere tief verfädelte Existenz nicht deshalb zum Transport fertig machte, weil sie dereinst einen Anspruch begründen, ein Recht einklagen sollten; vielmehr packte ich und legte alles zurecht, weil es einfach zu uns gehörte, zu unserer Gegend, zu unserem Leben, zu den gesicherten Erkenntnissen über uns selbst, mit deren Hilfe wir die krummen Pfade unserer Herkunft zurückverfolgen konnten“.[52]

An den durch die Zeiten geretteten Objekten misst sich schließlich das verfügbar bleibende Potenzial des Erinnerns; oder in den Worten von „Onkel Adam“: „Verkriemelt sich das Original, so erklärte er, dann verkriemelt sich auch das Jewesene“.[53] Die für die Handlung des Romans zentrale folgende Zerstörung des zuvor geretteten Museums erfolgt erst zu dem Zeitpunkt, als die darin verkörperte Geschichte für revisionistische, identitäre Zwecke missbraucht werden soll. Die geleistete ‚Spurensicherung‘ des Heimatmuseums blickt mithin über einen verengenden Einzelfokus hinaus – Rogalla/Lenz geht es um „Heimatkunde, mit der Weltkunde beginnt“.[54] Diese „trans-lokale“[55] Perspektive limitiert nicht auf das Örtliche, sondern wählt das Lokale als induktiven Ausgangspunkt. Von

---

50 Lenz 1978, S. 160.
51 Ebd., S. 183.
52 Ebd., S. 537.
53 Ebd., S. 168.
54 Ebd., S. 642.
55 Bei dem Begriff des Trans-Lokalen wird Sebastian Dorsch zufolge deutlich, „dass ‚das Globale‘ bzw. der globale Blick immer eine Fiktion bzw. eine Macht-Technik ist. Beim Trans-Lokalen wird die Lokalisierung und Perspektivierung des Blickenden und der Machtverhältnisse auch über den lokalen Rahmen hinaus also m.E. deutlicher und das vermeintlich Globale wird als Produkt (in Anlehnung an Lefebvre) translokalen Handelns ersichtlich“. Kommentar während der digitalen Tagung „Das postkoloniale Museum“ im Museum der Arbeit Hamburg, 14.6.2021.

dort aus öffnet sich der Blickwinkel auf die mit diesem Ort bestehenden geschichtlichen Verflechtungen. Es geht mithin um analytisches Erinnern, das der gesellschaftlichen Zukunft förderlich ist. Je ‚krummer' diese ‚Pfade' sind, desto mehr bieten sie Anlass für eine gemeinsame kritische Geschichtsrezeption als Ressource für gesellschaftspolitischen Fortschritt. Der Diskurs muss dann allerdings auch geführt werden, wie die Debatte um das „Humboldt-Forum" deutlich vor Augen geführt hat.

***

Was bedeutet das für das ‚gewöhnliche' stadtgeschichtliche Museum? Gerade vor dem Hintergrund gegenwärtiger gesellschaftlicher Diskussionen ist Stadtgeschichte in Museen am Sinnvollsten als lokale Weltgeschichte zu erzählen. Dadurch werden fixe Master-Narrative, d.h. exklusive ‚Leitgeschichten', die historische Perspektiven auf eine bestimmte Ebene einzuengen versuchen, überwunden.

Vergleichbare Perspektivverweiterungen sind schon bezüglich traditioneller nationalgeschichtlicher Ansätze vorgeschlagen worden, insbesondere um den Eurozentrismus in der Geschichtswissenschaft zu überwinden. Das Ziel „einer ‚Denationalisierung' des historischen Blicks"[56] ist es, nationale Narrative zu dechiffrieren. Entsprechend überwindet das Konzept der „Glokalgeschichte", das in diesem Band vorgestellt wird und lokal nachweisbare geschichtliche transnationale Verflechtungen aufzeigt, „Lokalgeschichte", „Heimatgeschichte", ja selbst „Nationalgeschichte". Sie eröffnet stattdessen eine historische Perspektivität auf Augenhöhe mit anderen „Geschichten vor Ort", die zu ihr in Beziehung stehen. Das hat wesentlich mit Transparenz zu tun. „Glokalgeschichte" scheint deshalb in einer zunehmend globalisierten Welt sowohl wichtige wie operable Anknüpfungspunkte für die Entwicklung eines in die Zukunft gerichteten kritischen historischen Bewusstseins bereitzuhalten.

Hierbei kommt der Geschichte des Kolonialismus in deutlich diverser werdenden Gesellschaften eine zentrale Rolle zu. Kolonialismus und Kolonialimperialismus wirkten von Beginn an stark durch ihre visuellen Erscheinungsformen. Von besonderer Bedeutung waren dreidimensionale Inszenierungen. Über Jahrhunderte gelangten Kultur- und Kunstschätze aus anderen Kontinenten in europäische Kunstsammlungen und Museen. Neben der Befriedigung der Neugierde auf das „Andere", vermeintlich „Exotische" manifestierte die Präsentation der Objekte ideologisch immer auch Differenz: zwischen Europa und der Welt,

---

56 Julia Angster: Nationalgeschichte und Globalgeschichte. Wege einer ‚Denationalsierung' des historischen Blicks. In: APuZ 48, 2018, S. 10–17; hier S. 14; siehe auch S. 13 u. 17.

Mutterland und Kolonie, Zivilisation und Natur, Weiß und Schwarz. Ihren Höhepunkt erlebte diese visuelle Inszenierung des Kolonialismus im 19. und beginnenden 20. Jahrhundert in sog. Völkerschauen sowie in Welt- und Kolonialausstellungen. Die parallel dazu entstehenden Völkerkundemuseen bildeten den institutionalisierten Ausdruck dieser jahrmarktähnlichen Events. Ausstellungen wie Museen visualisierten – ‚ohne Worte' und dadurch umso wirkmächtiger – die Hierarchie des Kolonialismus.

Um diese imperiale Szenografie der Kolonialzeit endgültig zu überwinden, bedarf es eines bewussten Perspektivwechsels. Zur Entschlüsselung ihrer über Jahrhunderte entwickelten und bis in die Gegenwart nachwirkenden visuellen Prägungen können gerade auch kleinere Museen in ihrer Breite einen wichtigen Beitrag leisten. Es geht um die post-koloniale Überwindung eines bis heute noch kaum wahrgenommenen visuellen Analphabetismus, der in den sich immer weiter diversifizierenden Migrationsgesellschaften des Zeitalters der Globalisierung Kommunikation erschwert und ein gemeinschaftliches soziales Agieren behindert.

„Glokalgeschichte" ist das dazu passende ‚Brennglas'. Wie in einer Lupe bildet die Stadt das größere Geschehen ab und zeigt zugleich ihre unmittelbare Verstrickung in dasselbe. Wir haben es mit einem „microcosm of an empire"[57] zu tun, der nationale Herrschaftsstrukturen in einem kleineren – und damit umso greifbareren Maßstab – widerspiegelt. „Glokalgeschichte" ist außerdem eine Auseinandersetzung mit ‚dem Fremden' und zugleich eine Begegnung mit sich selbst. Als post-koloniales Museumsnarrativ vom lokalen Standort aus mit Blick ‚in die Welt' erzählt, ist „Glokalgeschichte" ein bewusster, in diese Richtung weisender Paradigmenwechsel hin zu globaler Mikrogeschichte.[58]

---

57 R. Grosfoguel. In: Andrea Meza Torres: Dekolonisation des kollektiven Gedächtnisses in den Museen der Stadt. In: Zwischenraum Kollektiv (Hg.): Decolonize the City! Zur Kolonialität der Stadt. Münster 2017, S. 133–155. Zit. nach: Annika Wappelhorst: Forging New Narratives, Step by Step. Postcolonial and Decolonial City Walking Tours in Germany. Masterarbeit Universität Jönköping 2022, S. 6; siehe auch ebd.

58 Das richtungsweisende Potenzial dieses Ansatzes wurde mir in den vergangenen Jahren immer wieder bei Vorträgen vor unterschiedlichen Gruppierungen bestätigt: „Glokalgeschichte" – ein Ausstellungskonzept für stadtgeschichtliche Museen (im Rahmen des Seminars „Stadtmuseen: Geschichte, Perspektiven, Diskussionen" von Simone Wörner an der Westfälischen Wilhelms-Universität Münster, 28.1.2022); Museumsnarrative post-kolonial denken (Museumsquartier Osnabrück, Forum Migration, 4.3.2021); Stadtgeschichte als lokale Weltgeschichte erzählen. Postkoloniale Museumsnarrative zur Entschlüsselung und Überwindung kolonialer Szenografien (Tagung „Koloniale Welten in Westfalen", Universität Paderborn, 4.4.2019); „Glokalgeschichte" ins Museum! Sollte Stadtgeschichte heute

Glokalgeschichtlich konzipierte Museen und Ausstellungen stellen ein kulturelles Angebot zur visuellen Überwindung des Kolonialismus dar. Sie sind Orte einer kollektiven post-kolonialen Lernerfahrung, da sie visuell-narrative Kommunikationsräume für ein kritisches Lernen aus der Geschichte des Kolonialismus und Kolonialimperialismus eröffnen. Ihr zentrales Ziel ist es, durch multiperspektivische Vergegenwärtigungen diese Geschichte als eine gemeinsame Geschichte erfahrbar und für eine solidarischere Zukunft nutzbar zu machen. In dem Folgenden wird es darum gehen, diesen Ansatz für stadtgeschichtliche Ausstellungen – auch über die reine Kolonialgeschichte hinaus – näher zu erläutern.

---

als lokale Weltgeschichte präsentiert werden? (Symposium „Mirror Me. Bildproduktionen kultureller Vielfalt“ des Stadtgeschichtlichen Museums Leipzig, Alte Börse, 16.4.2018); „Glokalgeschichte“ als Ausstellungsprinzip in stadt- und regionalhistorischen Museen (Tagung „Glokalisierung und Mobilität im Kontext der Geschichte Nordwestdeutschlands“ des Arbeitskreises für Wirtschafts- und Sozialgeschichte der Historischen Kommission für Niedersachsen und Bremen, Haus der Wissenschaften, 10.3.2018); „Glokalgeschichte“ als Ausstellungsprinzip (Stadtgespräch, Kulturgeschichtliches Museum Osnabrück, 8.11.2017).

2. Wenn Objekte Geschichte ‚erzählen'

Bevor wir uns näher mit den Details des Ausstellungskonzepts „Glokalgeschichte" beschäftigen, sollen zunächst einige methodische Grundlagen Historischen Lernens in Museen vorgestellt werden. Zentral dafür ist die dort zur Wirkung gebrachte materielle historische Überlieferung. „Geschichte im Museum gründet in der Authentizität der Dinge."[59] Ein solches, in einem stadtgeschichtlich ausgerichteten Museum präsentiertes authentisches Ding könnte z.B. eine Taufschale sein. Aus der Kirchengemeinde St. Katharinen in Osnabrück stammt beispielsweise eine aus Messing getriebene, gepunzte Taufschale mit 38,7 cm Durchmesser. Das vermutlich aus der ersten Hälfte des 16. Jahrhunderts stammende Objekt zeigt deutliche Abnutzungsspuren, hat also offensichtlich ‚einiges erlebt'.

In den Fokus der Betrachtung der musealen Präsentation könnte beispielsweise das in der Mitte dargestellte Motiv des Sündenfalls gerückt werden: Adam und Eva stehen links und rechts neben dem Baum der Erkenntnis, um dessen Stamm sich die Schlange ringelt; rechts im Hintergrund ist die verschlossene Pforte zum Paradies zu erkennen. Die Verwendung des Motivs im Zusammenhang mit der Taufe verweist darauf, dass der Täufling im christlichen Glauben durch das Sakrament der Taufe von seinen Sünden gereinigt und in die Gemeinde Christi aufgenommen wird. Es könnte auch über die Einführung von Taufschalen im Kontext der Veränderung des Taufrituals gesprochen werden – von Ganzkörpertaufen im Mittelalter über die Waschung des Kopfes bis zur heute üblichen Benetzung des Täuflings auf dem Kopf. Oder es könnte über die Herstellung solcher Taufschüsseln und ihre Herkunft aufgeklärt werden: Sie entstanden in den Werkstätten der Beckenschläger; Zentrum dieses Handwerks war zwar Nürnberg, Beckenschlägergilden sind aber bereits im 14. Jahrhundert auch in Braunschweig, Lübeck und Magdeburg nachgewiesen; das spezialisierte Handwerk blühte im 15. und 16. Jahrhundert auf und erlebte im 17. Jahrhundert einen raschen Niedergang.[60]

---

59 Karl Georg Kaster: Die Stadtgeschichtliche Ausstellung als „Entscheidungsprozess". Motive, Bedingungen, Entscheidungsfelder. Ziele am Beispiel des Kulturgeschichtlichen Museums Osnabrück. In: Jürgen Steen (Red.): Zur Struktur der Dauerausstellung stadt- und heimatgeschichtlicher Museen. Frankfurt/M. 1998, S. 15–22; hier S. 22.

60 Karl Georg Kaster/Gerd Steinwascher (Hg.): V.D.M.I.Æ. Gottes Wort bleibt in Ewigkeit. 450 Jahre Reformation in Osnabrück (Osnabrücker Kulturdenkmäler; 6). Bramsche 1993, Nr. 16.5, S. 310 f.

Abb. 2: Taufschüssel mit Darstellung des Sündenfalls. Messing, getrieben, gepunzt, Ø 38,7 cm, vermutlich 1. Hälfte 16. Jahrhundert © Kirchengemeinde St. Katharinen Osnabrück/Fotografie: Thorsten Heese, 2007

Schon an diesem einen Objekt, das unmittelbar kunsthistorische, technik-, kultur- und religionsgeschichtliche Fragen evoziert, wird sichtbar, wie komplex die „Authentizität der Dinge" tatsächlich ist. Ihre Vielschichtigkeit eröffnet einer multiperspektivischen Herangehensweise an die Geschichte hinter dem Objekt viele konkrete Wege. Wo und von wem wurde die Schale produziert? Wann und wie gelangte sie in die Osnabrücker Katharinenkirche? In welcher Zeit und wie lange wurde die Schale tatsächlich benutzt? Wurde sie sowohl für katholische als auch – nach der 1543 in Osnabrück eingeführten Reformation – für evangelische Taufen eingesetzt? Welche gesellschaftliche Stellung besaßen diejenigen, die die Taufe ausführten? etc. etc. Diese Multiperspektivität offenbart ein gewaltiges variables Potenzial für die Präsentation von Geschichte in stadthistorischen Museen. Hier wird allerdings zugleich spürbar: Die Stadtgeschichte, die stadtgeschichtliche Ausstellung, verstanden als eine kanonisierte museale Repräsentanz der Geschichte eines bestimmten Ortes, existiert nicht. Solche vermeintlich idealtypischen Vorstellungen von „Stadtgeschichte im Museum" unterliegen meist subjektiven Erfahrungen und Vorstellungen, sind also in diesem Sinne eher persönliche ‚Geschmackssache', als dass ihnen argumentativ eindeutig begründbare museumsdidaktische Konzeptionen unterliegen.

Schon 1987 argumentierte in diesem Sinne Karl-Georg Kaster als damals zuständiger Kurator im Kulturgeschichtlichen Museum Osnabrück, warum er für die 1985 eröffnete stadtgeschichtliche Abteilung[61] die Bezeichnung „Ausstellung" und nicht „Sammlung" gewählt hatte. Damit wollte er zum Ausdruck bringen, dass „es sich hier um eine argumentative Ausstellung handelt und nicht um die bloße Präsentation der im Museum im Laufe der Zeit zusammengekommenen Objekte."[62] Ende der 1990er Jahre, als die Abteilung aufgrund der bevorstehenden vollständigen Umgestaltung des Museums[63] bereits vor dem Abbau stand, bestätigte und konkretisierte Kaster noch einmal: „Eine Ausstellung zur Stadtgeschichte bedarf eines Themas, eines ‚Lernziels' oder einer ‚Leitfrage'. Der Ausstellungsgegenstand allein [also: Stadtgeschichte; TH] ist nicht bereits Thema."[64] Das seinerzeit gewählte Leitthema waren die Kämpfe des Bürgertums um politische Mitwirkung. Im Detail wurde gefragt: „Welche Faktoren haben die Entstehung und Entwicklung des Bürgertums vorangetrie-

---

61 Zum Konzept der Stadtgeschichtlichen Ausstellung zwischen 1980 und 1985 siehe Kaster 1998, S. 15–22; ders.: Von der Eindimensionalität zur Mehrdimensionalität der Geschichte. Zum Konzept der Stadtgeschichtlichen Ausstellung des Kulturgeschichtlichen Museums. In: Anschläge 13, 1987, S. 4–7; ders.: Ansprüche und Widersprüche einer historischen Ausstellung. Kann man Geschichte ausstellen? Darf man aus Geschichte lernen? Einige Thesen zum Verhältnis von Geschichtswissenschaft und historischen Ausstellungen am Beispiel der Ausstellung „1200 Jahre Osnabrück". In: OM 86, 1980, S. 132–159. – Zu ihrer Geschichte siehe Thorsten Heese: „... ein eigenes Local für Kunst und Alterthum". Die Institutionalisierung des Sammelns am Beispiel der Osnabrücker Museumsgeschichte (Osnabrücker Kulturdenkmäler; 12). Bramsche 2004, S. 247–260.

62 Kaster 1987, S. 4.

63 Auslöser war der Anbau des Felix-Nussbaum-Hauses im Jahre 1998; Heese 2004, S. 370–378.

64 Kaster 1998, S. 16.

ben und prägen sein Bewußtsein und Selbstbewußtsein bis heute?"[65] Für die gewählte Leitfrage sprach neben ihrer Flexibilität und Mehrdimensionalität die Tatsache, dass „der historische Tatbestand, den sie umschreibt, verinnerlicht oder bewußt in jedem Besucher als Begründung alltäglicher Wirklichkeitserfahrung und Handelns wirksam ist."[66] Der Bürger/Die Bürgerin als Bewohner:in der Stadt wurde also historisch hinterfragt.

Nach ihrer Schließung im August 1997 wurde die stadtgeschichtliche Ausstellung in Osnabrück unter den veränderten Vorzeichen einer interdisziplinären Präsentation, die stadtgeschichtliche, volkskundliche und archäologische Sammlungsbestände integrierte, im Juni 2004 anlässlich des 125jährigen Bestehens des Museums neu eröffnet. Auch hier galt, dass sich „im Gegensatz zu einer auf Quellenforschung basierenden [verschriftlichten; TH] ‚Stadtgeschichte' [...] eine museal dargestellte ‚Stadtgeschichte' linearen Argumentationsketten und abschreitbaren Zeitepochen"[67] widersetzt. In der neuen Präsentation basierten die gewählten stadt- und regionalgeschichtlichen Themen daher stärker auf den Potenzialen, die sich aus den vorhandenen Sammlungsbeständen ergaben. Zudem sollte durch ein „museal-topografisches System" eine Geschichtsvermittlung ermöglicht werden, die das im Museum erlebte „gleichzeitig in den städtischen Raum zurückprojiziert, an die Orte also, die die museal präsentierte Geschichte hervorgebracht haben. Das Museum versucht damit, über die reine ausstellungsdidaktische Präsentation hinaus räumlich-sinnliche Erfahrungen mit in die museal präsentierte Geschichte zu integrieren und das Museum als einen Ort gelebter Geschichte zu etablieren."[68]

Soweit zur konkreteren Veranschaulichung der exemplarische – ansonsten aber beliebige und daher austauschbare – Exkurs zur Entwicklung der musea-

---

65 „Auch andere Themen wären in formal gleicher Weise operabel gewesen, etwa die topographische Entwicklung der Stadt, die Stadt als zentraler Ort oder als Wirtschaftsraum." Kaster 1998, S. 16.

66 Ebd., S. 17.

67 Eva Berger/Thorsten Heese: Das Kulturgeschichtliche Museum in Osnabrück und seine neuen Abteilungen. In: OM 109, 2004, S. 277–283; hier S. 277.

68 Berger/Heese 2004, S. 283; zur historischen Bewusstseinsbildung im Felix-Nussbaum-Haus/Kulturgeschichtlichen Museum Osnabrück siehe Thorsten Heese: Das Kulturgeschichtliche Museum Osnabrück als historischer Lernort. In: OM 115, 2010, S. 187–198; ders.: sehen – erzählen – kommunizieren. Museale Topografie und historische Bewusstseinsbildung: Felix-Nussbaum-Haus/Kulturgeschichtliches Museum Osnabrück. In: Gudrun Gleba (Hg.): Osnabrück. Stadt – Land – Lernort. Festschrift zum 60. Geburtstag von Thomas Vogtherr. Bielefeld 2015, S. 81–103.

len Dauerausstellungen zur Geschichte der Stadt Osnabrück seit den 1980er Jahren. Er bot sich hier vor allem deshalb an, weil die Genese und Realisierung der beiden aufgezeigten Konzeptionen wissenschaftlich gut dokumentiert ist. Für potenzielle Neugestaltungen stadtgeschichtlicher Dauerausstellungen gilt es, entsprechend dieser Osnabrücker oder einer anderen vergleichbaren Vorgeschichte stadtgeschichtlichen Ausstellens sowie unter Berücksichtigung der Tatsache, dass Stadtgeschichte nicht schon per se ein museal visualisierbares Thema ist, aktuelle Fragestellungen zu entwickeln, die bestimmte stadtgeschichtliche Aspekte sichtbar machen. Diese müssen heute eine gewisse gesellschaftliche Relevanz besitzen. Eine solche neue Perspektive auf Stadtgeschichte könnte das hier zur Diskussion stehende Ausstellungskonzept „Glokalgeschichte" bieten, das, wie zu zeigen sein wird, einen ganz konkreten Wert für gegenwärtige urbane Gemeinschaften besitzt.

3. Komponenten historischen Lernens in Geschichtsmuseen und -ausstellungen

Zur Klärung der Grundlagen musealen Ausstellens von Geschichte sollen im Folgenden einige Kriterien, die für das Historische Lernen in Geschichtsmuseen und historischen Ausstellungen von besonderer Relevanz sind, näher vorgestellt werden. Sie unterscheiden das Museum von anderen geschichtskulturellen Medien und sollten deshalb bei der Frage, wie historische Kompetenz in Museen entwickelt werden kann, besondere Berücksichtigung finden. Zur Konkretisierung stehen dabei Schüler:innen als eine zentrale Teilgruppe des Museumspublikums im engeren Fokus der Beschreibung.

Zu den Kompetenzen, die im Geschichtsunterricht vermittelt werden sollen, gehört neben der Gattungs-, der Interpretations- und der narrativen auch die – auf diesen aufbauende – geschichtskulturelle Kompetenz.[69] Bezogen auf die musealen Erscheinungsformen der Geschichtskultur bedeutet dies, dass Schüler:innen dazu befähigt werden, mit museal präsentierter Geschichte als einer gattungsspezifischen gesellschaftlichen Kommunikationsform angemessen und kritisch umzugehen. Beim Museumsbesuch werden sie mit der Frage konfrontiert, in welcher Weise und zu welchem Zweck sich eine Gesellschaft mit ihrer Vergangenheit auseinandersetzt.

Es geht dabei um lebenslanges Lernen, was einen Unterschied zwischen Schule und Museum sichtbar macht. In der Schule wird eine befristete Zeit lang gelernt. Nach dem Abschluss ist diese Lernphase beendet. Im Museum und für den Umgang mit dieser Institution kann und muss dagegen ein ganzes Leben lang gelernt werden.

„Die oft anzutreffende Auffassung, dass das Museum ein anderer Ort für schulisches Lernen sei, es schulisches Lernen zu unterstützen habe, ist unzutreffend. Museumspädagogen sind keine Hilfslehrer, die die schulischen Lehrer bei der Umsetzung des staatlichen Lehrplans unterstützen. Deshalb muss das Museum auf ein lebenslanges Lernen vorbereiten, indem es bei seinen jungen Besuchern einen bestimmten Habitus ausbildet, in dem sich Umgang mit Geschichte niederschlägt.“[70]

---

69 Hans-Jürgen Pandel: Geschichtsunterricht nach PISA (Forum Historisches Lernen). Schwalbach/Ts. 2005, S. 24 ff.

70 Hans-Jürgen Pandel: Museumspädagogische Materialien in der Geschichtskultur. In: Zeitschrift für Geschichtsdidaktik 2006, S. 109–118; hier S. 109 f.

Die besondere Funktion und Stärke des außerschulischen Lernortes Museum liegt in seinem besonderen Auftrag, gegenständliches Kulturgut zu sammeln, zu bewahren, zu erforschen und der Öffentlichkeit durch Ausstellungen und die damit verbundene Vermittlungsarbeit zugänglich zu machen. Es folgt daher einer anderen Logik als die Schule. Es ist bewusst nicht curricular ausgerichtet, auch wenn curriculare Anknüpfungspunkte nicht prinzipiell ausgeschlossen sind. Pädagogik im Museum ist also nicht eine andere Form der Lehrplanabdeckung oder Vertiefung des Lehrplans. Es geht allenfalls um eine frühe Anwendung der im Geschichtsunterricht erlernten Kompetenzen der Denkweise von Geschichte und damit um eine weitgehend auf das außer- oder nachschulische Leben der Schüler:innen verweisende Form der Horizonterweiterung. Geschichtliches Denken wird im Museum als ein Weltzugriff erfahren, der frühzeitig über die Schule hinausweist. Das ‚Erlernen' des Museumsbesuchs – also die Ausbildung von Museumskompetenz – bietet die Gelegenheit, Fähigkeiten zu erlernen und zu erproben, die eine längerfristige Orientierung in den geschichtskulturellen Bereichen der Gesellschaft ermöglichen.[71]

Kann die Nutzung des Museums schmackhaft gemacht werden? Unerwünscht wäre der Effekt, dass Menschen während ihrer Schulzeit einmal ein Museum betreten (müssen) und dann im weiteren Leben diesen Schritt nie wiederholen. Dies verwundert, sind doch eigentlich Anknüpfungspunkte selbst für Laien (als nicht unmittelbar Geschichtsinteressierten) im Museum immer vorhanden. Geht man einmal davon aus, dass die ‚Denkarbeit' des Lernortes das eher ‚abschreckende' Element einer vermeintlich mehr an Unterhaltung interessierten Klientel ist, so bleiben trotzdem weitere interessante Lerndimensionen, die das Museum bietet: die ästhetische, die kommunikative und die emotionale.[72] Auf dem Weg über diese Dimensionen können wiederum auch bei der fraglichen Zielgruppe kognitive Prozesse angeregt werden, und zwar in Erweiterung des historischen Lernens im Geschichtsunterricht, der hier weniger Ansatzpunkte bietet.

Im Museum ist ein hoher Gegenwartsbezug vorhanden, einerseits durch die Tagesaktualität einer Sonderausstellung, die beispielsweise durch die Medien er-

---

71 Beatrix Commandeur u.a.: Industrie- und Technikmuseen. Historisches Lernen mit Zeugnissen der Industrialisierung (Museum konkret). Schwalbach/Ts. 2007, S. 61.

72 Wolfgang Jacobmeyer: Labor, Schaubühne, Identitätsfabrik, Musentempel, Lernort. Die Institution Museum als didaktische Herausforderung. In: Bernd Mütter u.a. (Hg.): Geschichtskultur. Theorie – Empirie – Pragmatik (Schriften zur Geschichtsdidaktik; 11). Weinheim 2000, S. 142–155; hier S. 155.

zeugt wird, andererseits aufgrund konkreter lebensweltlicher Bezüge, die in der Ausstellungskonzeption und -didaktik verankert sind. Gerade in der Losgelöstheit vom Unterrichtskontext kann eine weitere Motivation liegen, sich freiwillig geschichtlichen Fragestellungen zu öffnen. Auf das Individuum kommt in der konkreten Situation des Museumsbesuches nicht wie im Unterricht ein Thema unwiederbringlich zu, sondern es nähert sich als Subjekt selbstständig Objekten als konkreten historischen Erscheinungen. Dabei spielen die im Folgenden beschriebenen Kriterien für das Historische Lernen in Museen und Ausstellungen eine besondere Rolle.

3.1 Befremden

Das Museum verfügt aus sich heraus über ein hohes Potenzial, beim Publikum Neugierde zu wecken. Neugierde entsteht durch Gegensätzlichkeiten. Gegensätzlichkeit trägt das Museum durch die in ihm repräsentierten Dinge in sich. Das Museumsding befindet sich mit den es betrachtenden Subjekten in einer gemeinsamen Gegenwart, kommt aber aus einer den Subjekten unbekannten Zeit. Museumsobjekte befinden sich in einem zeitlich-räumlichen Schwebezustand zwischen Vergangenheit und Gegenwart. Sie sind im Sinne des Wortes „verrückt", d.h. sie sind aus ihrem historischen Kontext herausgelöst und werden im Museum in einen neuen Zusammenhang gestellt.[73] Der Ausstellungskontext, der eine Gleichzeitigkeit von Nähe und Ferne beinhaltet, erzeugt eine gewisse, mitunter durchaus befremdliche „Konträrfaszination des Authentischen"[74] – eine Spannung, die neugierig macht, weil sie verstanden werden will und daher Verständigungsprozesse anstößt.[75]

Die xenologische Funktion des Museums als „Schule des Befremdens"[76] ist zum einen objektbezogen. Sie besteht darin, das ferne Geschichtliche in seiner Fremdheit zugänglich zu machen. Indem bewusst wird, dass die im Museums-

---

73 Gottfried Korff: Dimensionen der Dingbetrachtung. Unveröffentlichtes Manuskript eines Vortrags am 6. Dezember 2004 auf Zeche Zollverein, Essen. In: Landesmuseum Joanneum Museumsakademie Graz: Zeichenträger mit Anmutungsqualität. Zur Eigenart der Museums-Dinge. Reader zum gleichnamigen Seminar. Graz 23./24.3.2007.

74 Das historische Museum erlaubt „die Konträrfaszination des Authentischen, welche von Dingen ausgeht, die uns historisch fern und fremd, aber räumlich nahe sind." Gottfried Korff (1992): Zur Eigenart der Museumsdinge. In: ders.: Museumsdinge: deponieren – exponieren. Hg. v. Martina Eberspächer u.a. Köln u.a. 2002, S. 140–145; hier S. 141 f.

75 Korff 2007.

76 Peter Sloterdijk: Museum: Schule des Befremdens. In: Frankfurter Allgemeine Magazin 472, 1989, S. 56–66; hier S. 56.

ding gespeicherte Geschichte zwar fremd ist (ferne Vergangenheit), aber dennoch etwas mit dem betrachtenden Subjekt zu tun hat (gegenwärtiges Gegenüber von Objekt und Subjekt), wird Raum dafür gegeben, aus dem Befremden Wissen zu erschließen. Ein unvertrautes Objekt wird durch Kontextualisierung mit anderen Objekten, Erklärungen etc. erfahrbar gemacht. Das historische Wissen wird erweitert, Fremdes wird vertraut, die Hemmschwelle gegenüber ferner Geschichte wird aufgeweicht, reduziert, abgebaut. Erfahrungen aus der Praxis zeigen, dass ein Befremden sogar dann auftritt, wenn eigentlich mit Nähe, Vertrautheit und Identifikationsmöglichkeiten mit dem Präsentierten zu rechnen wäre. Diese Erwartungshaltung stößt mitunter „am tatsächlichen Erleben auf eine gewisse eigene Distanzierung, die den Beigeschmack auch krasser Fremdheit erfahren hat und daran auf Ungewohntheit oder Entfremdetheit aufmerksam wird."[77]

Zum anderen ist die Fremdheitserfahrung im Museum subjektbezogen. Bei Ausstellung(sbereich)en mit lebensweltlichen, alltagsgeschichtlichen Bezügen oder bei Projekten, die außermuseale Personengruppen wie Schüler:innen direkt mit einbeziehen, werden die eigene Person oder bekannte Beteiligte (etwa Mitschüler:innen) unter den Bedingungen einer Ausstellung – als einem anderem als dem vertrauten Bezugsrahmen – aus einer veränderten Perspektive wahrgenommen. Die eigene Person, aber auch der/die/das Andere werden zunächst „fremd".[78] Das Bekannte wird auf neue Art und Weise erfahren. Die Erfahrung des Vertrauten als etwas Fremdem ermöglicht neue Erkenntnisse. Sowohl bezüglich der Museumsdinge als auch bezüglich des Museumssubjektes kommt zum bekannten Wissen eine neue Dimension hinzu (hermeneutischer Zirkel). Das Museum wird so zu einem Ort, der den Umgang mit dem „Fremden" schult und hier insbesondere Annäherungen statt Ablehnung ermöglicht.

3.2 Objektbezug

Mit dem Auftrag, überliefertes gegenständliches Kulturgut zu sammeln, zu bewahren, zu erforschen und zu vermitteln, ist der Objektbezug Dreh- und Angelpunkt der internen Arbeit im Museum. Im Außenverhältnis wird dieser jedoch kaum sichtbar. Schüler:innen beispielsweise werden eine historische Ausstellung

---

77 So der Hamburger Museumspädagoge Frank Jürgensen im Gespräch mit dem Autor.

78 Michele Barricelli: „Hat doch bei allen stattgefunden gehabt!" Empirische Erkundungen in einem Kooperationsprojekt von Schule und historischem Museum zum Thema „Migration 1500–2005". In: GWU 58, 2007, H. 12, S. 724–742; zu dem Projekt siehe auch Brigitte Vogel vom Deutschen Historischen Museums in Berlin (Leitung Fachbereich Vermittlung).

vermutlich eher in ihrer Gesamtheit wahrnehmen. Das Hinterfragen des Präsentierten ist daher ein wichtiger Lernschritt. Deshalb scheint es ausschlaggebend zu erkennen, worum es im Museum primär geht: um authentische historische Sachzeugnisse.

Zur Ausformung musealer Kompetenz ist es unverzichtbar, das Interesse und Augenmerk der Schüler:innen – ob bewusst oder unbewusst, direkt oder mittelbar – auf die Objekte zu lenken und die Wahrnehmung als isoliertes Stück, als Element einer größeren Inszenierung, als Gegenstand einer begrifflichen Bestimmung und textlichen Deutung etc. zu stärken. Aufgabe der Museumspädagogik ist es, die historischen Sachzeugen aus unterschiedlichen Perspektiven sehen zu lehren und dazu zu befähigen, Dinge sowohl äußerlich als auch inhaltlich zu begreifen. Aufgabe der Schule ist es, den Objektbezug der Museen und die Besonderheit der Museumsarbeit frühzeitig zu vermitteln; etwa durch den Einsatz gegenständlicher Quellen im Geschichtsunterricht oder durch eine engere Kooperation mit Museen unter objektbezogenen Fragestellungen. Dazu kann auch das Museum als Berufs- und Arbeitsfeld gehören („Blick hinter die Kulissen").

Über Sachzeugnisse im Museum lässt sich glossarartig zusammenfassen: Dinge in historischen Ausstellungen sind ...

- ... *Lebensspuren* der Vergangenheit, die unvergangen d.h. gegenwärtig sind. Die Gegenwärtigkeit von Nähe und Ferne provoziert Denken.
- ... *Überreste* (‚Müll'), die ihrer ursprünglichen Funktion entkleidet sind. „Das Museum hat Disfunktionalität des in ihm Bewahrten zur Voraussetzung".[79]
- ... von einer bestimmten *Aura* umgeben. Sie verkörpern eine menschliche ‚Seele'.
- ... ‚*Gegen*'-*Stände*, die dem Betrachtenden ‚entgegen'/‚im Wege' stehen. Die Wahrnehmungsleistung erbringen die Betrachtenden, nicht die Objekte.
- ... *fremdartig*; das setzt Staunen und Neugierde frei und fördert eine dauerhafte Betrachtung, die wiederum eine schrittweise Entwicklung hin zur historischen Erkenntnis ermöglicht.
- ... „*Semiophoren*"[80], d.h. Zeichenträger, die historische Botschaften transportieren und eine Kommunikation zwischen dem Unsichtbaren (der Vergangenheit) und dem Sichtbaren (der Gegenwart) ermöglichen.

---

79 Gottfried Fliedl: Museumspädagogik als Interaktion. In: Kirsten Fast (Hg.): Handbuch der museumspädagogischen Ansätze (Berliner Schriften zur Museumskunde; 9). Opladen 1995, S. 46–70; hier S. 55.

80 Krzysztof Pomian: Der Ursprung des Museums. Vom Sammeln. Neuausgabe. Berlin 1998, S. 38 ff.

- ... *Vermittlungsinstanzen*, die in der Gegenwart Imaginationen über Vergangenheit anstoßen. Dazu bedarf es ausdrücklich nicht der Rekonstruktion, weil die Offenheit des Fragmentarischen dem Publikum die Freiheit lässt, individuell weiterzudenken und das Fehlende selbst zu ergänzen. Das Objekt wird so Teil der „Schule des Sehens".
- ... *gegenständliche Quellen*, die in den Kreislauf der Gegenwart zurückgeführt werden. Dort werden Objektkategorien gebildet, um die Objekte nach Material, Nutzung, Herkunft, Zeit etc. ordnen und verorten zu können.
- ... *Fragmente*, die aus ihrem historischen Zusammenhang herausgelöst (dekontextualisiert, desemiotisiert) sind und in der Ausstellung rekontextualisiert (resemiotisiert) werden.
- ... *Objekte*, deren lerntheoretische Dimensionen durch ihre Gegenständlichkeit und Materialität (Haptik), ihre sinnliche Qualität (Ästhetik), ihre Aura (historische Authentizität) und Anmutung (Emotionalität) gekennzeichnet sind.[81]
- ... *Exponate*, die in der Ausstellung in Dialog mit anderen Exponaten, aber auch mit dem Publikum treten.

Diese ‚Koordinaten des Dings' bilden den medialen Bezugsrahmen für die Präsentation von Geschichte und die dort mögliche Ausformung ästhetischer Kompetenz. Ihr Kern ist: Eine Präsentation ist notwendigerweise ästhetisch, das heißt konkret gestaltet, um sonst unbewusste Wahrnehmungsebenen bewusst zu machen und Erkenntnisse durch reflektierte sinnliche Anschauung zu ermöglichen.[82] Historische Objekte vermitteln eine besondere sinnliche Erfahrung. Die sinnliche Anschauung ist fundamentale Bestimmungsgröße in geschichtlichen Präsentationen und bildet einen eigenständigen Bereich des Geschichtsbewusstseins. Die ästhetische Erfahrung geht über die reine Informationsvermittlung

---

81 Historischer Quellenwert und Ästhetik schließen sich nicht aus, wie Jacobmeyer 2000, S. 155 suggeriert. Der Wert eines Exponates liegt in seiner historischen Deutbarkeit; sein ästhetischer Reiz ist ein Impuls, den es aus seiner Authentizität bezieht. – Zur ebd., S. 153 geforderten Heuristik des musealen Exponats siehe Thorsten Heese: Vergangenheit „begreifen". Die gegenständliche Quelle im Geschichtsunterricht (Methoden Historischen Lernens). Schwalbach/Ts. 2007; Korff 2007; Jürgen Steen: Kategorien der Darstellung von Geschichte im Museum. In: Museumskunde 60, 1995, S. 23–26.

82 Mathilde Jamin. Zit. nach: Wolfgang Ernst: Geschichte, Theorie, Museum. In: Gottfried Fliedl u.a. (Hg.): Erzählen, Erinnern, Veranschaulichen. Theoretisches zur Museums- und Ausstellungskommunikation (Museum zum Quadrat; 3). Wien 1992, S. 7–40; hier S. 36.

und bloße Veranschaulichung von Deutung hinaus.[83] Für die Ausbildung der ästhetischen und emotiven Kompetenz von Schüler:innen bedeutet dies, dass sie befähigt werden, Exponate in einer spezifischen Präsentation als historische Sachzeugnisse wahrzunehmen, ihre geschichtliche Kodierung zu entschlüsseln und zur beabsichtigen Aussage der Präsentation in Beziehung zu setzen.[84]

3.3 Visualität

Im Zeitalter der Bilderflut kommt dem Museum bei der Medienerziehung eine Schlüsselrolle zu. Das unmittelbare ‚Ansprechen' des Auges verschafft den Museen eine wichtige Rolle in der visuellen Kommunikation. Dabei vollzieht das Museum den „Iconic turn"[85] nicht einfach mit, sondern macht mit den historischen Entwicklungen von Bilderwelten vertraut. Anders als die modernen Medienwelten es täglich im Fernsehen, auf Werbebildschirmen am Flughafen oder selbst in der Imbissbude vormachen, bietet das Museum die Gelegenheit, die Bilderflut für einen Moment anzuhalten, ‚stillzustellen' und durch Gegenüberstellungen mit anderen Bildern im Ausstellungskontext verstehbar zu machen. Hier werden Ikonografien entschlüsselt. Das Museum als „Schule des Sehens" ermöglicht eine ikonische Alphabetisierung.

Der durch die Aura des Originals angebahnte erste Schritt auf das Objekt hin, also die ästhetische Dimension, die geweckte Neugierde, wird durch die weitere Beschäftigung mit dem Exponat verlängert und in einen kognitiven Prozess überführt. Das befördert der „lange Blick"[86], den das Objekt aufgrund seiner Fremdartigkeit auslöst. Im Gegensatz zum „schnellen Blick des Lesens", der zügig vom Text zum Verständnis führt, hält die „Gegenständlichkeit" des Objekts, d.h. das dem betrachtenden Subjekt Entgegenstehende dessen Faszination aufrecht und fordert seine andauernde Betrachtung. Diese ermöglicht

83 Jörn Rüsen: Für eine Didaktik historischer Museen. Gegen eine Verengung im Museumsstreit um die Geschichtskultur. In: Geschichtsdidaktik 3, 1987, S. 267–276; hier S. 268 f.; siehe auch im Folgenden ebd.

84 Herbert Raisch: Handlungs- und Produktionsorientierung. Ein grundlegendes Konzept historischen Lernens. In: Uwe Uffelmann: Neue Beiträge zum Problemorientierten Geschichtsunterricht. Idstein1999, S. 63–90; hier S. 88.

85 Christa Maar/Hubert Burda (Hg.): Iconic Turn. Die neue Macht der Bilder. 2. Aufl. Köln 2004.

86 Aleida Assmann: Die Sprache der Dinge. Der lange Blick und die wilde Semiose. In: Hans-Ulrich Gumbrecht/Karl Ludwig Pfeiffer (Hg.): Materialität der Kommunikation. Frankfurt/M. 1988, S. 237–251.

eine schrittweise Entwicklung hin zur historischen Erkenntnis.[87] Eine Ausstellungsmacherin beschreibt diesen Prozess folgendermaßen:

„Ausstellungen und Museen sollten immer ihre eigene ästhetische Logik zur Stärke machen und an die Wirksamkeit ihrer Wissensvermittlung und ihres Unterhaltungswertes glauben, ohne auf die Strategien anderer Medien zu schielen. Dem schnellen Ereignis und Konsum setzen sie einen Ort entgegen, an dem sich in einem anderen Rhythmus Erkenntnis und Zerstreuung paaren. Die Unmittelbarkeit der Dinge konterkariert die medienvermittelte Realität, und auch wenn sie nicht das reale Leben wiedergibt, so wohnt ihr doch eine Art Lebenswirklichkeit inne. Ausgestellte Dingwelten helfen einen umfassenden Begriff von Ästhetik – im Sinne von Erkenntnis durch sinnliche Wahrnehmung – wiederzugewinnen und neu zu besetzen."[88]

Im Unterschied zu zweidimensionalen Bildern wird die ästhetische Erfahrung im Museum verstärkt durch die räumliche Wahrnehmung; einerseits mit Blick auf die dreidimensionalen Gegenstände, andererseits durch die eigenen Bewegungen und Begegnungen im Raum. Im Museum entsteht die Möglichkeit „für eigenes Wahrnehmen, Lernen, Denken, für ästhetische Erfahrung, In-Augenschein-nehmen, körperliches Nachvollziehen von Ordnungen, überhaupt Anregungen zur Veranschaulichung, Umgang mit medialen Räumen, Traditionen, Mythen, Übersprüngen und mit Debatten."[89]

3.4 Narrativität

Obwohl eine historische Ausstellung mit ‚stummen' Zeugen agiert, ‚erzählt' sie eine Geschichte. Die Ausstellung ist eine visuelle Geschichtsnarration.[90] Objekte sind Elemente einer Narration mit museografischen Mitteln. In der alten Dauerausstellung des Essener Ruhrlandmuseums wurde der Versuch unternommen, Geschichte allein mit Exponaten zu ‚erzählen' und dabei ohne Beschriftungen zu arbeiten. Dies mag als sehr radikaler Versuch empfunden werden, eine

---

87 Siehe dazu auch Korff 2007.

88 Annemarie Hürlimann: Zum Umgang mit Dingwelten in der aktuellen Ausstellungspraxis. Ein Plädoyer für die Schaulust, den geduldigen Blick und die Phantasie. In: Olaf Hartung (Hg.): Museum und Geschichtskultur. Ästhetik – Politik – Wissenschaft (Sonderveröffentlichung der Gesellschaft für Kieler Stadtgeschichte; 52). Bielefeld 2006, S. 60–71; hier, S. 71.

89 Frank Jürgensen: ÜberFührungen. Mskr. Hamburg 2013.

90 Jacobmeyer spricht von einer sinnlich-appelativen Rhetorik; Schörken bezeichnet die Museen als „Sichtbarmacher"; Jacobmeyer 2000, S. 154 f.

visuelle Sprache zu entwerfen. Er nutzte aber letztendlich nur in konsequenter Weise den medialen Charakter der Ausstellung. Die Bildsprache der Ausstellung ist eine Form der Narration, die als Grundlage der Vermittlung von Geschichte gilt. Die Funktionsweise des Mediums der sinnlichen Anschauung und seiner visuellen Sprache kann als eine Art „ästhetische[r] Widerborstigkeit“[91] verstanden werden, als Reibungsfläche für den Blick, die zum Verweilen führt und Neugierde weckt, befremdet und verstört, erhellt und weiterführt. Aus Sicht der Ausstellungsmacher:innen kann diese Reibungsfläche übrigens auch ein Mittel sein, um sich gegen potenziell übergriffige politische und kognitive Indienstnahmen zu rüsten.

Diese Bildsprache wird in der Ausstellungspraxis mitunter sehr fein unterschieden. Da ist von Inszenierungen die Rede, von Essembles oder von Environments, wenn beispielsweise bestimmte historische Wohnsituationen detailgetreu nachgestellt werden, oder von Szenografie.[92] Man kann diese Differenzierungen, die eher Fragen der Ausstellungstechnik betreffen, vernachlässigen, da schon durch das Medium der Ausstellung immer eine Inszenierung vorgegeben ist. Das „In-Szene-Setzen der Objekte“ (Jürgen Steen) nutzt die Eigenständigkeit gegenständlicher Quellen und versetzt diese in einen Dialog. Durch die bewusste mediale Zusammenstellung und Konfrontation historischer Objekte werden geschichtliche Inhalte vermittelt. Die Ausstellung wird auch dadurch zu einer visuellen Narration. Selbst wenn dabei mit authentischen historischen Objekten gearbeitet wird, bleibt die visuelle Narration der Ausstellung ein Konstrukt, der Versuch einer Annäherung an die historische Wirklichkeit und das Bemühen um eine Veranschaulichung des ursprünglichen historischen Kontextes, dem ein Objekt entstammt. Das ist deshalb wichtig zu betonen, weil Inszenierung häufig missverstanden wird als Wiederherstellung einer historischen Wirklichkeit.

Dennoch besitzen das Authentische der Exponate und die Ausstellung als besonderes Medium eine eigene ästhetische Qualität. Die historische Ausstellung unterscheidet sich darin grundlegend vom Geschichtsbuch. In Wissenschaft und Politik wird dieser visuellen Narration dort kein Eigenwert zugemessen, „wo die zu präsentierende Geschichte selber zur Debatte steht und ausgearbeitet wird. Damit wird aber dieses für historische Museen zentrale Element erheblich beeinträchtigt, ja im Grunde sogar verfälscht.“ Durch die Instrumentalisierung wird es „zum Bilde dessen, was die Politiker wollen und die

---

91 Rüsen 1987, S. 270.

92 Ulrich Mayer u.a. (Hg.): Wörterbuch Geschichtsdidaktik. 4. Aufl. Frankfurt/M. 2022, S. 128 f.: Inszenierung.

Wissenschaftler denken."[93] Hier gewinnen das geschriebene Wort, die Beschriftung oder der Ausstellungskatalog, dann ein interpretatorisches Übergewicht.

Im Erlernen der Fähigkeit, historische Ausstellungen nicht nur passiv zu konsumieren, sondern aktiv zu analysieren, können Individuen dazu qualifiziert werden, historische Fragen als solche zu erkennen und selbst stellen zu können. Historische Narrationen, wie sie eine Ausstellung liefert, ‚lesen' und verstehen zu lernen, führt zu dem Verständnis, dass – neben dem Schulbuch, oder zu unterschiedlichen Zeiten – sehr verschiedene Antworten auf historische Fragestellungen gegeben werden können, sodass die Frage nicht lautet: „Wie war es?" sondern „Wie und warum wurde es so?"[94] Die so erfahrenen Ansätze zur Problemlösung können auf andere Bereiche übertragen werden, etwa auf andere Medien.

3.5 Transparenz

Heiner Treinen hat die Museen als funktional autonom beschrieben. Damit wollte er ausdrücken, dass die Institution nicht unmittelbar auf ihr Publikum angewiesen ist, um im Rahmen ihres Aufgabengebietes zu existieren und zu funktionieren. Das wirkt sich auch auf den generell eher geringen, d.h. höchstens indirekten, Einfluss des potenziellen Publikums auf die Ausstellungskonzeption und -gestaltung aus.[95] Umso wichtiger ist es, dasselbe Publikum mit einer analytischen Autonomie auszustatten, die es ihm ermöglicht, dem Dargebotenen kritisch zu begegnen und es für sich nutzbar zu machen.[96]

Ausstellungen müssen ‚gelesen' werden können, d.h. sie müssen transparent, durchschaubar gemacht werden. Dazu gibt es unterschiedliche Wege. Erstens können die Ausstellungsmacher:innen ihre Konzeption und Intentionen durch entsprechende Hinweise oder bestimmte Gestaltungsformen offenlegen. Zweitens kann dies durch die eigene Analyse des Präsentierten erzielt werden. Der Inhalt der Ausstellung ist dabei zunächst zweitrangig. Bei diesem ‚Bürsten gegen den Strich' offenbaren untersuchte Ausstellungen bzw. Museen, dass nicht die Einrichtung oder ihr Medium das Geschichtskulturelle ausmachen, „sondern die Museumskonzeptionen sind es – deshalb die unterschiedlichen

---

93 Rüsen 1987, S. 270.

94 Wolfgang Hasberg: Vermittlung geschichtskultureller Kompetenzen in historischen Ausstellungen. In: Susanne Popp/Bernd Schönemann (Hg.): Historische Kompetenzen und Museen (Schriften zur Geschichtsdidaktik). Idstein 2009, S. 211–236; hier S. 219.

95 Fliedl 1995, S. 52.

96 Commandeur 2007, S. 68.

Widmungen: Labor, Schaubühne, Identitätsfabrik, Musentempel, Lernort."[97] Die dritte Form, Transparenz in die Ausstellungsdidaktik zu bringen, ist, das Publikum über partizipative Zugänge unmittelbar mit in den Entstehungsprozess von Ausstellungen einzubeziehen. Viertens kann es einen berufspraktischen Nutzen haben, durch die Dekonstruktion von Ausstellungen das Museum als Arbeitsfeld sichtbar und die zu leistenden Tätigkeiten transparent zu machen. Wer ist eigentlich an der Entstehung einer Ausstellung konkret beteiligt? Woher kommen die Objekte, durch wessen Hände gehen sie, wie werden sie zusammengestellt, wer holt sie aus dem Depot und legt sie in die Vitrine? Wer hat ein Interesse am Erfolg der Ausstellung, und auf Grund welcher Motivation? Wer verantwortet und wer entwirft die Gestaltung? Wer wirbt für die Ausstellung und wer vermittelt sie?

Wenn sich Museen und historische Ausstellungen durch eine größere Transparenz hinterfragbar machen, handelt es sich dabei für die Institution keinesfalls, wie gelegentlich behauptet, um eine Gratwanderung.[98] Museen stellen sich dadurch nicht selbst in Frage, sondern werden erst ihrer eigentlichen Aufgabe als Ort historischen Lernens gerecht. Sie öffnen sich gegenüber ihrem Publikum und lassen so die Denkprozesse zu, die eine allgemeine Kritikfähigkeit – nicht nur gegenüber dem Museum – fördern. Erst diese Öffnung in Richtung Transparenz ermöglicht die „Wiedergewinnung einer möglichst unbefangenen Wahrnehmung"[99], die der oft genug bestehenden Distanz gegenüber der Einrichtung Museum ein (neues) Vertrauen entgegensetzt. Aus dem „Konsumtempel" Museum (= Konsum von Geschichts- und Kulturangeboten) wird ein gesellschaftlicher Treffpunkt. Transparenz macht aus dem Museum einen Raum direkter gesellschaftlicher Kommunikation. Und sie verhindert im Vorhinein, dass das Museum mit seinem gesellschaftlichen Gewicht wie ein „Gatekeeper" Wissen, Interpretationen und vermeintliche Master-Narrative dirigistisch vorgeben kann.

Ein denkbarer Ansatz, um solchen Machtstrukturen schon im Vorfeld bewusst entgegen zu treten, wäre beispielsweise der rigorose Verzicht auf Antworten. Ein Museum könnte lediglich Fragen stellen, um so radikal auf seine Funktion als gesellschaftlicher Diskursort aufmerksam zu machen. Sein Publikum würde dadurch aufgefordert, sich unmittelbar an der Debatte über aktuelle Themen, geschichtspolitische Problemstellungen, das kollektive und kommu-

---

97 Jacobmeyer 2000, S. 153.

98 Vgl. Hasberg 2009.

99 Fliedl 1995, S. 61 f.; siehe auch im Folgenden ebd.

nikative Gedächtnis etc. zu beteiligen und sich auf diesem Wege abseits von Wahlrecht und freiwilligem zivilem Engagement als aktiven Teil seiner sozialen Gemeinschaft zu begreifen.[100]

In einem anderen weiterführenden Konzept könnte der Prozess des Kuratierens selbst – und damit Fragen der Anbahnung von Geschichtsbewusstsein im Museum, aber auch der Repräsentanz unterschiedlicher Perspektiven – in den Vordergrund gerückt werden. Anstelle final durchkuratierter Ausstellungen würden dann Denk- und Entscheidungsprozesse abgebildet und zur Diskussion gestellt.[101]

3.6 Kommunikation

Soziologisch betrachtet ist das Museum Teil des Funktionssystems Erziehung. Die Funktion der Erziehung bezieht sich nach Niclas Luhmann auf die Personwerdung von Menschen, d.h. auf die Ausbildung ihrer Fähigkeit, auf den unterschiedlichen gesellschaftlichen Feldern (Politik, Wirtschaft, Kunst, Familie, Religion, Wissenschaft, Organisation, Alltag) an Kommunikationen teilzunehmen, sich als Person identifizierbar und als Kommunikationspartner:in ansprechbar zu machen. Die Erziehung kann nicht nur das in der Gesellschaft relevante Wissen vermitteln, das dafür zu umfassend ist. Vielmehr vermittelt sie die Befähigung, Wissen auf Nichtwissen zu beziehen und umgekehrt. Dies ermöglicht die Teilnahme an Kommunikation.

Das Geschichtsmuseum ist ein Diskussions- und Kommunikationsforum über Geschichte. Nichtwissen und ‚Dummheit' sind zugelassen; zum Museumsbesuch ist vorgefertigtes Wissen grundsätzlich nicht notwendig. Auch wer kein Wissen mitbringt, kann sich den fremden Objekten einer anderen Zeit nähern. Diese Annäherung wird durch Kommunikation vertieft und führt zu neuen Erkenntnissen im Umgang mit Wissen. Ein solcher Art öffentlicher Museumsraum, ein solches Forum bietet die nötige „Offenheit als spezifisch didaktische Dimension der Geschichtskultur".[102] Geschichtsdidaktik resp. Museumsdidak-

---

100 Ein solches Szenario mit seinen Chancen und Grenzen stellen beispielsweise Burzan/Eickelmann 2022, S. 207 f. zur Diskussion: „Was wäre beispielsweise, wenn Museen keine Antworten mehr geben, sondern lediglich Fragen stellen würden?"

101 Vgl. Friedrich von Bose: Das Museum der Zukunft ist auch nicht mehr das, was es mal war. Zur Zeitlichkeit im Museum. In: schnittpunkt/Joachim Baur (Hg.): Das Museum der Zukunft. 43 neue Beiträge zur Diskussion über die Zukunft des Museums. Bielefeld 2020, S. 269–274; hier S. 273; Burzan/Eickelmann 2022, S. 46 sehen hierin einen „Schritt zur Demonopolisierung der eigenen Praxis."

102 Rüsen 1987, S. 276.

tik sollte die Sinnfrage eben nicht beantworten, sondern diese bewusst offen halten, um jedwede Instrumentalisierung von Geschichte zu verhindern und dem Publikum die Möglichkeit und die Freiheit zu bieten, sich über die historischen Dimensionen der gesellschaftlichen Umstände ein eigenes Bild zu verschaffen.

Das Museum als Forum fördert mit Kritikfähigkeit und Urteilsvermögen Kompetenzen, die nicht allein für das historische Bewusstsein ausschlaggebend sind. Vielmehr sind sie in sämtlichen gesellschaftlichen Feldern maßgebend. Sie gehören zu den zentralen Elementen einer demokratischen, von Medien dominierten Gesellschaft. Sie sind unabdingbar für das Verständnis von Vergangenheit und Gegenwart, auf deren Grundlage gemeinsame Zukunft gestaltet wird. Das Museum als eine Institution mit besonderer gesellschaftlicher Reputation besitzt hier ein großes Wirkungspotenzial.

Museale Geschichtskultur ist stark mit lebenslangen Lernprozessen verbunden. Besonders wenn sich mehrere Generationen im Museum begegnen, wird dies offensichtlich. Dies kann auch methodisch vertieft werden, indem gegenübergestellt wird, was wer an eigener Erfahrung mitbringt, woher diese Informationen stammen, was er/sie von anderen neues erfahren hat und was ihm/ihr die Begegnung mit ausgestellten historischen Objekten an neuen Erkenntnissen gebracht hat. Diese Erfahrungen können dann eingeordnet werden, etwa in einer Frage wie: „Wenn ich das schon früher gewusst hätte, wie hätte ich dann damals reagiert? Würde ich heute anders denken?“ Diese lebenslangen Lernprozesse können bereits in der frühen Jugend angebahnt werden. Umso selbstverständlicher sind sie später für die Beteiligten. Erfolge sind besonders auch dann zu erwarten, wenn sich lebensweltliche Bezüge herstellen lassen.

4. Stadtgeschichtliche Dauerausstellungen in Museen – der aktuelle Status

Stadtgeschichtliche Dauerausstellungen in historisch ausgerichteten Museen, verstanden als didaktisch aufbereitete Visualisierung von Stadtgeschichte zur Deutung städtisch geprägter Gesellschaften und ihrer geschichtlichen Identität, sind ein in der deutschen Museumsgeschichte noch relativ junges Phänomen. Sie gehen weitestgehend auf die museumsdidaktische und -pädagogische Erneuerungsbewegung der 1960er und 1970er Jahre zurück, als der „Musentempel" zum „Lernort" wurde.[103] Es hat sich dabei ein Typ oder Modell etabliert, das etwa grob – und jeweils regional angepasst – nach dem Schema „Gründungssiedlung, mittelalterliche Stadtwerdung, Einflüsse von Renaissance über Barock bis Aufklärung, Expansion durch Industrialisierung, Weltkriege, ‚Reset' nach 1945" Stadtgeschichte in Szene setzt. Dabei war übrigens die Einbeziehung der NS-Geschichte im präsentierten Narrativ ein ganz wichtiger Fortschritt. Er ging nicht überall ohne Widerstand vonstatten, ist aber heutzutage unbestrittener Bestandteil der dreidimensionalen Geschichtserzählung.

In der Kulturpolitik ist eine solche Stadtgeschichte im Museum mitunter sehr beliebt, weil sie z.B. Tourist:innen, die eine Stadt besuchen und sich im Museum vor Ort einen schnellen Überblick über die lokale Geschichte verschaffen möchten, eine historische Orientierung bietet. Auch der eigenen Bevölkerung, insbesondere den örtlichen Schulklassen, können sie über eine solche Ausstellung eine regionalgeschichtliche Identität anbieten resp. vermitteln. Diese Formen einer – übrigens häufig für ein eher nostalgisches, sich selbst bestätigendes Geschichtsbild sprechenden – musealen Geschichtsdarstellung machen aus Museen in der Regel eher „Identitätsfabriken"[104] als historische Lernorte, weil sie gerne fertige Antworten liefern, anstatt Fragen zuzulassen, die dem Publikum Denkanstöße liefern und die Bildung und Weiterentwicklung historischen Bewusstseins ermöglichen.

Auch deshalb haben sich einige Museen selbst tatsächlich bereits immer mehr von dem geschilderten chronologischen Muster abgewandt, um neue Formen der Geschichtsvermittlung auszuprobieren. Sie teilen die Geschichte alternativ lieber in Themenblöcke ein als in Epochen oder suchen andere Lösungen.

---

103 Spickernagel/Walbe 1979; Walter Hochreiter: Vom Musentempel zum Lernort. Zur Sozialgeschichte deutscher Museen 1800–1914. Darmstadt 1994.

104 Jacobmeyer 2000, S. 142–155; Gottfried Korff/Martin Roth (Hg.): Das historische Museum. Labor, Schaubühne, Identitätsfabrik, Frankfurt/M. u.a. 1990.

Kurz: In deutschen Museen scheint die ‚klassische' stadtgeschichtliche Dauerausstellung nach einem halben Jahrhundert bereits überholt zu sein, noch bevor sie richtig ‚in die Jahre' kommen konnte. Wie aber kann eine weiterentwickelte ‚neue Stadtgeschichte' im Museum künftig aussehen? Bevor es um die inhaltliche Konturierung einer solchen ‚neuen Stadtgeschichte' geht, sollen Prämissen definiert werden, die bei der Realisierung einer modernen Ausstellungskonzeption zu bedenken sind.

Dazu gehören einige kulturpolitische Faktoren, die hier zwar nicht im Vordergrund stehen sollen, aber der Vollständigkeit halber zumindest kurz benannt werden, da sie den Alltag der Museen erheblich beeinflussen können. So hat die Konkurrenz um öffentliche Gelder – u.a. ausgelöst durch den Museumsboom der 1980er Jahre einerseits und die hohe Kosten verursachende deutsche Neuvereinigung andererseits – in den 1990er Jahren dazu geführt, dass Kultureinrichtungen im Allgemeinen und Museen im Besonderen unter erhöhten Rentabilitätsdruck geraten sind. Die Folge war nicht nur eine wachsende Konkurrenz der Museen und Kultureinrichtungen untereinander. Vielmehr konkurrieren seitdem innerhalb der Einrichtungen die mittlerweile weitgehend etablierten ökonomischen Denkmuster des ‚Museumsmanagements' mit den fachwissenschaftlichen Notwendigkeiten der Museumsarbeit – und das nicht immer zum Vorteil des Gesamten.[105]

Aufgrund der gestiegenen Durchökonomisierung des Kultursektors und der damit verbundenen erhöhten Konkurrenz wird in Museen immer weniger nach inhaltlichen Fragestellungen oder gesellschaftlichen Bedürfnissen, sondern stärker nach zahlendem Publikum gefragt sowie nach marktkonformen Potenzialen entschieden. Das Museum wird zu einem ‚brand' mit ‚Leuchtturmwirkung', das entsprechend zu vermarkten ist. Seine Angebote werden weniger nach konkreten gesellschaftlichen Erfordernissen entworfen, sondern weit mehr nach ihrem Potenzial, Besucher:innen ins Museum zu „locken".

In einer solchen Konstellation muss sich der „Lernort Museum" sehr weit ‚hinten anstellen'. Darüber hinaus bedingt eine den Marktgesetzen folgende

---

105 Vgl. Anja Dauschek: Management als Museumsaufgabe. In: APuZ 57, 2007, H. 49, S. 20–26, die die Entwicklung folgendermaßen bewertet: „Museumsmanagement ist heute ein selbstverständlicher Aspekt der Museumsarbeit und zeugt von einem Bewusstsein für die Verantwortung der Museen gegenüber der Gesellschaft." Ebd. S. 26. – Die monetäre Entspannungsphase aufgrund der Niedrigzinsphase, die zwischenzeitlich auch im Kultursektor spürbar war, ist seit den wirtschaftlichen Turbulenzen, die der Angriffskrieg Russland auf die Ukraine am 24. Februar 2022 weltweit ausgelöst hat, augenscheinlich bis auf weiteres vorbei.

Konkurrenz, dass sich die arbeitstechnischen Handlungszyklen – erhöhte Attraktivität durch kurzfristig wechselnde Ausstellung, um auch die örtliche Klientel regelmäßig und dauerhaft anzuziehen; Dynamisierung von Dauerausstellungen; mehr Leihverkehr als ‚Werbung' für das eigene Haus etc. – innerhalb der Museen stark verkürzen; und das bei tendenziell sinkender verfügbarer Arbeitskraft, liegen bei anhaltendem Sparzwang im Personalbereich doch immer noch die größten Einsparpotenziale. Gerade vor diesem Hintergrund sollten sich die Museen darum bemühen, ihre inhaltliche Handlungsautonomie zu bewahren oder gegebenenfalls wieder zurückzugewinnen. Sicher ist dies in gewisser Hinsicht auch eine Frage eines Generationenwechsels, der gewöhnlich immer veränderte Perspektiven und Fragestellungen mit sich bringt.

Abseits solcher ökonomischer Zwänge, kulturpolitischer Befindlichkeiten und kurzfristiger Trends spielen in der regulären museumstechnischen Praxis bei der Findung einer neuen Konzeption mehrere Faktoren eine Rolle:

1. Jede Dauerausstellung braucht nach einer gewissen Zeit eine Veränderung, schon allein dadurch, dass sich Ausstellungsarchitektur, didaktische Einbauten und technische Geräte irgendwann mechanisch abgenutzt und inhaltlich überlebt haben.
2. Die Sammlungen eines Museums sind die Basis jeder Dauerausstellung. Der Bestand an Objekten bestimmt mit, was gezeigt werden kann und was nicht.[106]
3. Historische Fragestellungen ändern sich. Durch das neue Befragen der Sammlungsbestände und der Sachzeugnisse aus der Vergangenheit können sich neue Möglichkeiten der Präsentation und Visualisierung von Geschichte ergeben.
4. Kuratorische Kenntnisse sind wertvolle gesammelte Erfahrungen. Sie münden in einem ‚kreativen Potenzial', das besondere Bezüge zwischen Objekten identifizieren und für die Ausstellung fruchtbar machen kann.

---

106 Gemeint sind hier weniger vertragliche Verpflichtungen, in denen die dauerhafte Präsentation bestimmter Objekte oder Sammlungskonvolute festgelegt ist. Gleichwohl existieren solche Vereinbarungen.

5. „Stadtgeschichte" in einer sich verändernden Gesellschaft

Museal präsentierte Stadtgeschichte sollte gerade auch an den Erfordernissen der städtischen Gesellschaft ausgerichtet sein, die sie repräsentiert. Diese gesellschaftlichen Erfordernisse sind, wie die Gemeinschaft selbst, jedoch nicht statisch, sondern durch Veränderung geprägt. Diesbezüglich ist festzustellen, dass sich die städtischen Gemeinschaften seit Bestehen der Bundesrepublik deutlich weiterentwickelt haben. Hier sind insbesondere die unterschiedlichen Migrationsbewegungen zu nennen, die in den vergangenen Jahrzehnten das bundesdeutsche Erscheinungsbild am nachhaltigsten verändert haben. Die ‚Einwanderungsgesellschaft BRD' in ihrer kulturellen Vielfalt ist im Alltag der städtischen Sozialgemeinschaften mit ihren unterschiedlichen Communities, Nationalitäten und kulturellen Ausprägungen deutlich ablesbar.

Wie sich im Rückblick zeigt, sind stadtgeschichtliche Museografien immer auch gesellschaftliche Seismografen. So präsentierten sich die Museen beispielsweise in den 1950/60er Jahren aufgrund der verbreiteten Vermeidung einer kritischen Auseinandersetzung mit der NS-Geschichte noch weitgehend ‚geschichtsfrei' und kaprizierten sich lieber auf eine unverfängliche, auf Ästhetik abstellende, kunst- und kulturgeschichtlich ausgerichtete Präsentation. Bewusst historisch argumentierten dagegen museale Repräsentanzen wie die ostpreußischen, schlesischen etc. Heimatstuben, die durch die museale Präsentation ihren Anspruch auf die ‚verlorene deutsche Heimat' visuell sichtbar zu halten versuchten. Mit den sozialen Veränderungen der 1968er-Bewegung veränderten sich die musealen Narrative. Wie schon eingangs geschildert, ersetzte der „Lernort" den „Musentempel", indem nun Geschichte, gebunden an authentische Objekte, historisch-argumentativ veranschaulicht wurde. Die ‚Graswurzelbewegung' der Geschichtswerkstätten tat ein Übriges, um neben der nach wie vor äußerst zurückhaltend behandelten NS-Geschichte weitere neue Themenfelder wie die Geschichte der Arbeiter:innen, Fragen der historischen Alltagskultur oder die Frauengeschichte zu erschließen und museumswürdig zu machen.

Was die Realität einer multikulturellen bundesdeutschen Gesellschaft betrifft, so wird auch diesem „neuen Deutschland"[107] ganz allmählich der Weg zu einer musealen Repräsentation gebahnt. Insbesondere unter den Vorzeichen von

---

107 Siehe exemplarisch Özkan Ezli/Gisela Staupe (Hg.): Das neue Deutschland. Von Migration und Vielfalt. Konstanz 2014; Lesebuch zur gleichnamigen Ausstellung im Deutschen Hygiene-Museum Dresden (8.3.-12.10.2014).

„Partizipation“ und sozialer „Inklusion“[108] wird an verschiedenen Stellen daran gearbeitet, Migrationsgesellschaft und kulturelle Vielfalt in den geschichtlichen Repräsentationen der Museen zu verankern.[109] Vielfach fehlen dazu allerdings immer noch die konkreten Exponate, um die Geschichte dieser relativ jungen Communities angemessen in die museale Präsentation integrieren zu können. Im Übrigen ist das so positiv klingende wie motivierende Modell partizipativer Museumsarbeit in der Praxis weit komplexer, als es äußerlich scheinen mag.[110]

Ist diese Entwicklung hin zu einer Visualisierung von Migrationsgeschichte in deutschen Geschichtsmuseen grundsätzlich in jedem Fall zu begrüßen, so scheinen gleichwohl viel weitergehende Fragestellungen virulent zu sein. Es ist verhältnismäßig einfach, die aktuellen Schlagworte „Migrationsgesellschaft“ und „Kulturelle Vielfalt“ aufzugreifen und an den bisherigen historischen Diskurs im Museum ergänzend anzuschließen. Interessanter und weit wichtiger scheint es jedoch zu sein, die gesamte stadtgeschichtliche Repräsentation im Museum unter zeitgemäßen Fragestellungen neu anzugehen. Im Zeitalter der Globalisierung reicht der eingangs erwähnte Kanon – von der Gründung zum ‚Reset‘ nach 1945 – als museales Identifikationsangebot für die geschichtliche Basis der bundesdeutschen städtischen Gesellschaften eben nicht mehr aus, selbst wenn zum Beispiel die Veränderungen, die die Anwerbeabkommen seit den 1950er Jahren mit sich gebracht haben, in das Konzept kritisch integriert werden. Vielmehr machen die jüngsten politischen – aber auch technischen und globalen – Veränderungen mehr als deutlich, wie nah ‚die Welt da draußen‘ mittlerweile an ‚die eigene Stadt‘ herangerückt ist.

„*Die* Globalisierung“ ist dabei ein weiteres Schlagwort, das verdeckt, dass es globale Strukturen seit Jahrhunderten gibt; sie gehört entmystifiziert; so wie die Migration eine historische – und auf Dauer eher befruchtende als bedrohliche – Konstante ist. Das bedeutet, dass die Geschichte auch im Zeitalter der Globalisierung danach befragt werden kann, welche Wurzeln die heutige ‚globalisierte Welt‘ hat und was dies für das gegenwärtige und künftige Miteinander bedeutet. Es soll also im Folgenden darum gehen, ein neues Modell stadtgeschichtlicher Museografie vorzuschlagen, das den Bedürfnissen und Erfordernissen aktuel-

---

108 Jocelyn Dodd/Richard Sandell (Hg.): Including Museums. Perspectives on Museums, Galleries and Social Inclusion. Leicester 2001; Eithne Nightingale/Richard Sandell (Hg.): Museums, Equality and Social Justice. London 2012.

109 Deutscher Museumsbund e.V. (Hg.): Museen, Migration und kulturelle Vielfalt. Handreichungen für die Museumsarbeit. Berlin 2015.

110 Siehe dazu exemplarisch: Regine Wonisch: Partizipative Museumsprojekte in der Migrationsgesellschaft – eine kritische Bilanz. In: IMIS-Beiträge 51, 2017, S. 245–261.

ler Einwanderungsgesellschaften – und in diesen spielen Städte als An- und Ablaufpunkte eine zentrale Rolle – Rechnung trägt, indem es glokal[111] verankerte – das heißt am konkreten Ort aufzeigbare, aber über diesen deutlich hinausweisende – Fragestellungen aufwirft und mögliche Interpretationsangebote macht. Ziel ist dabei insbesondere die Visualisierung historisch tief verankerter Phänomene von Ab- bzw. Ausgrenzung, die unbewusst bis in die Gegenwart nachwirken; nicht zuletzt deshalb, weil Fragen von Inklusion und Exklusion für das Zusammenleben von Gemeinschaften elementar sind.

Das Konzept ist ausdrücklich nicht darauf fokussiert, nur neue zahlende Zielgruppen für das Museum zu generieren. Vielmehr richtet sich der Blick weit über die Einrichtung hinaus auf den gesellschaftspolitischen Alltag. Es geht um offene kulturelle Angebote, die zur Sensibilisierung für anstehende gesellschaftliche Problemstellungen der Gegenwart, eventuell sogar zu deren Lösung, historisch tief verankerte, aber nicht unmittelbar sichtbare Phänomene (wenn nicht Ursachen) aufzudecken. Gefragt ist demnach nicht mehr der Weg von der römischen oder fränkischen Gründung über die mittelalterliche Stadtwerdung bis zur Industrialisierung und dem ‚Phoenix-aus-der-Asche' nach dem Naziterror, sondern die problemorientierte Museografie einer lokalen Weltgeschichte respektive globalen Stadtgeschichte. Dafür steht „Glokalgeschichte als Ausstellungsprinzip".

Sollte dieses Konzept zum besseren Verständnis gegenwärtiger gesellschaftlicher Prozesse führen und weiterführende Dialoge anstoßen, die produktiv in die Gesellschaft zurückwirken, dann würde sich dies sicher schnell von alleine herumsprechen als ein attraktives geschichtskulturelles Angebot. Der Gang ins Museum würde sich lohnen, ohne dass irgendjemand mit List ‚angelockt' werden müsste. Wenn sich auf diesem Wege das Museum als sozialer Ort weiter diversifizieren und dadurch eine breitere gesellschaftliche Akzeptanz erfahren würde, wäre sehr viel gewonnen.

---

111 1992 führte der Soziologe Roland Robertson den Begriff „glocalisation/Glokalisierung" ein, um damit die gleichzeitig stattfindende wechselseitige Durchdringung globaler und regionaler Effekte zu beschreiben; Roland Robertson: Glokalisierung, Homogenität und Heterogenität in Raum und Zeit. In: Ulrich Beck (Hg.): Perspektiven der Weltgesellschaft. Frankfurt/M. 1998, S. 196–220. In unserem Kontext ist „Glokalgeschichte" als die vor Ort sicht- und nachweisbare Geschichte transnationaler Verflechtungen zu verstehen: „Lokalgeschichte wird zunehmend als Glokalgeschichte gedeutet – also als lokaler Niederschlag globaler Vernetzungen und Prozesse." Präsidium der Universität Kassel (Hg.): 40 Jahre Universität Kassel. Natur, Technik, Kultur, Gesellschaft. Kassel 2011, S. 189.

6. Glokalgeschichte(n)

Bei dem Konzept „Glokalgeschichte" handelt es sich um einen Paradigmenwechsel bei der Präsentation von Stadtgeschichte in Museen. Werden damit die bisherigen Hauptthemen obsolet bzw. verschwinden sie völlig aus dem Gesichtsfeld? Nein, keinesfalls zwangsläufig; im Gegenteil. Weit eher als Geschichtsbücher, die – schon der Übersichtlichkeit halber – vorrangig lineare Geschichtserzählungen bieten, haben historische Ausstellungen als Geschichtsnarrative aufgrund ihrer räumlichen Präsentation weitaus bessere Möglichkeiten, um Geschichte multiperspektivisch, mehrschichtig, gleichzeitig zu visualisieren. Das eröffnet für den Ansatz einer globalen Stadtgeschichte entscheidende Vorteile für Parallelpräsentationen, die es erlauben, aus der Verknüpfung verschiedener Ebenen eine neue, weitere Perspektive zu gewinnen. Es handelt sich beim Ausstellungsprinzip „Glokalgeschichte" also um eine räumlich visualisierte Narration, die über das Bekannte hinaus neue Blickfelder auf gleichzeitige Geschichtsereignisse erschließt.

Im Folgenden wird keine abgeschlossene Konzeption einer glokalgeschichtlichen Ausstellung geboten; kein bis in letzte Details fertiges Drehbuch. Es geht vielmehr um eine modellhafte Veranschaulichung des Grundprinzips eines solchen Konzeptes. Dazu werden exemplarisch – vorrangig anhand der Geschichte der Stadt Osnabrück – konkrete historische Ereignisse und damit verbundene gegenständliche Quellen vorgestellt, die sich für eine Verdeutlichung und Realisierung von „Glokalgeschichte" als Ausstellung gut eignen.

Um dem Konzept trotz seiner hier nur möglichen Beispielhaftigkeit eine nachvollziehbare museumsdidaktische Tiefenstruktur zu verleihen, die einer Gesamtausstellung zumindest recht nahe kommt, sind die ausgewählten thematischen Beispiele auf zwei unterschiedlichen Achsen angeordnet. Zum einen folgen die Themen grundsätzlich einer Chronologie. Damit soll sichtbar gemacht werden, dass das Ausstellungsprinzip durch die gesamte Geschichte hindurch, d.h. unabhängig von ganz bestimmten historischen Phasen oder Themen, umgesetzt werden kann. So ist die Geschichte von Kolonialismus und Kolonialimperialismus in ihren unterschiedlichen Facetten ein sehr plausibles, aber bei weitem nicht das einzige historische Phänomen, das sich für glokale Museumsnarrationen eignet. Grenzüberschreitungen, Fremdbegegnungen, Strukturen von In- und Exklusion usw. kommen auch in anderen Epochen vor und können museal zur Diskussion gestellt werden. Selbst das zentrale Thema des Nationalsozialismus lässt sich, wie hier nur angedeutet werden soll, ohne Probleme in das Konzept der „Glokalgeschichte" einbinden, zumal in der erinnerungspolitischen Debatte momentan diskutiert wird, in welcher Weise das für das Verständnis der bundesdeutschen Gesellschaft zentrale Erinnern an die nationalsozialistische Vergangenheit auf die migrantisch veränderte Gesellschaftsstruktur zu übertragen ist.[112]

Zum anderen werden zur Geschichte des Kolonialismus parallel drei Beispiele aus unterschiedlichen Städten ausgeführt. Das soll dem Irrtum vorbeugen, das Konzept ließe sich lediglich in ausgewählten Städten mit außergewöhnlichen historischen Konstellationen umsetzen. Darüber hinaus sind die Beispiele extra so gewählt worden, dass wichtige, vertraute stadtgeschichtliche Themenstellungen gleichzeitig Berücksichtigung finden können. Damit soll der falschen Sorge vorgebeugt werden, dass jene Themen bei einer glokalgeschichtlichen Ausrichtung entfallen müssten. Trotz des veränderten konzeptionellen Ansatzes können sie in der stadtgeschichtlichen Ausstellung integriert bleiben. Was sich lediglich ändert, ist eine erweiterte Perspektivität auf die Themen und die damit verbundene Auswahl von Exponaten. Eventuell sind diese auch anders gewichtet, was aber kein Nachteil, sondern unter Umständen sogar ein Gewinn sein kann. Denn unter veränderter Perspektive können vertraute Objekte ihr Potenzial sogar voraussichtlich noch viel besser entfalten.

6.1 Das „christliche Abendland"

Einer der zentralen Topoi populärer europäischer Geschichtsschreibung ist der des „christlichen Abendlandes". An diesen werden hier und dort gerne einmal kulturpolitische Leitbilder angelehnt, die es anderen Religionen und den durch sie geprägten Kulturen erschweren, einen angemessenen gesellschaftlichen Raum zu erlangen. Aufgrund der historischen Verantwortung der Deutschen angesichts der Shoah wird dieser Topos gelegentlich in der Bundesrepublik zum „christlich-jüdischen Abendland" erweitert, was jenen kaum plausibler macht und zudem auch nicht viel inklusiver gemeint ist. Zudem lassen sich weder mit dem einen noch dem anderen Ansatz die zahlreichen kulturellen Prägungen erklären. Statt der Diversität von Geschichte Raum zu geben, wird eine ahistorische Abgeschlossenheit historischer Prozesse suggeriert.

---

112 Zu entsprechenden Inhalten siehe Thorsten Heese (Hg.): Topografien des Terrors. Nationalsozialismus in Osnabrück (Osnabrücker Kulturdenkmäler; 16). Osnabrück-Bramsche 2015; zur methodischen Umsetzung vgl. exemplarisch Nora Sternfeld: Kontaktzonen der Geschichtsvermittlung. Transnationales Lernen über den Holocaust in der postnazistischen Migrationsgesellschaft. Wien 2013.

Abb. 3: „OSNABRVGUM ELEGANS SAXONIAE OPP[idum], Stadtansicht. Kupferstich, koloriert, aus: Civitates orbis terrarum Liber I, Antwerpen: Philipp Galle/Köln: Georg Braun u. Franz Hogenberg 1572, Bl. 2 © Museumsquartier Osnabrück: H 504

Auch stadtgeschichtliche Ausstellungen können schnell den Eindruck erwecken, dass das Christentum ‚schon immer' da war. Das ist ein deutlicher Unterschied zu der Feststellung, dass es aufgrund historischer Entwicklungen in bestimmten Regionen dominant war. Hier würde „Glokalgeschichte als Ausstellungsprinzip" ansetzen, um durch eine differenziertere Darstellung der Prozesse kulturelle Kontakte in ihren Ursachen und Wirkungen verständlicher zu machen und ihr Potenzial als Diskursanlass für die Gegenwart zu erschließen.

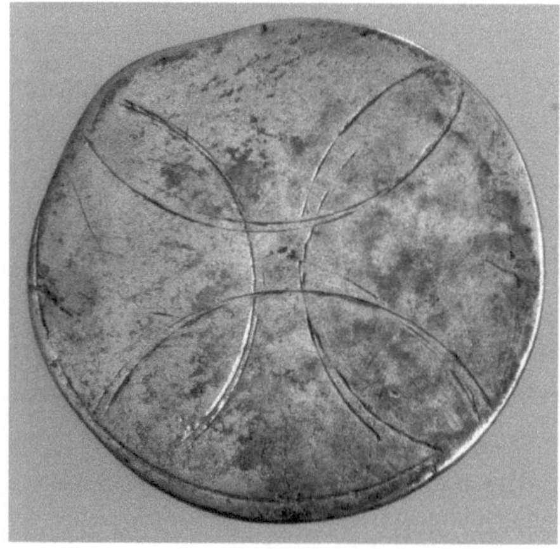

Abb. 4: Das älteste bekannte christliche Symbol im Osnabrücker Raum: Scheibe mit Kreuzsymbol. Silber, graviert, um 700 © Stadt- und Kreisarchäologie Osnabrück: B 75:01/5 a

Auf eine Stadt wie Osnabrück bezogen würde sich das Bild der „christlichen Stadt", das sich in frühneuzeitlichen Stadtansichten durch die zahlreichen Kirchtürme und Klöster abzeichnet, bereits dadurch relativieren, dass auf die kriegerischen Ursprünge der Durchsetzung des Christentums verwiesen wird. Erste Hinweise auf die Erfolge christlicher Missionare im Osnabrücker Raum stammen aus der Zeit um 700. Gewaltsam gegen den bestehenden Glauben eingeführt wurde der christliche Glaube dann im Zuge der „Sachsenkriege". 772 bis 804 führten die Sachsen unter Herzog Widukind und die Franken unter König Karl erbitterte Kämpfe. Die Sachsen unterlagen und wurden anschließend durch die christlichen Franken missioniert. Ihr Heiligtum „Irminsul" wurde dabei zerstört. Nach den Sachsenkriegen entstand um 800 inmitten eines umfangreichen Siedlungsgaus an der verkehrsgünstig gelegenen Hasefurt zwischen Westerberg und Gertrudenberg eines der Bistümer Karls des Großen im eroberten Sachsenland. Osnabrück bildete fortan als Missionsstation und Verwaltungsort ein regionales Zentrum der neuen politischen, mit dem Christentum verknüpften Herrschaft, aus dem sich im Laufe der Zeit die mittelalterliche Stadt entwickelte. Wäre die Region um Osnabrück im 8. Jahrhundert nicht durch die Franken erobert und das Christentum als Religion durchgesetzt worden, hätte sich hier historisch womöglich eine ganz andere Projektionsfläche entwickeln können.

Abb. 5: Kaiser Karl übergibt Bischof Wiho das Modell des Osnabrücker Doms (Allegorie auf die Gründung des Osnabrücker Bistums). Georg Berger (1592–1622 nachweisbar) Osnabrücker Bischofsbuch. Tinte auf Papier, um 1607/09 © Museumsquartier Osnabrück: 1316

Stattdessen wird die Christianisierung bald nicht mehr in Frage gestellt. Die allegorische Darstellung der Gründung des Osnabrücker Bistums im Osnabrücker Bischofsbuch von Georg Berger (1592–1622 nachweisbar) aus der Zeit um 1607/09 bringt dies bildlich gut zum Ausdruck: Acht Jahrhunderte nach der Entstehung des Osnabrücker Bistums lässt sich von der kriegerischen Vorgeschichte nur noch wenig erahnen, wenn Kaiser Karl der Große dem Bischof Wiho in dem Geschichtsnarrativ freundschaftlich ein Modell des Osnabrücker Doms überreicht. Mittlerweile wird der ‚Kampf für den richtigen Glauben' an anderer Stelle ausgetragen, wie die „Allegorie auf den Sieg bei Lepanto"[113] veranschaulicht.

Abb. 6: Allegorie auf den Sieg bei Lepanto. Öl auf Leinwand, 17. Jahrhundert
© Museumsquartier Osnabrück: 3745

Das Gemälde, das ursprünglich aus der Kommende des christlichen Ritterordens der Johanniter in Lage bei Osnabrück stammt, symbolisiert den 1571 vor der griechischen Hafenstadt Lepanto errungenen Sieg der Flotte, die die christliche „Heilige Liga" 1538 gegen das Vordringen der Osmanen gebildet hatte, über die osmanische Flotte. Letztere verloren dadurch die Seeherrschaft über

113 Allegorie auf den Sieg bei Lepanto, Öl auf Leinwand, 17. Jahrhundert, Museumsquartier Osnabrück, 3745 (E 2100).

das Mittelmeer. In der Darstellung des Gemäldes thront das Christentum als Allegorie über den besiegten und gefesselten Türken.

In der glokalen Präsentation könnten hier zwei Ebenen thematisiert werden. Erstens kann der historische Kontext der größten Seeschlacht der damaligen Zeit – es waren 260 osmanische und 211 christliche Schiffe mit etwa 200.000 Soldaten daran beteiligt – vorgestellt werden. Das „christliche Europa" war seit dem Mittelalter darauf bedacht, mit dem eigenen Glauben auch seine Einflusssphäre auszuweiten. Dafür führten Kreuzritter zum Beispiel „Kreuzzüge" – Kriege im Zeichen des Christentums. Die Verteidigung und Ausbreitung des eigenen Glaubens rechtfertigte den Einsatz von Waffengewalt. Zentral war dabei lange Zeit der zum „Heiligen Krieg" stilisierte Kampf gegen das Osmanische Reich. Dieses hatte sich seit dem 7. Jahrhundert im Mittelmeerraum ausgebreitet und war bis nach Spanien vorgedrungen. Dessen Kultur ist bis heute nachhaltig von dieser Zeit geprägt. Um das weitere Vordringen des Islam zu verhindern, wurden immer wieder Allianzen gebildet. Zweitens könnte die „Türkenfurcht" auf die Gegenwart bezogen werden. Denn „die heute erneut politisch und sozial überaus wirksamen und nicht selten irrationalen ‚Überflutungsängste' greifen auf Muster zurück, die im Spätmittelalter und der Frühen Neuzeit entwickelt wurden."[114]

***

Einen guten Einblick in die – für die Gegenwart lehrreiche – alltägliche Koexistenz zwischen dominanter (christlicher) Hauptbevölkerung und einer zugewanderten Minderheit bietet die Geschichte der mittelalterlichen jüdischen Gemeinden. In Osnabrück lässt sich anhand dieser Geschichte, die vom 13. bis ins beginnende 15. Jahrhundert reicht, sehr deutlich aufzeigen, wie die Bevölkerung vor Ort auf die neu hinzuziehenden Menschen reagierte und welche Konflikte daraus entstanden.[115]

Die spätmittelalterliche jüdische Gemeinde durchlebte insgesamt drei Etappen. In der Gründungsphase um 1300 wurden auf Betreiben des Bischofs als Landes- und Stadtherr jüdische Familien – wohl als Ersatz für Geldwechsler aus der Lombardei – angesiedelt, um zur Überbrückung finanzieller Engpässe

---

114 Hartmut Wunderer: Zwischen Bedrohung, Faszination und Verachtung. Der Wandel des Türkenbilds in der Frühen Neuzeit. In: Gisbert Gemein (Hg.): Kulturkonflikte – Kulturbegegnungen. Juden, Christen und Muslime in Geschichte und Gegenwart (Bundeszentrale für politische Bildung, Schriftenreihe; 1062). Bonn 2011, S. 376–395; hier S. 376.

115 Zur mittelalterlichen Geschichte der jüdischen Gemeinde in Osnabrück siehe ausführlich Thorsten Heese: „de joden belde". Judentum und antijüdische Propaganda im spätmittelalterlichen Osnabrück. In: OM 124, 2019, S. 57–108.

potente Geldleiher vor Ort zu haben. 1267 wird in Osnabrück mit „Jakob" erstmals ein Jude urkundlich erwähnt. 1327 lebten bereits 15 jüdische Familien in der Stadt. Sie wohnten vermutlich in der Schweinestraße, der heutigen Marienstraße, in der sich mit der „yoden scole" (niederdeutsch; Judenschule) ihre Synagoge befand. Dass auch ein jüdisches Ritualbad (Mikwe) existierte, liegt nahe. Der erste jüdische Friedhof befand sich vor dem Natruper Tor am äußeren, im 15. Jahrhundert als „Judengraben" bezeichneten Stadtgraben. Der Bischof stellte sie unter seinen Schutz und regelte in unterschiedlichen Privilegien das gemeinschaftliche Leben zwischen ansässigen Christ:innen und hinzugezogenen Juden und Jüdinnen, das sich im alltäglichen Umgang erst entwickeln musste und zu unterschiedlichen Konflikten führte. Mit der Pest im Jahre 1350 und dem tödlichen Pogrom an den Juden und Jüdinnen endete diese erste Phase jäh.

Schon kurz nach der Pest wurde die Gemeinde um 1360 in der Neustadt vollständig neu gegründet. Die neue Synagoge entstand in der Redlinger Straße; ein zweiter Friedhof wurde auf dem Westerberg angelegt. Das scheint zu belegen, dass die jüdische Gemeinde durch die Pest und den nachfolgenden Pogrom, bis auf ganz wenige Ausnahmen, ausgerottet wurde. Es lässt sich, was die in Osnabrück lebenden Familien betrifft, auch keine Namenstradition über das Jahr 1350 hinaus nachweisen. Da die Stadt kein eigenes Interesse an den Juden und Jüdinnen hatte, war es vermutlich erneut der Bischof, der die Neuansiedlung jüdischer Familien betrieb. Die Stadt setzte dabei durch, dass die neue Gemeinde kleiner blieb und der Osnabrücker Rat finanziell stärker profitierte.

Die dritte Phase betrifft die Auflösung der zweiten Gemeinde ab Ende 1424. Waren die Juden und Jüdinnen – wie übrigens auch die Lombard:innen – an der Wende zum 14. Jahrhundert zunächst für den Geldmarkt das ‚Maß der Dinge' gewesen, um die währungstechnischen Umbrüche des Geldsystems durch kurzfristige Darlehen auszugleichen, so wurden Juden und Jüdinnen wie Lombard:innen seit dem Ende des 14. Jahrhunderts immer entbehrlicher, weil von der kurzfristigen, hochverzinslichen Leihe auf eine langfristige, niedrigverzinste Rentenfinanzierung umgesteuert wurde. Nachdem das christliche Zinsgebot gefallen war und Juden und Jüdinnen als Geldgeber nicht mehr zwingend erforderlich waren, erreichte die Stadt – sicherlich auch in Verbindung mit dem umstrittenen Amtsantritt des Bischofs Johann von Diepholz – die Aufhebung des Judengeleits in Osnabrück. Innerhalb weniger Jahre verließen die letzten jüdischen Familien die Stadt endgültig. Wohin sie gingen, ist nicht belegt. Von finanzkräftigeren Juden und Jüdinnen ist allgemein bekannt, dass sie sich nach

Frankfurt am Main wandten.[116] Danach waren bis ins 19. Jahrhundert hinein keine jüdischen Familien mehr in Osnabrück ansässig.

Die Ansiedlung von Juden und Jüdinnen im Osnabrücker Hochstift blieb auf die Kathedralstadt beschränkt.[117] Schon aufgrund der religiösen Vorbehalte der Christ:innen gegenüber dem Judentum gestaltete sich das alltägliche Miteinander grundsätzlich eher schwierig. Trotz zahlreicher Hinweise auf ein konfliktreiches Leben, das wohl häufig eher ein ‚Gegeneinander' gewesen ist, belegt doch das Anwachsen der jüdischen Gemeinde, dass das Leben für die hinzugezogenen jüdischen Familien zumindest erträglich gewesen sein muss. Im Exzess der christlichen Bevölkerung gegen die jüdischen Menschen, der für sich spricht, wird sich einiges von den Vorurteilen gegenüber der jüdischen Bevölkerung entladen haben, die zuvor in Wort und Bild vermittelt wurden; eine mentale Prägung, die nicht ohne Wirkung bleiben sollte.

Unter glokalgeschichtlicher Perspektive bietet es sich an, die überregionalen Vernetzungen der jüdischen Familien herauszustellen. Diese ermöglichten ihnen die Organisation ihrer Finanzgeschäfte, für die sie in der Regel unter Schutz gestellt wurden. Durch die Bildung überregionaler Konsortien waren sie u.a. in der Lage, kurzfristig größere Geldbeträge bereitzustellen.[118] In der christlich geprägten Gesellschaft galten Juden als „Ungläubige", denen der Erwerb des Bürgerrechts versagt blieb. Ohne das Bürgerrecht war es ihnen verboten, ‚ehrbare' Berufe wie ein Handwerk auszuüben. Damit blieben ihnen nur wenige Erwerbsmöglichkeiten, darunter der Handel mit Geld. Als Juden waren sie nicht von dem Verbot des christlich-kanonischen Rechts, für Darlehen Zinsen zu nehmen, betroffen und durften daher beim Geldverleih Zinsen erheben. Ihre berufliche Spezialisierung auf Geld- und Bankgeschäfte hing also eng mit ihrer anderen Religion zusammen, die ihnen gesellschaftlich eine Sonderrolle zuwies. Zugleich sorgte das Zinsgeschäft regelmäßig für Konflikte zwischen Juden und Christen, weshalb die Konditionen des Geldhandels streng reglementiert wurden. Die überregionale Vernetzung lässt sich beispielsweise dadurch veranschau-

---

116 Rosemarie Kosche: Studien zur Geschichte der Juden zwischen Rhein und Weser im Mittelalter (Forschungen zur Geschichte der Juden. Abt. A: Abhandlungen; 15). Hannover 2002, S. 106.

117 Ebd., S. 66; lediglich in der Exklave Wiedenbrück deutet ein einzelner Hinweis auf die Existenz von Juden hin; ebd. S. 43 f.

118 Franz Irsigler: Juden und Lombarden am Niederrhein im 14. Jahrhundert. In: Alfred Haverkamp (Hg.): Zur Geschichte der Juden im Deutschland des späten Mittelalters und der frühen Neuzeit (Monographien zur Geschichte des Mittelalters; 24). Stuttgart 1981, S. 122–162; hier S. 122–139.

lichen, dass die jüdischen Familien aus unterschiedlichen Regionen stammten. Das zeigt beispielsweise der Schutzbrief, den der Osnabrücker Bischof Gottfried von Arnsberg (1321–1349/1363) am 15. Juni 1327 den jüdischen Familien auf mindestens sechs weitere Jahre ausstellte. Die 15 Schutzjuden und -jüdinnen und ihre Familien stammten aus unterschiedlichen Städten, zu denen sie sicher weiterhin Verbindung hielten:

1. Nathan mit dem krummen Fuß: 4 Mark;
2. Abraham: 18 Schilling;
3. Trostelin und Hanna (seine Ehefrau ist die Tochter von Nathan): 1 Mark;
4. Nathan der Kleine: 18 Schilling;
5. Hanna, die Frau Isaaks: 1 Mark;
6. Cophmann: 18 Schilling;
7. Jutta aus Bremen: 1 Mark;
8. Goianna aus Werden: 1 Mark;
9. Jakob aus Herford: 1 Mark;
10. Gottschalk aus Hamm: 6 Schilling;
11. Joel aus Essen: 8 Schilling;
12. Vivus aus Essen: 6 Schilling;
13. Anselm aus Erkelenz: 1 Mark;
14. Beckelinus aus Hamm: 1 Mark; schließlich
15. Moyses, Sohn des Gottschalk aus Borken mit seiner Ehefrau und seinen Kindern: 1 Mark.[119]

Die Urkunde, die auch die zu leistende jährliche Steuerzahlung nennt, zeigt ferner weitere interessante Details des besonderen Verhältnisses zwischen dem Landesherrn und seinen ‚Schützlingen'. Im Unterschied zu den bisherigen Schutzbriefen war erstmals die Befristung des Aufenthaltsrechts dadurch aufgehoben, dass der Aufenthalt nur noch an der regelmäßigen Zahlung des Schutzgeldes hing. Die von den genannten 15 Juden oder Jüdinnen zu leistenden jährlichen Abgaben variierten zwischen 4 Mark und 6 Schilling. Die Steuern waren jeweils zum Jahresende am 20. Dezember (dem Tag vor dem Fest des Hl. Thomas) zu bezahlen. Im Unterschied zur Osnabrücker Bürgerschaft gab es beim Tod eines Juden oder einer Jüdin keinen Sterbfall an den Bischof, d.h. das Erbe verblieb in der betreffenden Familie. Es bestanden also auch Sonderrechte. Interessant ist, dass in der Urkunde erstmals die Einrichtung eigener Bankgeschäfte geregelt wurde. Wollte ein Jude einen Wechseltisch aufstellen, musste er gesondert mit dem Bischof um eine Berechtigung verhandeln. Offensichtlich

119 NLA OS Dep 3 a 1 III C Nr. 40; OUB VI, Nr. 295, 1327 Juni 15, S. 212.

beabsichtigte der Bischof, auf diese Weise das Verhältnis unter den vermutlich ebenfalls weitgehend im Geld- und Pfandgeschäft tätigen Osnabrücker Juden und Jüdinnen zu steuern und unnötige Konkurrenz zu vermeiden, z.B. wenn Angehörige der ansässigen jüdischen Familien einen neuen Hausstand gründen und ein eigenes Geschäft etablieren wollten.

Für die museale Präsentation ist darüber hinaus die Veranschaulichung der Grundlagen ihrer Diskriminierung im Alltag von Bedeutung. Dafür bieten sich Objekte und die mit ihnen verknüpften ideologischen Ideen an, die dem antijüdischen Verhalten der christlichen Hauptbevölkerung Vorschub leisteten. Der in der Kirche gepredigte Antijudaismus prägte das alltägliche Miteinander und förderte für den Extremfall die Eskalation, wie sich während des Pestpogroms deutlich erwies. Dazu werden im Folgenden mehrere Beispiele ausgeführt.

Der „Judeneid"

Dass sich der Antijudaismus der Zeit auch für Osnabrück nachweisen lässt, belegen unterschiedliche überlieferte Quellen sowohl schriftlich als auch in Bildern bzw. Bildwerken. Letztere sind bis heute im Stadtbild zu sehen. Zu den ‚Bildern in den Köpfen' gehört das, was der sog. Judeneid verkörpert.[120] Zunächst ist die Existenz eines Judeneides ein Beleg dafür, dass die jüdische Gemeinde in Osnabrück im Wechsel zum 13. Jahrhundert ganz offensichtlich eine Größe und Bedeutung erreichte, bei der die Einführung eines solchen Rechtsinstrumentes geboten schien. Zudem weist der Eid darauf hin, dass Konflikte mit Juden und Jüdinnen im christlich geprägten Osnabrück bald zur Tagesordnung gehörten und ein Judeneid tatsächlich nötig wurde.[121] Juristisch bot der Eid Juden und Jüdinnen, die in irgendeiner Form beschuldigt wurden, die Möglichkeit, durch den Schwur des Judeneides ihre Unschuld zu beweisen.

Die ältesten bekannten Formeln für Judeneide stammen aus dem 9. Jahrhundert. Die im 12. Jahrhundert entstandenen Görlitzer und Erfurter Judeneide gelten als die ersten im deutschsprachigen Raum. Der Eid wurde generell in oder vor der Synagoge oder auch vor einem Gericht abgelegt. Dabei hatte der Schwörende die Thora zu berühren und mit einer Reihe von Selbstverwünschungsformeln Gott anzurufen. Im Spätmittelalter vermehrten sich die diskriminierenden Elemente. So konnte es vorkommen, dass der Jude, wie im Schwa-

---

120 Zu „Judeneiden" siehe allgemein Walter Röll: Zu den Judeneiden an der Schwelle zur Neuzeit. In: Haverkamp 1981, S. 163–204.

121 Zvi Avneri (Hg.): Germania Judaica, Bd. II: Von 1238 bis zur Mitte des 14. Jahrhunderts. 2. Halbbd.: Maastricht – Zwolle. Tübingen 1968, S. 634.

benspiegel beschrieben, bei seinem Eid auf den Zitzen einer blutigen Sauhaut stehen musste.[122]

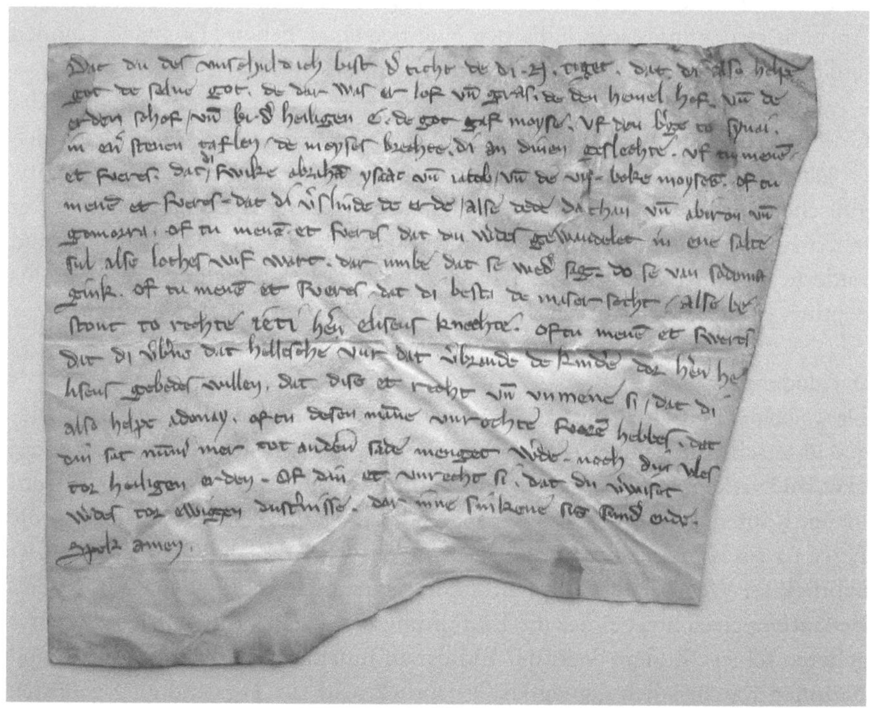

Abb. 7: In dem über 700 Jahre alten „Judeneid" zeigt sich das Misstrauen gegenüber Juden. Tinte, Pergament, Osnabrück um 1300 © NLA OS, Dep. 3 a 1 III C, Nr. 44

Auf die Möglichkeit, mit Hilfe des Judeneides seine Unschuld zu belegen, wird in den Osnabrücker Quellen mehrfach hingewiesen. Im Osnabrücker Stadtbuch wurde 1319 festgelegt, dass, sofern ein beschuldigter Jude auf den „alden ede der ioden" schwor und seine Schuld nicht durch Zeug:innen belegt werden konnte, er von der Beschuldigung zu befreien war.[123] Diese Regelung wurde 1327 durch den Bischof ausdrücklich bestätigt. Bezichtigungen von Juden und Jüdinnen wurde nur dann durch die bischöflichen Beamten nachgegangen, wenn derjenige, der die mutmaßliche Tat anzeigte, diese auch ausdrücklich bezeugte.[124] Mit

122 Judeneid; in: Lexikon des Mittelalters. Bd. 5. Stuttgart-Weimar 1999, Sp. 789 f.

123 NLA OS Dep 3 b IV Nr. 345, S. 44–46 (Nr. 9), „Van den Joden".

124 NLA OS Dep 3 a 1 III C Nr. 40; OUB VI, Nr. 295, 1327 Juni 15, S. 212.

Blick auf die ‚Bilder', die die um 1300 aufgeschriebene Eidesformel[125] inhaltlich prägen, ist der Eid allerdings mehr als nur ein neutrales Dokument mittelalterlichen Rechtsalltags. Um sich eine Vorstellung davon zu machen, unter welchen Bedingungen ein solcher Eid zustande kam, und um sich zu vergegenwärtigen, in welcher Situation sich die betreffende Person dabei befand, lohnt es sich, den gesamten Text der Eidesformel zu betrachten:

„Dass du unschuldig bist der Bezichtigung, die N. gegen dich erhebt, so wahr dir Gott helfe, derselbe Gott, der da war, ehe Laub und Gras waren, der den Himmel erhob und die Erde schuf, und bei dem heiligen Gesetz, das Gott Moses auf dem Berge zu Sinai in einer steinernen Tafel gab, die Moses dir und deinem Geschlecht brachte. Wenn du einen Meineid schwörst, dass Abraham und Isaak und Jakob und die fünf Bücher Moses dich verlassen; wenn du einen Meineid schwörst, daß dich die Erde verschlinge, wie sie es Datan und Abiron und Gomorra tat; wenn du einen Meineid schwörst, daß du in eine Salzsäule verwandelt werdest, wie es Loths Frau geschah, als sie rückwärts sah, da sie von Sodom ging; wenn du einen Meineid schwörst, daß dich der Aussatz befalle, wie er gerechterweise Jeti, Herrn Elisens Knecht, befiel; wenn du einen Meineid schwörst, daß dich das höllische Feuer verbrenne, das die Leute verbrannte um Herrn Elias' Gebet willen. Dass dieser Eid recht und kein Meineid sei, daß dir dazu Adonai [Gott] helfe, wenn du diesen Eid aber unrecht geschworen hast, daß deine Nachkommenschaft nimmer mehr zu anderer Nachkommenschaft gemehrt werde noch dein Fleisch zu heiliger Erde komme; wenn dein Eid unrecht sei, daß du zur ewigen Finsternis verbannt werdest, darinnen Leid ohne Ende ist. Sprich Amen!"[126]

---

125 NLA OS Dep 3 a 1 III C Nr. 44; siehe auch im Folgenden ebd.

126 Transkription nach Karl Kühling: Die Juden in Osnabrück. Osnabrück 1969, S. 23; Originaltext: „Dat du des unschuldich bist der ticht, de di N. tiget, dat di also helpe Got, deselve Got de dar was, er lof unde gras, de den hemel hof unde de erden schof unde bi der heiligen e, de Got gaf Moyse, uf den berge to Synai in ener stenen taflen, de Moyses brechte, di an dinen geslechte. Uf tu menen et sveres, dat di swike Abraham, Ysaac unde Jacob unde de vif boke Moyses; of tu menen et sveres, dat di verslinde de erde, also dede Dathan unde Abiron unde Gomorra, of tu menen et sveres, dat tu werdes gewandelet in ene salte sul, alse Lothes wif wart darumbe dat se weder sag, do se van Sodoma gink; of tu menen et sveres, dat di besta de masersochi, alse bestont to rechte Jeti heren Ehsens knechte; of tu menen et sveres, dat di verberne dat hellesche vur, dat verbrande de kindere dor heren Helisens gebedes willen. Dat diese et recht unde unmene si, dat di also helpe Adonay, of tu desen manne unrechte svoren hebbes, dat din sat nummer mer tot anderem sade menget werde, noch din vles tor heiligen erden; of din et unrecht si, dat du verwiset werdes tor ewigen dusternisse, darinne svikene sis sunder ende. Spek amen." OUB IV, Nr. 662, „Judeneid".

Die in dem Eid verankerten Konsequenzen, die einem beschuldigten Juden im Falle eines Meineides angeblich drohten, belegen die große Skepsis, die die Osnabrücker Bürgerschaft den Schutzbefohlenen des Bischofs entgegenbrachte. Die Quelle christlich-jüdischer Rechtskultur belegt ein großes Misstrauen der christlichen Justiz gegenüber den durch bischöfliche Privilegien geschützten Juden und ihren Familien.[127]

„Christus-Mörder"

Einen starken Antrieb für die alltägliche Diskriminierung von Juden und Jüdinnen bildete der religiös bedingte christliche Antijudaismus. Diese wurden häufig das Ziel von Judenhass, der sich nicht nur in Worten, sondern auch visuell sichtbar in antijüdischer Bildpropaganda ausdrücken konnte. Für Christ:innen waren Menschen jüdischen Glaubens „Christusmörder". Dies nährte religiöse Wahnvorstellungen, selbige würden z.B. christliche Säuglinge rituell ermorden. Daher gehörten „Judenmetzeleien" zu den zeittypischen antijudaischen Schmäh- und Spottbildern.[128] Um 1300, exakt in der Zeit, als sich in Osnabrück die erste jüdische Gemeinde bildete, entstand im nahen Zisterzienserkloster Marienbrunn in Rulle der Codex Gisle, der eine solche diffamierende Darstellung von Juden enthält.[129] Die verzierte P-Initiale in dem Goldenen Graduale der Gisela von Kerssenbrock zeigt sechs Männer, die durch ihre Hüte als jüdisch gekennzeichnet sind. Sie sind gerade dabei, das Pessach-Lamm zu verzehren. Mit dem Pessach-Fest wird des Auszugs des jüdischen Volkes aus Ägypten gedacht. In der Form der Darstellung verbindet sich das festliche Ritual, ein Lamm zu verzehren, mit der Darstellung Christi am Kreuz. Durch das geradezu gierige Verschlingen des Lammes durch drei der Juden entsteht hier eine deutlich diffamierende Assoziation als „Christus-Mörder".

---

127 Vgl. Karl Kühling. In: Karl Georg Kaster (Mitarb.): Osnabrück. 1200 Jahre Fortschritt und Bewahrung. Profile bürgerlicher Identität, Nürnberg 1980, S. 108: Nach jenem ist der „‚alte Judeneid' um 1300 [...] eine gnadenlose Dokumentation des Mißtrauens, das im Mittelalter die Beziehungen der einheimischen Bevölkerung gegenüber den Juden belastete. [...] Diese Eidesformel entspricht auch in anderen Gegenden üblichen Formulierungen. Sie hatte nichts mit Rassentheorie zu tun, sondern entsprang einer irregehenden religiösen Auffassung, handwerklicher Eifersucht, dem Mißtrauen vor allem Fremdartigen und nicht zuletzt dem kleinbürgerlichen Haß gegen jegliche Finanzleute." Es ist vermutlich vorrangig von religiös bedingtem Hass auszugehen.

128 Engelbert Kirschbaum (Hg.): Lexikon der christlichen Ikonographie. Sonderausgabe. Rom u.a. 1994 (im Folgenden LCI), Bd. 2, Sp. 449–454.

129 BA OS, MA 101; eine Faksimile-Ausgabe erschien 2014 im Quarternio-Verlag in Luzern (Auflage 480 Stück).

Abb. 8: Sechs Juden verzehren das Pessach-Lamm. Codex Gisle, um 1300, Fol. 71v, S. 141
© Bistumsarchiv Osnabrück: MA 101

Angesichts der Parallelität zwischen Anfertigung des Codex Gisle und der Etablierung der ersten jüdischen Gemeinde in Osnabrück ist anzunehmen, dass die damit verbundenen Konflikte auch außerhalb der Stadt bekannt waren und entsprechend wirkten, d.h. ebenfalls die Sicht auf die Juden und Jüdinnen im nahen Ruller Marienkonvent bestimmten. Da es sich bei der Darstellung, wie gezeigt, nicht um ein Einzelphänomen handelt, sondern diese sich in einen größeren Gesamtkontext einfügt, kann in der christlich geprägten Gesellschaft im Hochstift Osnabrück von einem durchaus verbreiteten negativen Bild jüdischer Menschen ausgegangen werden.

„Judensau" – Das Schwein als antijüdisches Spottbild

Ein weiteres typisches Schmäh- und Spottbild gegen die Juden und Jüdinnen war die „Judensau".[130] Das Schwein gilt jenen aufgrund ihrer besonderen religiösen Speisevorschriften als nicht koscher, d.h. als unrein. Diese Vorschriften wurden aus der Bibel abgeleitet, insbesondere aus dem Gesetz über reine und unreine Tiere (3. Buch Mose, 11). Dort heißt es zum Schweinefleisch: „Und ein Schwein spaltet wohl die Klauen, aber es wiederkäuet nicht, darum soll es für euch unrein sein."[131] Seine Verwendung im sozialen Kontext von anderer Seite ist daher insbesondere als psychologischer Angriff zu begreifen.

Es ist also keinesfalls auszuschließen, dass die Straße, die in dieser Phase als Hauptwohngebiet der Osnabrücker Juden und Jüdinnen gilt, in unmittelbarer Verbindung zu ihrem Zuzug nach Osnabrück in diffamierender Weise als „Schweinestraße" bezeichnet wurde, um die sich ansiedelnden jüdischen Familien zu verhöhnen.[132] Ein Gegenargument liefert Johann Carl Bertram Stüve. Er verwies 1855 auf die Bedeutung der Schweinezucht noch im 15. Jahrhundert und sah den Ursprung des Namens deshalb im Durchtrieb der Altstädter Schweineherden.[133] Da angenommen wird, dass der Straßenzug „erst bei deren Zuzug für sie angelegt"[134] wurde, wäre eine solche Parallelität von Ereignissen doch angesichts des bereits bekannten Stereotyps ein äußerst ungewöhnlicher Zufall. Der erste Hinweis auf die Existenz der Straße stammt aus den frühen Jahren des 14. Jahrhunderts. 1308/09 verkauften der Pfarrer und die Provisoren der Struktur zu St. Marien an den Dechanten und das Kapitel des Doms ein von dem Osnabrücker Bürger Hermann Oppendike angekauftes, in der Schweinestraße (Osenbruge in platea porcorum) gelegenes Haus.[135] Dies ist genau die Zeit, in der die jüdische Gemeinde in Osnabrück feste Konturen gewann.

---

130 LCI, Bd. 2, Sp. 449–454.

131 3. Buch Mose, 11, 7.

132 Kosche 2002, S. 54[91].

133 „Die Schweinestraße mag von dem Durchzuge der Altstädter Schweineheerde, die wir noch gekannt haben, benannt sein." [Johann Carl Bertram] Stüve, Topographische Bemerkungen über die Stadt Osnabrück, Markt= und Gewerbsleben derselben. In: OM 4 (1855), S. 321–363; hier S. 331.

134 Hermann Rothert: Geschichte der Stadt Osnabrück im Mittelalter. Zwei Teile. Osnabrück 1938, Tl. 1, S. 58.

135 NLA OS Rep 13 a Nr. 1, 1309 Januar 31.

Abb. 9: Existierte an der „Schweinestraße" vielleicht eine diffamierende „Judensau"? Spottblatt. Holzschnitt, um 1460/80 (Reproduktion) © Museumsquartier Osnabrück: E 1861

Demnach bleibt die Wahrscheinlichkeit sehr hoch, dass die Benennung der „Swinestrate"[136] und die Ansiedlung der hinzuziehenden jüdischen Familien in der Schweinestraße in unmittelbarem Zusammenhang zueinander stehen. Wenn dann die Altstädter Schweineherden tatsächlich durch diese Straße getrieben worden sein sollten, wäre dies alles andere als eine freundliche Geste gewesen. Ob die Straße – quasi als ‚Straßenschild' in einer kaum alphabetisierten Gesellschaft – durch das Bild eines Schweins oder einer „Judensau" sichtbar gekennzeichnet war, ist leider nicht nachzuweisen, allerdings durchaus denkbar.

Dagegen ist sicher überliefert, dass die Fleischbänke, auf denen koscheres Fleisch feilgeboten wurde, durch ein besonderes Bild offiziell gekennzeichnet waren. Unterschiedliche Lebensgewohnheiten wie das Schächten von Tieren weckte Misstrauen unter der christlichen Bevölkerung. Die Einhaltung der Kashutregeln gebot es Juden und Jüdinnen, Tiere nach den eigenen Riten zu schächten. Auch wenn sie das Recht dazu vor Ort durchsetzen konnten, sorgte doch die eigene Schlachtung für Konkurrenz mit den christlichen Schlachtern. Tatsächlich führte es im Spätmittelalter nachgewiesenermaßen zu ernsten Konflikten,

---

136 NLA OS Dep 3 a 1 XII Nr. 4.15; OUB VI, Nr. 599, 1352 Oktober 02, S. 449.

wenn nichtkoschere Fleischstücke, die beim Schächten anfielen, aber als unrein galten und deshalb von den Juden und Jüdinnen nicht selbst verzehrt werden durften, an die christliche Bevölkerung verkauft wurden. Die Städte versuchten, solchen Konflikten durch starke Reglements vorzubeugen.[137]

Einen entsprechenden Schritt belegt in Osnabrück die Ratssatzung „Van vlesche, dat de joden snid[et]" von 1336. Unter den folgenden Bedingungen war es den Juden gestattet, das nach ihren religiösen Vorschriften geschlachtete Schaf- und Rindfleisch zu verkaufen: „Welic vleschowere in der stat to Osenbrucghe eynen joden lat sniden Scap oder rint. Dat scal de vleschowere vele hebben vppe den sunderliken banken, dar de joden belde by stat, de dar to ghewiset sin".[138] Dass Osnabrücker Fleischhauer Juden bei sich Tiere schlachten ließen („lat sniden"), belegt zunächst, dass es den Juden als Nichtbürgern nicht gestattet war, dieses Handwerk selbstständig auszuführen. Nachdem es in der Stadt, wie es heißt, offensichtlich zu „manichvolde claghe" über den Fleischverkauf gekommen war, sollte die Verordnung in diesem Punkt das christlich-jüdische Miteinander „umme bederf unde bequemicheyt unser aller" neu regeln. Beim „Judenbild" („joden belde") fand die jüdische Bevölkerung fortan das für sie bestimmte koschere Fleisch, während die christliche Bürgerschaft diese Stände gegebenenfalls meiden konnte. In der ausdrücklichen Anweisung („ghewiset") an die Juden und Jüdinnen, ihr Fleisch nur beim „joden belde" zu kaufen, drückt sich zugleich der Wunsch nach sozialer Kontrolle aus. Die Einhaltung der Regelung, dass geschächtetes Fleisch nur am dafür vorgesehenen Fleischstand verkauft wurde, ließ die Stadt streng überwachen. Dazu wurden jährlich zu Neujahr von den Schöffen zwei Fleischhauer gewählt. Bei Verletzung der Regel erteilten die Schöffen Geldstrafen in Höhe von einer halben Mark pro Rind bzw. 12 Pfennig pro Schaf. Davon erhielten die gewählten Aufseher ein Drittel.[139]

Die Existenz gesonderter Fleischverkaufsstände verweist im Übrigen auf eine bereits gehobene Organisationsform des christlich-jüdischen Zusammenlebens. In der Zeit vor der Pest waren solche Fleischbänke der Überlieferung nach in den westfälischen Städten nicht üblich. Osnabrück bildet hier gemein-

---

137 Kosche 2002, S. 53[87] sowie Christine und Lutz Brade/Jutta und Jürgen Heckmanns (Hg.): Juden in Herford. 700 Jahre jüdische Geschichte und Kultur (Herforder Forschungen; 4). Bielefeld 1990, S. 26.

138 D.h.: Derjenige Fleischhauer, welcher in der Stadt Osnabrück einen Juden bei sich Schaf oder Rind schlachten lässt, soll dieses Fleisch auf gesonderten Bänken feilbieten, bei denen sich das Bild der Juden befindet, die dorthin gewiesen sind. NLA OS Dep 3 b IV Nr. 345, Die Sate. Stadtbuch 1297–1628, S. 14.

139 Vgl. Rothert 1938, Tl. 2, S. 26 f.

sam mit Münster die Ausnahme.[140] Die Verkaufsstände der Schlachter, die sog. Fleischscharren, befanden sich im unteren Geschoss des alten Rathauses. Sie waren zur Krahnstraße hin offen und damit für die Anwohnerschaft der „Schweinestraße" leicht zugänglich. Es ist denkbar, dass der jüdische, mit dem Bild markierte Scharren sogar dem Straßeneingang unmittelbar gegenüber lag.[141] Falls das Bild außen angebracht war, hätte es so gleichzeitig den Scharren und die Straße markiert. Diese räumliche Konzentration von jüdischem Fleischscharren, Judenbild und Schweinestraße mag nicht zuletzt ein Indiz dafür sein, dass in dieser Zeit von einer Form von Ghettoisierung der jüdischen Gemeinde in der Schweinestraße auszugehen ist.[142]

„[V]or einem holteren Joden na alder seide"[143]

Was aber stellte das „joden belde" am Fleischscharren konkret dar? Zeigte es eine „Judensau", wie Rothert aufgrund der oben geschilderten topografischen Lage schlussfolgert?[144] Oder gab es noch eine Alternative? Weitaus wahrscheinlicher scheint es, dass es sich beim „joden belde" tatsächlich um ein reales, in Stein gehauenes, auf Holz gemaltes oder in Holz geschnitztes Abbild eines Juden gehandelt hat. Dies ist aus der benachbarten Stadt Herford so belegt. Dort wurde schon vor 1382 ‚jüdisches' Fleisch vor einem hölzernen Juden verkauft.

---

140 Kosche 2002, S. 53.

141 Karsten Igel: Zentren der Stadt. Überlegungen zu Stadtgestalt und Topographie des spätmittelalterlichen Osnabrücks. In: OM 106, 2001, S. 11–47; hier S. 30 u. 37, Abb. 2; Rothert 1938, Tl. 1, S. 116, Tl. 2, S. 27; [Johann Carl Bertram] Stüve: Der Handel von Osnabrück. In: OM 6, 1860, S. 80–168; hier S. 83: „Für das Fleisch der Judenschlächter war ein besonderer mit einem Judenbilde bezeichneter Platz. [sic!]"

142 Vgl. dazu Igel 2001, S. 27: „Inwieweit ein Ghetto bestand, lässt sich ebenfalls nicht klären, aber die scheinbare Konzentration auf die Schweinestraße in der ersten Hälfte des 14. Jahrhunderts und das dortige Schandbild könnten darauf einen Hinweis geben." Ferner Rothert 1938, Tl. 2, S. 27: „Die Figur wird so angebracht gewesen sein, daß sie gerade in die Schweinestraße hineinsah, die daher ihren Namen haben mochte, wie sie denn wahrscheinlich erst beim Zuzug der Juden zu Ende des 13. Jahrhunderts als Ghetto angelegt worden ist."

143 Rainer Pape/Erich Sandow (Bearb.): Urkundenbuch der Stadt Herford. Tl. 1: Urkunden von 1224–1450 (Herforder Geschichtsquellen; 1). Herford 1968 (im Folgenden HUB 1), Nr. 179, 1421 November 12, S. 139 f.; hier S. 139.

144 Rothert 1938, Tl. 2, S. 27, nimmt dies an: „Vermutlich war das genannte Judenbild am Fleischscharren ein Bildwerk, das in echt mittelalterlicher Weise eine Verspottung der verachteten Fremdlinge dargestellte, etwa eine Judensau, wie am Dome in Regensburg, wo Juden an den Zitzen eines Mutterschweines saugen, oder einen Juden, der ein Schwein auf den Knien trägt (so in der Marienkirche zu Lemgo)."

Die schlachtenden Juden gehörten auch dort nicht der Gilde an. Am 14. Januar 1382 erneuerten Bürgermeister, Schöffen und Rat der Altstadt Herford den Gildebrief der Knochenhauergilde. Darin wird eine ältere, eventuell schon vor der Pest gültige Regelung bestätigt, wie in der Stadt mit dem ‚jüdischen' Fleisch zu verfahren sei: „Vortan wat de Joden schlachtet, dat sollen se veilhebben achter in dem bogen sonsten an olden seden vor einem holtenen Joden".[145] 1421 wurde dieselbe Regelung ganz ähnlich wiederholt, als auch der Bürgermeister und der Rat der Herforder Neustadt der Knochenhauergilde einen Gildebrief ausstellten. Darin heißt es fast identisch: „Vorter wan wat de Joeden schlachten, dat schollen se veilhebben achter in dem fleischhause vor einem holteren Joden na alder seide."[146]

„Nach alter Sitte" besagt, dass diese Form der Markierung der jüdischen Fleischbank durch einen „hölzernen Juden" auf einer älteren, offensichtlich verbreiteten Tradition beruhte. Diese Tradition kann daher wohl ziemlich sicher auch für Osnabrück angenommen werden. Bleibt zu fragen, wie diese Darstellung des Juden ausgesehen hat. 1215 wurden Juden durch den Konzilskanon des IV. Laterans verpflichtet, sich durch ihre Kleidung von Christen zu unterscheiden. Im 13. Jahrhundert diente im deutschen Raum der spitze oder kegelförmige, gelbe oder rote „Judenhut" als unverwechselbares Erkennungszeichen im öffentlichen Raum.[147] Vielleicht waren das Herforder sowie das angenommene Osnabrücker „Judenbild", der Darstellung im Codex Gisle vergleichbar, durch einen solchen Hut charakterisiert und so für jeden erkennbar.

Eine weitere mögliche Darstellung ist als 93 Zentimeter hohe Kapitellfigur an der Westseite in der Marienkirche in Lemgo überliefert. Die Steinskulptur aus der Zeit um 1310 zeigt – als Verkörperung der „Synagoga" gegenüber einem thronenden Christus (als „Ecclesia") – einen knienden Juden, der durch den Hut charakterisiert ist. Zudem hält er mit seinen Armen ein Schwein fest. Hier verbinden sich beide diskutierten Varianten in stigmatisierender und beleidigender Weise.[148] So bleiben verschiedene Formen, wie das joden belde in Osnabrück ausgesehen haben könnte. Selbst wenn es mit einiger Wahrscheinlichkeit keine diffamierende „Judensau" darstellte und vielleicht auch nicht nach dem Lem-

145 HUB 1, Nr. 97, 1382 Januar 14, S. 74 f.; hier S. 74.

146 Ebd., Nr. 179, 1421 November 12, S. 139 f.; hier S. 139.

147 Brade/Heckmanns 1990, S. 26[10]; Abb. ebd., S. 17.

148 Die Maße der Skulptur betragen: 93 x 43 x 33 cm; siehe auch Andreas Duderstedt: Evangelisch-lutherische Kirch St. Marien zu Lemgo (Große Baudenkmäler; 507). München-Berlin 1996, S. 12 f.; abgebildet in: ebd., S. 13.

goer Vorbild eine Kombination von Jude und Schwein zeigte, sondern schlicht einen Juden, so transportiert doch auch dieses Bild, dass die jüdische Gemeinschaft mittels solcher für alle verständlichen Symbole sozial sichtbar von den Christen abgrenzt und damit auch immer implizit diffamiert wurde.

Abb. 10: Jude mit Hut. Codex Gisle, um 1300, Fol. 71v
© BAOS: MA 101

Abb. 11: Kniender Jude mit Hut, ein Schwein haltend. Sandstein, Marienkirche, Lemgo, um 1310
© Fotografie: Thorsten Heese, 2019

„Ecclesia" und „Synagoga"

Eine weitere inhaltlich wie räumlich zentrale, gegen die jüdische Bevölkerung gerichtete Bildpropaganda findet sich im programmatischen Figurenschmuck, den die Marienkirche in den Gewänden des westlichen Südportals just in der Zeit erhielt, als die jüdische Gemeinde in Osnabrück Fuß fasste. Die Marienkirche wurde zwischen 1300 und Mitte des 14. Jahrhunderts zu einer gotischen Hallenkirche ausgebaut. Der Figurenschmuck des Brautportals wird in das frühe 14. Jahrhundert datiert.[149]

Abb. 12: „Brautportal" der Marienkirche in Osnabrück. Fotografie, Osnabrück, vor 1873 © Museumsquartier Osnabrück: 2084 a

---

149 Diese Datierung deckt sich mit den Angaben Johann Carl Bertram Stüves, der den Bau in das erste Viertel des 14. Jahrhunderts datiert und 1324 für abgeschlossen hält. Er bezieht sich dabei auch auf die Bemühungen des damals auf 18 Personen vergrößerten Kirchenrates, Finanzmittel für den Bau der Kirche zu beschaffen. [Johann Carl Bertram] Stüve: Zur Entstehungsgeschichte der Stadt Osnabrück. In: OM 11, 1878, S. 119–213; hier S. 144.

Wer die Kirche durch das neue „Brautportal“ betrat, wurde durch das biblische Gleichnis von den törichten und den klugen Jungfrauen (Matthäus 25, 1–13) dazu ermahnt, stets gut auf wichtige Ereignisse vorbereitet zu sein. Die Parabel versinnbildlicht zudem das Weltgericht. Die klugen Jungfrauen stehen für die Seligen, die törichten für die Verdammten. Das Figurenportal symbolisiert dabei den Eingang zum Paradies. Die durch eine Augenbinde als blind gekennzeichnete „Synagoga“[150] neben den törichten Jungfrauen als Antagonismus zu der bekrönten, aufrecht blickenden, die Kreuzesfahne und den Kelch präsentierenden „Ecclesia“[151] und den klugen Jungfrauen ist eindeutig als Abwertung der Juden und Jüdinnen durch die Christ:innen zu deuten.

Abb. 13: „Ecclesia“ und „Synagoga“, Marienkirche Osnabrück, westliches Portal der Südseite. Sandstein, frühes 14. Jahrhundert © Museumsquartier Osnabrück: 6950 a und e

150 „Synagoga“, Marienkirche Osnabrück, westliches Portal der Südseite, Sandstein, frühes 14. Jahrhundert, Höhe 95 cm, Museumsquartier Osnabrück, Kulturgeschichtliches Museum, Inv.-Nr. 6950 e; die Figur ist stark beschädigt.

151 „Ecclesia“, Marienkirche Osnabrück, westliches Portal der Südseite, Sandstein, frühes 14. Jahrhundert, Höhe 102 cm, ebd., Inv.-Nr. 6950 a; die Figur ist ebenfalls stark beschädigt.

Abb. 14: „Ecclesia" und „Kluge Jungfrauen". Fotografie, Osnabrück, vor 1873
© Museumsquartier Osnabrück: 2084 c

Seit Beginn des 14. Jahrhunderts wurde „Synagoga" zunehmend zur Repräsentation des zeitgenössischen Judentums. Als Vertreterin des Alten Bundes bzw. des Alten Testamentes ist sie mit geneigtem Kopf und verbundenen Augen dargestellt. Ihr – heute nur noch in Teilen vorhandener – zerbrochener Stab liegt auf ihrer rechten Schulter. In der christlichen Ikonografie wurden „Synagoga" und „Ecclesia" zur Gegenüberstellung des Alten und des Neuen Bundes zunächst in Gewand und Attributen nicht unterschieden. Dies änderte sich jedoch bereits in der Frühantike, in der aus der gleichwertigen Darstellung ein Gegensatz wurde. Seit dem 12. Jahrhundert tauchen in der Ikonologie der „Synagoga" die verhüllten Augen auf. Ein den Kopf einhüllender Schleier wird über die Augen gezogen oder eine Augenbinde – wie am Beispiel des Straßburger Münsters oder in Osnabrück zu sehen – verdeckt jene. Die Verhüllung der Augen steht dabei für die Abwendung vom Kreuz.[152]

---

152 LCI, Bd. 1, Sp. 569–578, insbes. Sp. 571 f.

Abb. 15: „Synagoga" und „Törichte Jungfrauen". Fotografie, Osnabrück, vor 1873 © Museumsquartier Osnabrück: 2084 b

Zur „Synagoga" kommt ein zweites Element ergänzend hinzu, das erst auf den zweiten Blick auffällt. Unterhalb der knapp einen Meter hohen Skulpturen befindet sich ein als Wolke ausgeformter Sockel und im Gewände darunter ein Pfeilerbündel, dessen Kapitellbereich mit weiterem Figurenschmuck verziert ist. In diesem Sockelbereich ist als Zierelement unterhalb der „Synagoga" ein Schwein als Schmuckelement eingefügt worden. Dies belegt noch einmal ausdrücklich, dass zu dieser Zeit in Osnabrück die diffamierende ikonografische Verbindung von Judentum und Schwein bekannt war.

Abb. 16: „Synagoga“ und Postament mit Schwein an der Marienkirche Osnabrück. Sandstein, Peter Fuchs, Köln 1882/83 © Fotografie: Thorsten Heese, 2019

Aufgrund starker Witterungsschäden wurde der ursprüngliche gotische Figurenschmuck des Brautportals 1882/83 durch neue Plastiken des Kölner Dombildhauers Peter Fuchs (1829–1898) ersetzt. Die originalen Skulpturen wurden dem Osnabrücker Museum für seine Sammlung übergeben und befinden sich heute im Kulturgeschichtlichen Museum. Davon ausgenommen waren die beiden links außen stehenden klugen Jungfrauen, die bereits so stark verwittert waren, dass auf ihren Erhalt verzichtet wurde.[153] Auch der Sockelbereich wurde vollständig erneuert, so dass sich der Kapitellschmuck nicht erhalten hat. Fuchs übernahm in seiner idealisierenden Kopierweise allerdings die Darstellung des Schweines unterhalb der Synagoga, so dass die spätmittelalterliche antijudaische Ikonografie bis heute an der Kirche nachvollzogen werden kann.

Eine weitere, in dieselbe Zeit zu datierende Darstellung der „Synagoga“ befindet sich in der Neustädter Johanniskirche. Die etwa 46 cm hohe Holzskulptur ziert im Bereich des Chors den dortigen Levitenstuhl an der rechten inneren Wange. Das dreisitzige Gestühl steht an der Südwand des Chores östlich der Tür zur Schatzkammer und wird aufgrund dendrochronologischer Untersuchungen in die Zeit nach 1319 datiert. „Synagoga“ ist eines von vier Elementen des Bildprogramms. Die vier geschnitzten, die Wangen der Sitze bekrönenden Figuren zeigen von links nach rechts Abel mit dem Opferlamm, „Ecclesia“ mit Kronreif und Kelch, „Synagoga“ sowie Kain mit einer Korngarbe.[154]

Die Gegenüberstellung von „Ecclesia“ und „Synagoga“ ist hier ganz ähnlich angelegt wie beim Brautportal der Marienkirche: „Ecclesia“ zeigt sich mit Krone und (nicht mehr vollständig erhaltener) Kreuzesfahne und Kelch. „Synagoga“ hält einen (heute fehlenden) Stab und ihr Kronreif ist zu ihrer linken Seite verrutscht. Zudem trägt sie wie am Marienportal eine Augenbinde. Das in der Portalplastik überlieferte Bild der jungen königlichen Gegenspielerin zur hoheitsstrengen „Ecclesia“ wird hier gebrochen. Denn die verrutschte Krone und die zerbrochene Fahne symbolisieren das Bild der entthronten Königin: Die Krone fällt ihr vom Kopf.[155]

---

153 Zum Brautportal siehe Thorsten Heese: Kluge und Törichte Jungfrau vom Brautportal der Marienkirche Osnabrück. In: Christoph Stiegemann (Hg.): Gotik. Der Paderborner Dom und die Baukultur des 13. Jahrhunderts in Europa. Paderborn-Petersberg 2018, S. 546 f.

154 Gerd-Ulrich Piesch: Katholische Pfarrkirche St. Johann Osnabrück (Schnell Kunstführer; 2376). Regensburg 1999, S. 13 (Abb.) u. 15 f.

155 LCI, Bd. 1, Sp. 571 f.

Abb. 17: „Synagoga", Johanniskirche Osnabrück, Levitenstuhl. Holz, geschnitzt, nach 1319 © Fotografie: Th. Heese 2019

Am Levitenstuhl verbindet sich die mit einer Augenbinde versehene Figur allerdings nicht, wie oben beim Brautportal beschrieben, mit einem Schwein, sondern mit dem Kopf eines Widderbocks. Dieser steht hinter der „Synagoga" und lugt mit seinem gehörnten Schädel mittig an ihrer rechten Seite hervor; sein Gehörn ragt vor der Figur bis unter ihre Brust. „Synagoga" ergreift mit ihrer linken Hand das rechte Horn des Widders. Dieses ergänzende Element verstärkt die pejorative Wirkung der Darstellung. Denn als Attribut der „Synagoga" ist der Widder negativ konnotiert. Er steht als Zeichen dafür, dass durch Christus und das Neue Testament die blutigen Tieropfer der alttestamentarischen Zeit aufhören. Als dem Kriegsgott Mars zugeordnetes Tierkreiszeichen wird der Widder auch häufig als Unheil verheißendes Zeichen gedeutet.[156] Im Hochmittelalter wird der Bockskopf – der Darstellung des Lasters der Luxuria mit Bock oder Schwein als Attributen verwandt – zudem zum Symbol der Unkeuschheit.[157] Widderkopf in der Johanniskirche und Schwein am Brautportal der Marienkirche sind mithin in ihrer abwertenden Konnotation als gleichwertig zu betrachten. Während am Brautportal die beiden Elemente durch den Sockel voneinander getrennt sind, werden sie bei der Skulptur am Levitenstuhl zu einem geschlossenen Bild zusammengefügt.

***

Anhand der genannten Beispiele lässt sich in glokalgeschichtlicher Perspektive u.a. veranschaulichen, wie in einer durch verbreitetes Analphabetentum geprägten (christlichen) Mehrheitsgesellschaft mit exklusiver Programmatik mittels einer konzertierten, weit verbreiteten und in ihrer einfachen Symbolik klar verständlichen (antijüdischen) Bild- und Begriffspropaganda eine (jüdische) Minderheit trotz eines grundsätzlich funktionierenden gemeinschaftlichen Alltags bewusst marginalisiert wird. Dies geschieht langfristig und in einem topografischen Wirkungsradius, der weit über den Stadtraum hinaus auf den gesamten europäischen Kontinent verweist. Das bedeutet, dass (christliche) Menschen und Gemeinschaften in ganz Europa, die persönlich nichts voneinander wissen, in ihrem Denken und Handeln doch gemeinschaftlich geprägt werden. Und zwar so weitgehend, dass in der Konsequenz die betroffene (jüdische) Minderheit in Krisenzeiten (wie bei einer grassierenden Seuche) in ihrer Existenz bedroht ist.

6.2 Kolonialismus

Dieses Kapitel widmet sich dem glokalgeschichtlichen Zugang am Beispiel der Kolonialgeschichte. Dazu werden insgesamt drei unterschiedliche Beispiele vorgestellt, um sichtbar zu machen, in welch unterschiedlicher Weise dieselbe Thematik in verschiedenen Städten, Museen und Kontexten diskutiert werden kann. Die historische Entwicklung ist nicht immer gleich; der Bestand an Exponaten in den entsprechenden Museen variiert. Und dennoch lassen sich unter dem Aspekt „Glokalgeschichte“ in verschiedenen Häusern und Ausstellungen die gleichen Fragestellungen aufzeigen und zur Diskussion stellen. Im Folgenden werden drei Vorschläge präsentiert. Sie führen nach Osnabrück, Emden und Herford.

---

156 LCI, Bd. 4, Sp. 526–528; bes. Sp. 528.
157 LCI, Bd. 1, Sp. S. 574.

„Sie wollen nicht ‚Mohren' heißen" [158]

In einer traditionellen Osnabrücker Stadtgeschichtsausstellung würden Themen wie „Reformation" und „Leinenhandel" jeweils einen zentralen Platz einnehmen. Sie erklären wichtige religions- und wirtschaftsgeschichtliche Entwicklungen innerhalb der Stadtgeschichte. Zu ihrer Veranschaulichung würden entsprechende repräsentative Exponate gezeigt. Für die Reformation würde beispielsweise die oben bereits beschriebene Taufschale aus der Zeit der Reformation als ein Leitobjekt gezeigt werden können, das z.B. gemeinsam mit einem Abendmahlskelch die beiden von der protestantischen Konfession fortgeführten Sakramente, das Abendmahl und die Taufe, repräsentiert.

Abb. 18: Stempel der Osnabrücker Legge. Stadtwappen (Rad) mit Umschrift „STAD.OSNABR". Holz, gedrechselt, Metall, gegossen, Ø 4,8 cm, 1671 © Museumsquartier Osnabrück: 8910

Zur Darstellung der wirtschaftsgeschichtlichen Bedeutung des Osnabrücker Leinenhandels könnte das Siegel der Osnabrücker Legge ausgestellt werden.

---

158 ACTA HISTORICO-ECCLESIASTICA, Oder Gesammlete Nachrichten von den neuesten Kirchen=Geschichten. Sr. Kön. Pohln. Und Churfürstl. Sächs. Allergn. Privilegio und unter Censur des Fürstl. Sachs.Weimar. Oberconsistorii. 8, 43.-48. Teil nebst Anhang. Weimar 1744, S. 632. – Das M-Wort wird ebenso wie das N-Wort grundsätzlich vermieden und lediglich, wo nötig, als Quellenzitat verwendet.

Seit dem 14. Jahrhundert gehörte das in den ärmeren bäuerlichen Schichten des Osnabrücker Umlandes produzierte Leinentuch zu den Haupthandelsartikeln der Osnabrücker Kaufleute. Das Leinen war der Hauptwirtschaftsfaktor der Osnabrücker Region. Bis ins 19. Jahrhundert hinein war die örtliche Legge als größte nordwestdeutsche Leinenbörse Sammelpunkt für die aus Flachs hergestellte Hausleinwand. Zugleich war die Legge-Steuer die wichtigste Einnahmequelle der Stadt. Jedes im Osnabrücker Fürstbistum hergestellte Leinentuch musste zur Qualitätsschau nach Osnabrück. Für diese (Pflicht-)Beschau erhob die Stadt Gebühren, die Legge-Steuer. Das bei der Beschau aufgeprägte Legge-Siegel bestätigte dem Käufer des Stoffes gleich einem Gütesiegel dessen geprüfte Qualität.

Mit der Taufschale und dem Siegel würden also wichtige Aspekte der Osnabrücker Stadtgeschichte eingeführt; sie ständen allerdings – vielleicht durch eine Präsentation in getrennten Installationen oder Räumen noch befördert – unverbunden nebeneinander. Sie würden bestimmte Erkenntnisse vermitteln; diese Geschichte wird z.B. gerne im Zusammenhang mit der Zugehörigkeit Osnabrück zur Hanse präsentiert. Allerdings würde das Narrativ weniger dazu anregen, über inhaltliche Verknüpfungen nachzudenken.

Die Präsentation eines glokalgeschichtlichen Exponates wie der Osnabrücker „MOHREN Tauff=Predigt" vom 18. Mai 1661[159], einer frühneuzeitlichen Druckschrift des evangelischen Pastors und Superintendenten Johannes Ludovici (Minden 1606–1667 Osnabrück), könnte dagegen eine ebensolche Verbindung herstellen und dadurch zu einer umfassenden Erweiterung des historischen Bewusstseins des Publikums beitragen. Hintergrund der gedruckten Predigt ist die Tatsache, dass sich der ehem. Osnabrücker Bürgermeister Gerhard Schepeler (Nienburg/Weser 1615–1674 Osnabrück) 1656 in Hamburg von dem westfriesischen Kaufmann Samuel Schmidt einen damals elfjährigen versklavten Jungen kaufte, der 1661 in Osnabrück auf den Namen „Christian Gerhard Schepeler" getauft werden sollte. Den 1645 oder 1646 geborenen Jungen hatten holländi-

159 Zum historischen Hintergrund siehe Thorsten Heese: „... an diesem Orte wohl etwas Neues" – Osnabrücks frühe Begegnung mit Afrika, glokalgeschichtlich interpretiert. In: OM 122, 2017, S. 129–150; ders.: Von Heiden, Herren und Händlern. Die Osnabrücker „Mohren Tauffe" als Grenzüberschreitung. In: Uta Fenske u.a. (Hg.): Grenzgang – Grenzgängerinnen – Grenzgänger. Historische Perspektiven. Festschrift für Bärbel P. Kuhn zum 60. Geburtstag. St. Ingbert 2017, S. 155–169; siehe ferner „Sie wollen nicht ‚Mohren' heißen". In: Virtuelles Osnabrücker Migrationsmuseum (VOM), VOM 29, www.museumsquartier-osnabrueck.de/ausstellung/29–sie-wollen-nicht-mohren-heissen/ (letzter Aufruf: 5.1.2023).

sche Soldaten an der westafrikanischen Küste, vermutlich in Guinea, während einer Patrouille am Ufer beim Spielen aufgegriffen, verschleppt und wenig später, 1649 oder 1650, an Schmidt verkauft. Diesem hatte das Kind sieben Jahre lang als Domestik gedient, bevor er ihn in Hamburg an Schepeler verkaufte.[160]

Denkbar wäre hier ein museografisches In-Szene-Setzen eines lokalhistorischen Ereignisses – die „M…-Taufe" von 1661 – des bislang frühesten Hinweises auf die Gegenwart eines Afrikaners in Osnabrück. Es würde durch eine multiperspektivische Kontextualisierung die Verknüpfung der Geschichte Osnabrücks mit globalgeschichtlichen Prozessen veranschaulichen.

Im Kontext der *Wirtschaftsgeschichte* würde hier zur Darstellung kommen, dass das Leinen nicht nur ein für die Prosperität des Osnabrücker Raumes zentrales Handelsgut war, sondern dass „true born Osnabrughs"[161] den Haupthandelsartikel für den Überseehandel darstellte.[162] In England und Amerika stand der Osnabrücker Leggestempel als ‚Warensiegel' für höchste Qualität. Britische Händler beschwerten sich regelmäßig im britischen Parlament über die Konkurrenz des westfälischen Leinenhandels nach Amerika. Namen wie „Ossenburgs" waren wie Markenzeichen, die britische Händler absichtlich kopierten, um mit dem ‚deutschen' Leinen konkurrieren zu können.[163]

---

160 Johannes Ludovici: „MOHREN Tauff=Predigt/ Welche bey angestelter Tauffe eines Mohren/ so zu Osnabrüg in St. Marien Kirch am 18 Maij st. n. Anno 1661 durch die Heilige Tauffe dem HERRN Christo zugeführet und einverleibet worden/ Gehalten/ Und auff begehren zum Druck übergeben/ Von M. Iohanne Ludovici, Mindano, Past. Zu St. Catharinen und Superintend. Daselbst. Mit beygefügtem Verzeichnüß/ wie und wann mit was Ceremonien solche Tauffe des Mohren verrichtet." Osnabrück: Johann Georg Schwander 1661, S. 7 f.

161 F.W. Freiherr von Reden: Der Leinwand- und Garnhandel Norddeutschlands. Hannover 1838, S. 3. Zit. nach: Hermann Wiemann: Die Osnabrücker Stadtlegge. In: OM 35, 1910, S. 1–76; hier S. 17; siehe auch im Folgenden ebd., insbesondere S. 65–74; siehe zudem Stadt Osnabrück (Hg.): Dritte Welt Bilanz Osnabrück. Menschen erkunden ihre Stadt. Osnabrück 1995, S. 40–47; hier S. 40 f.

162 Bei „true-born Ozenbrighs" handelt es sich um das aus Flachs gewonnene höchstwertige Leinentuch (Löwendlinnen). Für die Kleidung der Versklavten wurde meist das qualitativ geringere „brown Ozenbrigs" eingesetzt; Margrit Schulte Beerbühl: Zwischen Leinen und Zigarren. Von Westfalen in die Karibik, nach Afrika und zurück (ca. 1660–1922). In: Bechhaus-Gerst, Marianne u.a. (Hg.): Nordrhein-Westfalen und der Imperialismus. Berlin 2022, S. 69–89; hier S. 72.

163 Margrit Schulte Beerbühl: Linen merchants from the Duchy of Berg, Lower Saxony, Westphalia and their global trade in the 18th century. In: Klaus Weber/Jutta Wimmler (Hg.): Globalized Peripheries. Central Europe and the atlantic World, 1680–1860. Woodbridge 2020, S. 151–168.

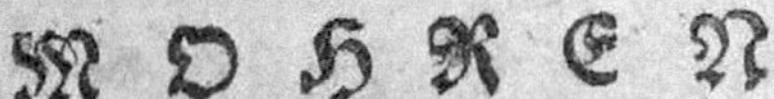
MOHREN

Tauff-Predigt/

Welche bey angestelter Tauffe eines Mohren/ so zu Osnabrüg in St. Marien Kirch am 18. Maij st. n. Anno 1661. durch die Heilige Tauffe dem HERRN Christo zugeführet und einverleibet worden/

Gehalten/

Und auff begehren zum Druck übergeben/

Von

M. IOHANNE LUDOVICI, Mindano, Past. zu St. Catharinen und Superintend. daselbst.

Mit beygefügtem Verzeichnüß / wie und mit was Ceremonien solche Tauffe des Mohren verrichtet.

Osnabrüg/

Bey Johann Georg Schwandern.

Abb. 19: „MOHREN Tauff=Predigt", Osnabrück: Johann Georg Schwander 1661 (Titelbild)

In Südamerika wurde „Osnabrücker Leinen“ wegen seiner Tropenfestigkeit geschätzt. Zudem war der Preis aufgrund der „armselige[n] Arbeitsbedingungen“[164] besonders kostengünstig. Das Tuch gelangte über Holland, England und Spanien nach Nord-, Mittel- und Südamerika sowie in die Karibik (St. Domingo, St. Thomas und Havanna). Osnabrück partizipierte demnach am globalen System des frühkapitalistischen Dreieckshandels zwischen Europa, Afrika und Amerika, der zwischen dem 16. und 18. Jahrhundert blühte. Europäische Tauschprodukte gingen nach Afrika; afrikanische Arbeitssklav:innen wurden für die Plantagenarbeit nach Amerika transportiert; und die Pflanzungserzeugnisse wurden wiederum nach Europa verschifft. Auf eben diesen Plantagen in der Karibik war das Osnabrücker Leinen als günstiger, strapazierfähiger Stoff begehrt für die Herstellung der leichten Kleidung der versklavten Arbeiter:innen: „[All] the Negroes and the poor White People [in the colonies] are generally cloathed with German linens [called] Osnabrughs.“[165] Um 1744 trugen allein auf Barbados 70.000 Versklavte Kleidung aus Osnabrücker Leinen.[166]

Die Osnabrücker Region profitierte unmittelbar von den Effekten der Handels- und Wirtschaftsprozesse auf – nur räumlich – fernen Märkten.[167] Zudem kam der wirtschaftliche Nutzen, in unterschiedlicher Höhe, mehreren sozialen Schichten zugute: nicht nur bei den Zwischen- und Fernhändlern, die für den Vertrieb des Osnabrücker Leinens sorgten, und bei der Stadt, die nach der Qualitätskontrolle die Leggesteuer bezog. Auch die bäuerlichen Familien, die den Flachs anbauten, verarbeiteten und verkauften, die Weber:innen, die das Tuch erstellten, sowie die Verleger:innen, die die Tuchproduktion organisierten, hatten alle einen konkreten Nutzen davon, dass in der Karibik versklavte Menschen auf Plantagen zur Arbeit gezwungen wurden.

Hier kommt zum Tragen, dass sich lokale bis regionale Wirtschaftsprozesse nicht abgekoppelt von überregionalen Entwicklungen darstellen und verstehen

---

164 Wolfgang Reinhard: Die Unterwerfung der Welt. Globalgeschichte der europäischen Expansion 1415–2015. 5. Aufl. München 2020, S. 470.

165 Karin Newman: Anglo-Hamburg Trade in the late Seventeenth and Early Eighteenth Centuries. London 1979, S. 198 f. Zit. nach: Klaus Weber: „Krauts“ und „true born Osnabrughs“. Ländliche Leinenweberei, früher Welthandel und Kaufmannsmigration im atlantischen Raum vom 17. bis 19. Jahrhundert. In: IMIS-Beiträge 29, 2006, S. 37–69; hier S. 66[94].

166 Schulte Beerbühl 2022, S. 71 f.

167 „Eine Provinzstadt wie Osnabrück profitierte davon, dass mit ihrem Leinen die Sklaven in Amerika gekleidet wurden.“ Helmut Bley: Afrika. Welten und Geschichten aus dreihundert Jahren. Berlin-Boston 2021, S. 584.

lassen. „Erst eine Perspektive, die das kontinentale Hinterland ebenso einbezieht wie den atlantischen Raum, kann zeigen, wie sehr die mitteleuropäische Proto-Industrialisierung nur durch eine fortgeschrittene und komplexe internationale und interkontinentale Konkurrenz und Arbeitsteilung ermöglicht wurde.“[168] Auf Osnabrück bezogen heißt dies: Das System der Sklaverei steigerte die Nachfrage nach Osnabrücker Leinen und sorgte dadurch für Arbeit in der Region. Mittelfristig schuf eine solche stabile Warenproduktion in den breiteren Schichten Kaufkraft für Konsum von Kolonialwaren.

Besonders anschaulich wird der glokale Kontext bei der Personengruppe der Leinenhändler, mit denen sich die enge Vernetzung des lokalen Osnabrücker Raums mit dem globalen Wirtschaftsgeschehen gut darstellen lässt. Denn gerade im Zusammenhang mit dem Aufstieg Großbritanniens zur kolonialen Weltmacht ließen sich an der Wende zum 18. Jahrhundert einige Osnabrücker gezielt in London nieder. Dort konnten sie noch besser von den „infrastrukturellen und finanziellen Ressourcen für einen weltweiten Handel“ profitieren.[169]

Als weitere spannende Gruppe sind in diesem Kontext Seeleute zu betrachten. Sie bilden einen wichtigen, für das Funktionieren des überseeischen Handelssystems elementaren Berufsstand. Matrosen sind „die eigentlichen mobilen Kosmopoliten der Zeit.“[170] Seit dem 17. Jahrhundert befuhren geschätzte 300.000 bis 350.000 Seeleute auf Sklavenschiffen den Atlantik. Glokalgeschichtlich interessant ist, dass auf diesen Schiffen auch Osnabrücker als nautisches und nichtnautisches Personal zur See fuhren. Dies ergaben Untersuchungen zur Geschichte der 1720 gegründeten niederländischen „Handelscompagnie Middelburg MCC“. Bei den 114 dokumentierten Fahrten im kolonialen Dreieckshandel stammten etwa 20 Prozent des von der Gesellschaft eingesetzten Schiffspersonals aus dem deutschsprachigen Raum. Die angeheuerten Männer kamen etwa aus Bremen, Hamburg, Danzig und Osnabrück. Nach der Ankunft in Afrika mussten die Schiffe zunächst für den Transport der versklavten Menschen nach Amerika umgebaut werden. Dafür wurden z.B. Zimmerleute benötigt. Während des Aufenthaltes und dann während der Atlantiküberquerung wurden die Schiffsmannschaften u.a. zur Bewachung der ‚menschlichen Ware‘ eingesetzt. Dazu wurden auch Peitschen eingesetzt, um die Gefangenen zu disziplinieren.[171]

---

168 Weber 2006, S. 69.

169 Schulte Beerbühl 2022, S. 70; siehe auch ebd., S. 75.

170 Bley 2021, S. 78.

171 Sarah Lentz/Jasper Hagedorn: „Unsere weiß-roth-weiße Flagge ohne Flecken“? Bremische Verflechtungen mit der atlantischen Versklavtenwirtschaft im 18. und 19. Jahrhundert.

Der „Plantagenkomplex" mit seiner Wechselwirkung zwischen Produktion und Konsum besaß eine Breitendynamik, die aufgrund des Ausblendens der größeren globalen Zusammenhänge meist nicht mit der Sklaverei in Verbindung gebracht wird.[172] Es würde also museal zum Ausdruck gebracht werden müssen, dass Lokalgeschichte in Deutschland wie in Europa allerspätestens seit dem 18. Jahrhundert immer auch „eine Verflechtungsgeschichte, eine globale, *koloniale Geschichte der Versklavung*"[173] ist.

Wie gelangen wir nun museografisch vom Osnabrücker Leinen zur „M…-Taufe" von 1661? Die Präsentation der Geschichte jener damals als „true born Osnabrughs" oder „Osnabrücker Hosen" weitläufig bekannten ‚Jeans der Frühen Neuzeit' ist die Folie, auf der die auf dem Dreieckshandel fußende Verknüpfung von Sklavenhandel und Osnabrücker Leinenhandel aufscheint. In dieser Spiegelung entsteht ein gedanklicher Bogen zu dem jungen Afrikaner in Osnabrück. Auch sein Weg von Westafrika nach Osnabrück ist ein Beispiel, ist individueller Ausdruck für die frühneuzeitlichen Mechanismen der damaligen global wirksamen Macht- und Handelsstrukturen auf lokalgeschichtlicher Ebene. Eben diese Mechanismen sorgten dafür, dass Menschen wie der Hauptakteur in Ludovicis „M… Tauff=Predigt" gegen ihren Willen gefangen, versklavt und verschleppt wurden. Genau dies war auch „Christian Gerhard Schepeler" aus Afrika widerfahren.

Wie wird dagegen die *Religionsgeschichte* in diesem Zusammenhang verortet? Das Ereignis der Osnabrücker „M…-Taufe" würde am Ende des konfessionellen Zeitalters stehen, dass in Osnabrück vom Auftauchen des ersten protestantischen Predigers (1521) über die Einführung einer evangelischen Kirchenordung (1543) und über wechselvolle Jahre in der Zeit der Religionskriege bis zu den Regelungen des Westfälischen Friedens und deren Ausführungsbestimmungen (1648/50) reicht. Letztere legten als Kompromiss für das bikonfessionell geprägte Osnabrücker Hochstift fest, dass fortan einem vom

---

In: Henning Steinführer (Hg.): Aspekte des Kolonialen in der Geschichte von Niedersachsen und Bremen. Tagungsband zur Jahrestagung der Historischen Kommission für Niedersachsen und Bremen in Cuxhaven am 17. und 18. Juni 2022 (in Vorbereitung); zum Sklavenhandel der Zeit siehe allgemein Reinhard 2020, S. 453–472; zur Bedeutung der innerafrikanischen Sklaverei als über Jahrhunderte wirkender Teil der Sozialstruktur und Massenphänomen siehe Bley 2021, S. 259–261.

172 Heike Raphael-Hernandez: Deutsche Verwicklungen in den transatlantischen Sklavenhandel. In: APuZ 65, 2015, H. 50/51, S. 35–40; hier S. 37.

173 Paula von Gleich/Samira Spatzek: Meine Stadt und Versklavung? Jugendliche auf Spurensuche in Bremen. In: APuZ 65, 2015, H. 50/51, S. 41–46; hier S. 46; eigene Hervorhebung.

Domkapitel gewählten katholischen Bischof als Landesherrn des geistlichen Fürstentums nach dessen Tod immer ein protestantischer Landesherr (aus dem Hause Braunschweig-Lüneburg) zu folgen hatte. Diese „successio alternativa" regelte – neben anderem – das konfessionelle Nebeneinander von Protestant:innen und Katholik:innen in Osnabrück.[174] Die „M...-Taufe" von 1661 ist in diesem Kontext von besonderem Interesse, weil sie, als Großereignis gezielt inszeniert, ein Zeichen für das zurückgewonnene Selbstbewusstsein der städtisch-protestantischen Fraktion ist. Während des Dreißigjährigen Krieges war die ‚evangelische Sache' durch die Rekatholisierung, die die beiden katholischen Bischöfe Eitel Friedrich von Hohenzollern (Sigmaringen 1582–1625 Iburg) und Franz Wilhelm von Wartenberg (München 1593–1661 Regensburg) massiv betrieben hatten, kräftig unter Druck geraten. Die protestantischen Prediger waren aus der Stadt gewiesen, die Wahl des evangelisch geprägten Stadtrates beeinflusst und eine katholische Universität gegründet worden. Erst mit der militärischen Besetzung der Stadt durch protestantische schwedische Truppen im Jahre 1633 war dieser Prozess unterbrochen und rückgängig gemacht worden.

Das Außergewöhnliche der Taufe vom 18. Mai 1661 zeigt sich bereits anhand der Gästeliste. Es handelt sich gewissermaßen um ein protestantisches ‚who is who'[175], das morgens um 7 Uhr auf dem Weg zum Taufgottesdienst in

---

174 Siehe dazu im Detail Kaster/Steinwascher 1993; Gerd Steinwascher, Osnabrück und der Westfälische Frieden (Osnabrücker Geschichtsquellen und Forschungen; 42). Osnabrück 2000; Klaus Bußmann/Heinz Schilling (Hg.): 1648 – Krieg und Frieden in Europa, München 1998. – Auf diese damals einmalige Regelung beruft sich übrigens die Stadt Osnabrück heute in ihrer Identifikation als tolerante Kommune mit ihrem Label „Osnabrück – Die Friedensstadt" ganz bewusst.

175 Neben Schepeler, seinem Domestiken sowie dem Superintendenten Ludovici sind dies: Georg Heinrich Derenthal [Georg Heinrich Derenthal (Minden verm. 1615–1691 Osnabrück) wird nach seinem Jurastudium in Leyden 1651 Kanzleirat. Sein Aufstieg beginnt mit dem Amtsantritt Bischof Ernst August I., der ihn 1662 zum Kanzleidirektor und 1672 als Bürgerlichen zum Geheimen und Kammerrat ernennt; Rainer Hehemann (Bearb.): Biographisches Handbuch zur Geschichte der Region Osnabrück (Schriftenreihe Kulturregion Osnabrück des Landschaftsverbandes Osnabrück e.V.). Osnabrück 1990, S. 63], promovierter Jurist und Fürstlich osnabrückischer Kanzleirat; Magister Kippius, der Königlich-schwedische Staatsprediger aus Stade; Bürgermeister und Landraht Ludolph Schardeman; Bürgermeister Johannes Brauning; Johann Plümer, Bürgermeister auf der Neustadt; der Syndikus, Dr. iur. Eberhard Vette [Eberhard (Evert) Vette wird 1647 Ratsherr, 1652 Syndikus, 1660 „Advocatus patriae" und 1677 Bürgermeister der Altstadt. Er stirbt am 8.12.1679; Hehemann 1990, S. 299]; Herr Magister und Doktor Wilhelm Heinrich Schwartzem; dann diverse Theologen, darunter: Magister Petrus Pechlin, Pastor und Senior an Sankt Marien; der dritte Prediger von Sankt Katharinen, Magister Martinus von Essen

einer regelrechten Prozession vom Wohnhaus Schepelers in der Großen Straße[176] durch die Stadt bis zur Marienkirche zog; „vorn an“ ging „der Mohr mit blossem Haupte“. Auch die „gebettene[n] Gevattern“ belegen den hochoffiziellen Charakter der Veranstaltung: Neben Schepelers Schwiegermutter handelt es sich um den „Fürstl[ich] Osnabrücksche[n] Cantzeley und Landtraht“, vertreten durch den fürstlich-osnabrückischen Rat Dr. iur. Georg Heinrich Derenthal, den protestantischen Domherrn zu Hamburg, Gottfried Grotgehs, vertreten durch den aus Stade angereisten königlich-schwedischen Staatsprediger Kippius, den Rat der Stadt Osnabrück sowie „sämptliche Herrn des Ministerij“.[177] Ebenso ragt die Wahl des ausführenden Predigers besonders heraus. Denn die Taufe wurde nicht von einem der offiziell bestallten Pfarrer von St. Marien, sondern mit Magister Johannes Ludovici vom Osnabrücker Superintendenten persönlich durchgeführt. In seiner Niederschrift bestätigte dieser selbst den außergewöhnlichen Charakter des Ereignisses: Das „exempel der bekehrung eines Mohren“[178] ist ein Ereignis, das „an diesem Orte wol etwas newes, und bey Menschen=dencken in dieser Stadt nicht geschehen noch gesehen.“[179] All das zusammengenommen war weit mehr als eine gewöhnliche Taufe, sondern vielmehr eine protestantischer Machtdemonstration.

Museografisch ließe sich an dieser Stelle auch religionsgeschichtlich das – an diesem Beispiel historisch belegte – protestantische Taufritual rekonstruieren, um damit exemplarisch frühneuzeitliche sowie reformatorische Glaubensvorstellungen zu visualisieren (Die Rolle der Taufe als Sakrament, Katechismus, Bedeutung der Predigt als Verkündung des Wortes Gottes, Gesang etc.). Nach

---

[Martinus von Essen (Osnabrück 1603–1675 Osnabrück) war 1640/41 3. Prediger, 1651 2. Prediger, und ab 1667 1. Prediger an der St. Katharinenkirche in Osnabrück; Walter Schäfer: Effigies Pastorum. Die Pastoren an St. Katharinen. 400 Jahre Kirchengeschichte in Bildern und Urkunden aus den Quellen. Osnabrück 1960, S. 51]; die Magister Johann Eberhard Meyer und Johannes Tegeder, deren Kirchen beide der „Augspurgischen Confession“ angehören; ferner Gymnasialrektor Magister Tobias Kugelman, „Senior Senatus“ Gerhard von Lengerke, Lohnherr Bartholomaeus Meuschen, Gildemeister Balthasar Jobst Meuschen, Procurator Christoff Greve, Ernst Gildehaus, „Iunior“ Gerhard Braue und Johann Jobst von Lengerke sowie „noch andere vornehme Bürger und Freunde.“ Ludovici 1661, S. 30 f.

176 Schepeler bewohnte das Haus Große Straße Nr. 53; C[arl] Stüve: Briefe des Osnabrückschen Bürgermeisters G. Schepeler aus Münster im Jahre 1647. In: OM 15, 1890, S. 303–339; hier S. 308.

177 Ludovici 1661, S. 32.

178 Ebd., S. 7.

179 Ebd., S. 8.

gehaltener Predigt und vor der eigentlichen Taufe wurde „der Mohr auß dem Catechismo verhöret"; es wurde also geprüft, ob die vorangegangene christliche Erziehung den gewünschten Erfolg erzielt hatte und der Täufling würdig war, um in die Gemeinde aufgenommen zu werden. Dazu musste der zu Examinierende sieben Fragen beantworten:

1. *„Bis[t du] ein Sünder? Antw[ort:] Ja.*
2. *Woher Weiß[t du] das? Antw[ort:] Aus den 10 Gebotten, die ich nicht gehalten.*
3. *Sind dir deine Sünden auch leid? Antw[ort:] Ja.*
4. *Wessen getröstes[t du] dich wider deine Sünde? Antw[ort:] Meines L[ieben] HErrn Jesu Christi.*
5. *Wer ist Christus? [Antwort:] GOttes und Marien Sohn, wahrer GOtt und Mensch.*
6. *Was hat denn CHristus gethan, daß du dich seiner tröstest? Antw[ort:] Er ist für mich gestorben, und am dritten Tage wieder aufferstanden von den Todten. 7. Wieviel sind Götter? Antw[ort:] Nur einer, aber drey Personen, Gott Vater, Sohn und Heil[iger] Geist."*

„Nach beschehener [V]erhörung" wurde mit dem Psalm „Christ unser HErr zum Jordan kam"[180] ein typisches Tauflied angestimmt „und biß zum Ende gantz ausgesungen." Daraufhin wurde „zur Tauffe geschritten". Die Paten wurden gebeten, „dem Knaben einen Christlichen Nahmen [zu] geben", woraufhin dem Superintendenten signalisiert wurde, er solle fortan Christian Gerhard heißen. Auf einem Tisch, der sich ebenfalls im Chorbereich der Kirche befand und der „mit einem schönen weissen Teppich gedeckt, und mit Kräutern und Blumen gezieret" war, stand „eine silberne Schale mit Wasser". Mit dieser Taufschale vollzog Ludovici die Taufe „nach der in unserer Kirchen=Ordnung vorgeschriebenen Formul, und der Mohr vor dem Tische stehend ward getauffet im Nahmen GOttes des Vaters, des Sohns, und des Heiligen Geistes." Danach wurde als „Danck=Psalm" das Kirchenlied „Nun lobe meine Seele dem HErren"[181] sowie „eine Collect vor dem Altar gesungen, und der Segen gesprochen, und damit dieser Actus und Tauffhandelung beschlossen."[182]

---

180 Das Lied stammt ursprünglich aus dem 15. Jahrhundert und wurde 1524 in Wittenberg erweitert; Evangelisches Kirchengesangbuch, Nr. 146.

181 Das geistliche Lied aus dem 15. Jahrhundert vertont Psalm 103; Evangelisches Kirchengesangbuch, Nr. 188.

182 Ludovici 1661, S. 8.

Was die Auswahl von Exponaten betrifft, würde in diesem Falle nicht die eingangs erwähnte Taufschale aus der Katharinenkirche benutzt werden, sondern eine silberne, die der 1661 benutzten vergleichbar ist; z.B. ein entsprechendes, aus der Marienkirche stammendes Exemplar.[183]

Abb. 20: Taufschale aus der Osnabrücker Marienkirche. Eine ähnliche wurde vermutlich bei der Taufe von Christian Gerhard Schepeler benutzt. Osnabrücker Meister JG (vermutlich Johann Gerhard Lengerke, 1722–1757 nachgewiesen). Silber, getrieben, graviert, am oberen Rand eingravierte Inschrift „A: M: Lengerken. W. D. Schwenders 1734."
© Sankt Mariengemeinde Osnabrück/Fotografie: Thorsten Heese, 2016

Durch die museale Inszenierung dieser Taufe, für die die vorhandene Textquelle umfangreiches und anschauliches Material liefert, kann neben der religionsgeschichtlichen Ebene – der Taufe als eines von zwei Sakramenten, die die evangelische Konfession fortführt – noch eine gesellschaftsgeschichtliche Ebene in die visuelle Narration der Ausstellung eingefügt werden: die Darstellung von sozialen Aushandlungsprozessen, dargestellt am Beispiel einer durch politische Regelungen festgelegten resp. erzwungenen alltäglichen gegenseitigen Duldung

183 Walter Borchers: Goldschmiedearbeiten des 17. und 18. Jahrhunderts in Osnabrücker Kirchen (Osnabrücker Geschichtsquellen und Forschungen; 8). Osnabrück 1966, S. 186 f. – Da das Original der 1661 benutzten Taufschale leider nicht mehr zu existieren scheint, ist die exemplarische Verwendung dieser später datierten Schale als Exponat für die Ausstellung zu legitimieren, zumal sie sich äußerlich, wie Vergleiche mit zeitgenössischen Exemplaren zeigen, nicht wesentlich von dem verwendeten Original unterscheiden wird. Hier zählt zudem ihre über fast drei Jahrhunderte belegte Verwendung in der Marienkirche.

verschiedener konfessioneller Gruppierungen einer städtischen Gemeinschaft nach Abschluss einer historischen Phase, in der diese Konflikte noch kriegerisch ausgetragen worden waren.

Mit der Einordnung des Ereignisses der Taufe in die Austragung der Konflikte des konfessionellen Zeitalters auf Osnabrücker Ebene wird allerdings noch nicht die globale Ebene erreicht. Dies geschieht über die Rolle der christlichen Mission im Rahmen der europäischen Expansion nach 1492, der Geburtsstunde des Rassismus. Die noch von der alten Kirche eingeleiteten Zwangschristianisierungen durch die europäischen Kolonialmächte in der Neuzeit, beispielsweise durch die Spanier in Südamerika, wurden auch von der protestantischen Seite entsprechend betrieben. Religion als zentrales gesellschaftliches Ordnungselement blieb nach Beendigung der Religionskriege ein historisch fortwirkendes Element. Für die Begegnung mit der Welt außerhalb Europas galt: Wer kein Christ ist, ist kein gleichwertiger Mensch. In diesem Kontext ist auch „das Bad der widergeburt, die H[eilige] Tauffe" für die Osnabrücker Akteure das „ordentliche Mittel zur Seligkeit"[184] des „Knaben auß Mohrenland".[185]

Museumsdidaktisch tut sich hier eine nicht nur interessante, sondern für die gegenwartsbezogene Ausbildung historischen Bewusstseins wichtige Fragestellung der Perspektivität auf. Was aus Sicht der protestantischen Akteure Schepeler und Ludovici in Osnabrück ein „[E]xempel der bekehrung eines Mohren" und damit ein „löblich[es] Werck der christlichen Liebe" ist, das sie „diesem armen frembden Knaben erweisen", weil sie „den Sünder bekehret von dem jrthum seines weges" und dadurch „eine Seele vom Todt errettet"[186] haben, bekommt aus der Perspektive des verschleppten jungen Westafrikaners eine ganz andere Dimension. Die durchgeführte Taufe ist ein Akt der Herrschaftsausübung. Der christliche Name „Christian Gerhard" ist eine neue, seine ursprüngliche Identität überschreibende Codierung, die – in der Wahl der Vornamen deutlich sichtbar – ein spirituelles wie weltliches Herrschaftsverhältnis festschreibt. Daran ändert auch grundsätzlich nicht, dass Christian Gerhard nach der Taufe „von seinem Herrn ohn einiges Entgelt frey gegeben"[187] wurde. Dies war we-

184 Ludovici 1661, S. 32 f.

185 Ebd., S. 23.

186 Ebd., S. 7 f.

187 „A[nno] 1661 den 18 May Styli nov. [Mit „Styli nov." ist die neue Zeitrechnung nach dem gregorianischen Kalender gemeint; TH] ist ein Mohr, so von H[er]r[n] Gerhard Schepelern vordem zu Hamburg gekauft, und in seinen Diensten aufgewachsen war, in S[ankt] Marien=Kirchen durch die h[eilige] Taufe dem HErrn Christo zugeführet, und von seinen Gevattern, Christian Gerhard genannt, auch darauf von seinem Herrn ohn

der ein Signal aufblühender Toleranz oder gar eines bewussten Kampfes gegen Unfreiheit und Sklaverei. Der junge Mensch bleibt hier immer noch Objekt der Handlung und ist kein frei agierendes Subjekt. Die „color hierarchy" wird dadurch nicht aufgehoben.[188] Gleichwohl bieten Ereignisse wie diese die Möglichkeit zur Diskussion und Vergegenwärtigung von gesellschaftspolitischen Aushandlungsprozessen sowie über die Rolle der daran Beteiligten.[189] Es ist aus schriftlichen Hinterlassenschaften unterschiedlicher betroffener Personen bekannt, dass erfahrene Privilegien wie diese „die Erfahrung des exotischen ‚Andersseins', unter dem diese Menschen ein Leben lang zu leiden hatten, nicht aufwiegen konnten."[190]

Dazu gilt es, den zeitgenössischen geistesgeschichtlichen Hintergrund zu veranschaulichen. Die Osnabrücker Taufe von „Christian Gerhard Schepeler" wird gemäß der zeitgenössischen religionsgeschichtlichen Literatur ausdrücklich als Missionserfolg in Afrika [sic!] gefeiert und kontexualisiert. Im Kapitel „Von Ausbreitung der christl[ichen] Religion" der „ACTA HISTORICO-ECCLESIASTICA, Oder Gesammlete Nachrichten von den neuesten Kirchen=Geschichten" von 1744 erwähnt der evangelische Autor die Osnabrücker Taufe als eines von drei Beispielen „von eben so viel Schwarzen aus Guinea [...], welche im vorigen Jahrhundert in der evangelischen Kirche an der unterschiedlichen Orten getaufet worden."[191] Folgt man der Logik des Autors, so war in Guinea höchste Eile geboten, um die Seelen der dort Lebenden zu retten, da sie angeblich an den Teufel glaubten: „Zwar wollen die Inwohner von Guinea

---

einiges Entgelt frey gegeben worden, wie davon seine Taufpredigt, von Magistro Iohanne Ludovici, Past[or] und Superintendent ausgegeben, mit mehren zeuget." Theodor Röling: Osnabrücksche Kirchen=Historie, darinnen die wunderbaren Schickungen GOttes über die evangelische Kirche zu Osnabrück erzehlet werden. Frankfurt/M.-Leipzig 1755, S. 199.

188 Raphael-Hernandez 2015, S. 38.

189 Es lassen sich auch interessante Gegenbeispiele einbringen und die daraus resultierenden Handlungsspielräume aufzeigen. So versuchten Herrnhuter Missionare, die im 18. Jahrhundert auf der Karibikinsel St. Thomas mit Sklaven in Kontakt kamen, diese ausgehend von der neutestamentarisch gebotenen Gleichheit aller Brüder und Schwestern, an die sie sich gebunden fühlten, radikal durchzusetzen; sie beugten sich schließlich aber doch den Interessen der Eigentümer der Plantagen und der dort arbeitenden Sklaven; Raphael-Hernandez 2015, S. 38 f. Zu denken wäre ferner an liberale Denkansätze des 18. Jahrhunderts wie die von Adam Smith (1723–1790), Edmund Burke (1729–1797) oder Marie Jean Antoine Nicolas de Caritat, Marquis de Condorcet (1743–1794).

190 Raphael-Hernandez 2015, S. 40.

191 ACTA HISTORICO-ECCLESIASTICA 1744, S. 633; die Erwähnung der Osnabrücker Taufe von 1661 ebd., S. 634.

sonst keine Mohren heissen, sondern Nigriten, von dem schwarzen Fluß Nigro, welcher das ganze Land durchläuft, [...]. Jedoch heissen sie recht und billig Mohren, theils wegen ihrer schwarzen Leibfarbe, theils wegen ihres Gözen Fetisso [= Fetisch; TH], worunter wohl niemand anders als der leidige Satan verstekt liegt, welcher diesen Heiden öfters in Gestalt eines schwarzen Hundes, oder auch eines kleinen schwarzen Männleins erscheinen soll".[192] Neben der ‚diabolischen Feldforschung' selbst ist an dieser Beschreibung besonders interessant, dass der Standpunkt der „Inwohner von Guinea", sie hießen nach ihrem Fluss „Nigriten" und nicht „M...", von dem Europäer nicht akzeptiert sondern durch seine eigene Interpretation ‚überschrieben' und damit ‚besetzt' wird.

Auch die 1603 veröffentlichten Reiseberichte, auf die sich der Autor der „ACTA HISTORICO-ECCLESIASTICA" bezieht[193], liefern ein bezeichnendes Bild vom Auftreten der Europäer:innen in Afrika. Dort erscheinen die angetroffenen Menschen als kindliche, d.h. nicht ernst zu nehmende Kreaturen. Und die Europäer:innen lassen sie dies auch spüren: So wird über die besagten „Nigriten" berichtet, wie „die Niederländer ihrer offt gespottet, und sie mit ihrem kindischen, ja viel mehr närrischen Gauckelwerck und Affenspiel [gemeint sind ihre religiösen Rituale; TH] bißweilen verhönet und verlacht haben. Derhalben schämen sie sich in Gegenwart der Niderländer mehr ein Fetisso zu machen", also ihre religiösen Kulte offen zu zelebrieren. In den Augen der Europäer:innen war es daher ein ‚Akt der Güte', ihnen im Wege der Taufe ‚göttlichen Beistand' zu verschaffen, denn sie wünschten ihnen, „daß ihnen Gott der Allmächtige die Augen ein mal öffnen, und ihren Verstandt erleuchten wollte, damit sie auß dieser Abgötterey und Finsternüß, zum Erkanntnüß deß Liechts, und wahren Glaubens möchten gebracht werden, weil ihnen sonst nit viel mangelt, als ein wahres Erkanntnüß Gottes, und seines heyligen göttlichen Worts."[194]

Diese für eine Vertiefung geeignete Zusatzquelle verdeutlicht noch einmal sehr klar den durch den Glauben gestützten abschätzigen Blick auf die Menschen, denen Europäer:innen während ihrer sog. Entdeckungsreisen begegneten. Ihr Bild sollte aus europäischer Perspektive über Jahrhundert das Verhältnis zwischen ‚christlichem' Europa und dem ‚heidnischen' Rest der Welt prägen.

---

192 Ebd., S. 632 f.

193 Als Quelle dienen dem Autoren „die Gebrüdere de Bry", die „in ihrer holländischen Schiffart nach Guinea c. 20 und 21 Meldung thun." Ebd., S. 633; siehe entsprechend Johann Theodor von Bry/Johann Israel von Bry (Hg.): Warhafftige Historische Beschreibung deß gewaltigen Goltreichen Königreichs Guinea [...]. Frankfurt/M. 1603, Kap. 20 u. 21, S. 42–49.

194 Ebd., S. 46.

Emden und die „Brandenburgisch-Afrikanische Compagnie B.A.C."

Deutsche Kolonialgeschichte wird in der Regel eher mit der kurzen imperialen Episode während der Zeit des deutschen Kaiserreiches von 1871 bis 1914/19 in Verbindung gebracht. Der „deutsche" Kolonialismus ist jedoch älter und weit umfassender. Schon während der spanisch-portugiesisch geprägten Eroberung der „Neuen Welt" waren einzelne deutsche Akteure beteiligt. Für kurze Zeit erhielt 1528 das Augsburger Handelshaus der Welser sogar wegen langfristiger Verschuldung Kaiser Karl V. die Statthalterschaft in dessen „Kolonie" Venezuela.[195] Auch zeugen Aufrufe wie die des bayerischen Merkantilisten und Polyhistors Johann Joachim Becher, der 1657 zur Gründung einer deutschen Kolonie in Südamerika aufrief, für die Existenz von Agitatoren mit proto-nationalen wie ökonomischen Interessen. Sein Appell lautete:

„Wohlan dann dapffere Teutschen/ machet/ daß man in der Mapp [Landkarte; TH] neben neu Spanien/ neu Franckreich/ neu Engelland/ auch ins kuenfftige neu Teutschland finde/ es fehlet euch so wenig an Verstand und Resolution solche Sachen zu thun/ als andern Nationen/ ja ihr habet alles dieses/ was darzu vonnoethen ist/ ihr seyd Soldaten und Bauren/ wachtsam und arbeitsam/ fleissig und unverdrossen/ ihr koent auff einmahl viel gute Sachen thun/ durch ein exemplarisches Leben und gute Ordnung/ die Indianer zu Freunden und civilen Menschen/ ja vielleicht gar zu Christen machen/ ihr selbsten werdet laenger lebe/ froelicher und vergnuegter seyn/ wann ihr in einem dergestalt angenehmen Climat, fuer keine Nahrung so muehsam sorgen doerfft/ koennet also nicht allein Euch in Indien/ sondern Euren Freunden auch hieraussen in Teutschland dienen".[196]

Eine derartige Programmatik liegt bereits dicht an dem, was die kolonialistische Propaganda im Kaiserreich aufbieten sollte, um Politik und Bevölkerung für eine offensive Kolonialpolitik zu gewinnen. Besonders interessant ist Bechers Verknüpfung von christlicher Mission und zivilisatorischem Auftrag gegenüber den „Indianern"; letzterer wirkt wie ein unmittelbarer Link zwischen dem Kolonialismus der frühen Phase und der kolonialimperialistischen seit dem 19. Jahrhundert.

---

195 „Venezuela: die erste deutsche Kolonie? – Der Welser-Vertrag mit der spanischen Krone aus dem Jahr 1528"; abgedr. in: Horst Gründer (Hg.): „... da und dort ein junges Deutschland gründen". Rassismus, Kolonien und kolonialer Gedanke vom 16. bis zum 20. Jahrhundert. München 1999, S. 19 f.

196 Johann Joachim Becher: Politischer Discurs, Frankfurt/M. 1673. Zit. nach: Horst Gründer 1999, S. 24 f.

Abb. 21: Landung eines holländischen Dreimasters an südlicher Küste, Bonaventura Peeters (Pieters) (Antwerpen 1614 -1652 Hoboken)/Gillis Peeters (Pieters) I (Antwerpen 1612–1653 Antwerpen). Öl auf Holz, u. links signiert u. datiert „Gillis et Bonaventura Peeters. fec. 1633" © Museumsquartier Osnabrück: 3628/46

Zu den frühen Beispielen kolonialer Ambitionen aus dem deutschen Raum, die noch am ehesten bekannt sind, gehört das Engagement Brandenburg-Preußens an der Wende zum 18. Jahrhundert. Damals war Friedrich Wilhelm Kurfürst von Brandenburg (1620–1688) angesichts der wirtschaftlichen Erfolge der Niederlande daran interessiert, ein eigenes Kolonialreich zu gründen. Er hatte 1647–1653 und 1660–1663, angeregt durch einen unzufriedenen Admiral der niederländischen V.O.C., zunächst Pläne verfolgt, zur Etablierung von Wirtschaftsbeziehungen nach Indien und Persien wegen der Produktion von Seide eine „Brandenburgisch-Ostindische Handels-Companie" aufzubauen. Dazu kaufte er von Dänemark das nicht mehr benötigte indische Tranquebar, musste den Vertrag aber 1653 aus Geldmangel wieder annullieren.[197]

---

197 Reinhard 2020, S. 230; Gründer 1999, S. 11.

Stattdessen orientierte sich der „Große Kurfürst“ fortan in Richtung Afrika und Westindien und konnte tatsächlich in Westafrika sowie auf den Antillen Handelsniederlassungen etablieren, die es ihm erlaubten, am kolonialen Dreieckshandel zwischen Europa, Afrika und Amerika teilzunehmen. Am 1. Januar 1683 gründete der brandenburgische Statthalter Otto Friedrich von der Groeben am Kap der drei Spitzen (Cabo tres Puntas) im heutigen Ghana eine brandenburgische Niederlassung, die aus einem etwa 50 Kilometer langen Küstenstreifen bestand. Neben der nach dem Kurfürsten benannten Hauptfestung „Groß-Friedrichsburg“, die zugleich eine Faktorei besaß, existierten noch die kleineren Stützpunkte Accoda (jetzt Akwida), Taccarary (Takoradi) und Taccrama.[198]

Die einheimischen Anführer aus der Umgebung der Befestigungen unterwarfen sich am 29. September 1684 dem brandenburgischen Kurfürsten. Im Gegenzug unterstellte er sie „und ihre sämmtliche Angehörige unter Unserm besonderm Schutz, Schirm und Protection“ und bot „Ihnen wider Ihre Feinde und Aggressores die starke Hand allemal“ sowie „unter Unsere Festung und Canon Ihnen sichere Retraite“. Außerdem wurde „Unserm Präsidenten und Bewindhabern [Direktor; TH] der Africanischen Compagnie zu Emden, auch Unsern jetzigen und künftigen Commendanten, Officirern und allen und jeden in Africa habenden Befehlshabern und Bedienten“ befohlen, den Schutzbefohlenen die Rechte aus dem Schutzbrief vor Ort zu garantieren.[199]

---

198 Die Reste von „Groß-Friedrichsburg“ existieren bis heute im ghanaischen Princess Town und sind Teil des UNESCO-Weltkulturerbes.

199 „Schutzbrief des Großen Kurfürsten für die Herrscher von Accada, Taccary und Tres Puntas nebst deren Angehörigen vom 29. September 1684“. In: Gründer 1999, S. 27–29.

Abb. 22: Brandenburgische Festung Groß-Friedrichsburg in Guinea, 1688. Lithografie nach einer Zeichnung von Heinrich Riffarth um 1900

Das Hauptinteresse lag in den Handelsmöglichkeiten, die die durch den Schutzbrief formal rechtmäßig erworbene Kolonie an der afrikanischen Westküste, einem der Hauptzentren des kolonialen Handels, Brandenburg bot. Die im Schutzbrief genannte „Brandenburgisch-Africanische Compagnie" (B.A.C.) war am 18. November 1682 für die entsprechende Vertretung Brandenburgs in Handelsfragen sowie die Abwicklung des Handelsverkehrs gegründet worden. 1683 wurde ihr Hauptsitz nach Emden verlegt. Die ostfriesische Hafenstadt konnte im April 1683 durch einen Schifffahrtsvertrag für die brandenburgischen Zwecke gewonnen werden.[200] Bei den kolonialen Aktivitäten Kurbrandenburgs spielte die ostfriesische Hafenstadt an der Nordseeküste deshalb eine wichtige Rolle, weil Brandenburg bis dahin nur über die Ostsee einen Zugang zum Atlantik hatte. Mit dem Nordseehafen Emden boten sich Brandenburg nun weitaus bessere Möglichkeiten für die überseeischen Ambitionen.

Der Vertrag sicherte der Emdener Gesellschaft auf 30 Jahre exklusive Handelsrechte sowie das Recht zur Gründung von Handelsposten in Westafrika

---

200 Reemt Reints Poppinga: Brandenburgs Kriegsschiffe im XVII. Jahrhundert. In: Schiff und Zeit 30, 1989, S. 49–62; hier S. 57.

zu. Sie konnte mit afrikanischen Anführern im Namen des Kurfürsten eigene Verträge abschließen und ggf. kleinere Militäraktionen durchführen.[201] Durch die dänische Abtretung eines Teils der Antilleninsel St. Thomas in der Karibik am 24. November 1685 erhielt Brandenburg zudem die Möglichkeit, sich am Dreieckshandel zu beteiligen. Von Europa wurden Textilien, Metallwaren und Gebrauchtwaren, Waffen und Branntwein nach Afrika verschifft. Dort wurden Gummi, Hute, Getreide, Straußenfedern, Gold und Elfenbein geladen; ferner als Haupthandelsgut gefangene Afrikaner:innen, die auf die Plantagen in der Karibik verkauft werden sollten, sofern sie die lange Überfahrt überlebten. Von den karibischen Inseln wurden wiederum Hölzer, Baumwolle, Kakao, Zimt, Salpeter, Indigo, Tabak und insbesondere Zucker, der mehr als drei Viertel des Frachtgutes ausmachte, zurück nach Europa verschifft.

Das koloniale Engagement Brandenburgs war ein teures Unterfangen, denn für den Überseehandel und seine militärische Absicherung war eine eigene Flotte erforderlich. Zwischen 1679 und 1694 fertige Brandenburg auf staatseigenen Werften 40 Überseeschiffe.[202] Gleichwohl blieb der militärische Schutz der weit entfernt liegenden Gebiete in Konkurrenz zu den mächtigeren europäischen Hegemonialmächten schwierig und der Verlust an Schiffen durch Unfälle und Kaperei hoch, so dass der angestrebte wirtschaftliche Erfolg relativ ausfiel.

Das 1683 begonnene koloniale Experiment endete daher bereits 1717 unter König Friedrich Wilhelm I. von Preußen (1688–1740) mit dem Verkauf der afrikanischen Besitzungen „für 7200 Dukaten und 12 Mohren“[203] an die Niederlande. Die Faktorei auf St. Thomas wurde 1731 von der „Dänisch-Westindischen Companie“ entschädigungslos konfisziert.[204] Emden bildete bis dahin zeitweise eines der Zentren des kolonialen Dreieckshandels zwischen Europa, Afrika und Amerika und war dadurch auch unmittelbar am Sklavenhandel beteiligt.[205] Auf Rechnung der B.A.C. wurden binnen 20 Jahren zwischen der

---

201 Gründer 1999, S. 29[14].

202 Zur Geschichte der brandenburgischen Flotte siehe Poppinga 1989, S. 49–62.

203 Horst Gründer: Geschichte der deutschen Kolonien. 2. Aufl. Paderborn u.a. 1991, S. 16.

204 Gründer 1999, S. 11 f.; Aiko Schmidt: Das Neue Fleischhaus, das Magazin der kurbrandenburgischen Flotte und das Kornvorratshaus: ein und dasselbe Gebäude in verschiedenen Nutzungen – sowie weitere Gebäude in der Großen Brückstraße. In: Rolf Uphoff (Hg.): Emden. Historische Stationen in der ostfriesischen Metropole (Schriftenreihe des Stadtarchivs Emden; 12). Emden 2014, S. 5–20; hier S. 16.

205 Zu den Details siehe Reemt Reints Poppinga: Brandenburgs Sklavenhandel über Emden. Der Dreieckstörn Emden – Westafrika-Westindien – Emden. In: Ostfriesland 4, 1986, S. 10–14.

Abb. 23: Medaille auf den Beginn der brandenburgischen Schifffahrt nach Guinea. Silber, geprägt, 1681, Umschrift: „NAVIGATIO-ADORAS. GUINEA. AN[NO] MDCLXXXI. FELICITER. COEPTA" © Ostfriesisches Landesmuseum Emden: MK N 6000

ihrer Auflösung (1682–1717) auf 110 Fahrten ca. 30.000 versklavte Menschen über den Atlantik transportiert. Für durchschnittlich 45 Gulden pro Person gekauft, konnten die überlebenden 18.890 Menschen für durchschnittlich 210 Gulden weiterverkauft werden. Das ergab einen wirtschaftlichen Gesamterlös von 2,64 Millionen Gulden.[206]

Brandenburg ließ 1681 anlässlich des Beginns seiner Schifffahrt nach Guinea eine Medaille prägen. Sie zeigt auf der einen Seite eine Fregatte unter Segeln. Auf der anderen Seite ist ein kniender, fast vollständig nackter Afrikaner zu sehen, der offensichtlich Waren (evtl. Elfenbeinzähne) als Handelsware anbietet. Im Hintergrund sind mehrere Schiffe vor einer felsigen Küste zu erkennen. Das Motiv lässt dagegen nichts von dem Handel mit versklavten Menschen erkennen. Das Leben auf dem Transport bezeugen hingegen die Tagebuchaufzeichnungen des Schiffsarztes Johann Peter Oettinger, der 1692 an Bord der 1681 auf der Werft in Pillau gebauten Fregatte „Friedrich Wilhelm zu Pferde" war.

206 Reinhard 2020, S. 460; Schmidt Fleischhaus 2014, S. 17; Poppinga 1989, S. 57; Hans-Georg Steltzer: „Mit herrlichen Häfen versehen". Brandenburgisch-preußische Seefahrt vor dreihundert Jahren. Frankfurt/M. 1981, S. 112 ff.

Das Schiff transportierte unterdecks 738 „dem Äusseren nach menschlich gebaute Wesen[, die] wie das Vieh behandelt" wurden. Die „Verpflegung der Sklaven bestand wöchentlich zweimal aus Schweinefleisch, einmal aus Rindfleisch, und zwar beides von zweifelhafter Güte. Im Übrigen aus Erbsen, Bohnen, Graupen, für die Tropen nicht gerade sehr empfehlenswert". Aufgrund der fehlenden Bewegung und mangelhaften Ernährung war mit tödlichen Erkrankungen zu rechnen. Bereits in den allersten Tagen der Fahrt verstarben 20 Menschen. Ein Aufstandsversuch flog auf und misslang. Zur Bestrafung wurden „der Anstifter zum Tode durch Erschießen und seine Mitschuldigen zum Kielholen und körperlicher Züchtigung" verurteilt.[207]

Bei der Ankunft auf der Karibikinsel St. Thomas waren 79 der ursprünglich 739 Gefangenen tot. Das entsprach dem erwarteten Verlust von 10 Prozent – bezogen auf die Sklav:innen wie die Mannschaften.[208]

Nach der frühen Abwicklung der B.A.C. im Jahre 1717 entstanden in Emden zur Zeit Friedrich II. von Preußen (1712–1786), der 1744 das Fürstentum Ostfriesland erbte, noch weitere mit Schiffen ausgestattete Handelsgesellschaften für den überseeischen Handel. Diese waren allerdings weit kurzlebiger als die B.A.C. 1750 entstand die „Königlich-preußische asiatische Compagnie" für den Handel mit Canton und China. Sie besaß eine englisch-belgische Aktienmehrheit, musste aber bereits 1757 aus wirtschaftlichen Gründen sowie bedingt durch den Beginn des Siebenjährigen Krieges aufgelöst werden. Die 1753 gegründete „Königlich-preußische Bengalische Handelsgesellschaft" diente offensichtlich bis 1762 eher privaten englischen Interessen. Schließlich ist die „Levantinische Kompanie" aus den späten 1760er Jahren zu nennen, die mit ihrem Schiff „Vredenborg" wegen der 1768 in der Levante ausgebrochenen Pest wohl nur zwei Fahrten durchführen konnte.[209]

---

207 Johann Peter Oettinger: Reisetagebuch. Zit. nach: Schmidt Fleischhaus 2014, S. 17.

208 Steltzer 1981, S. 186.

209 Reinhard 2020, S. 232; Aiko Schmidt: Vissers Hoop und die Schiffswerft am nördlichen Falderndelft. In: Rolf Uphoff (Hg.): Emden. Historische Stationen in der ostfriesischen Metropole (Schriftenreihe des Stadtarchivs Emden; 12). Emden 2014, S. 23–45; hier S. 33–39.

Abb. 24: Zwei 24-Pfünder-Kanonen von der brandenburgischen Festung Groß-Friedrichsburg in Guinea an ihrem heutigen Standort am Falderndelft in Emden. Eisen, gegossen, Ende 17. Jahrhundert © Fotografie: Thorsten Heese, 2021

Im Emdener Stadtbild sind zwei alte Kanonenrohre aus der Zeit der „Brandenburgisch-Afrikanischen Compagnie" von 1682/83 noch sichtbares Relikt dieser kolonialhistorischen Phase in Nordwestdeutschland und würden einen passenden glokalgeschichtlichen Anknüpfungspunkt bieten. Nach mehreren Umsetzungen befinden sie sich heute am südlichen Falderndelft (Dr.-Ernst-Brüggemann-Ufer). Die 24-Pfünder stammen aus der ehem. Festung Groß-Friedrichsburg und wurden im Juli 1912 im Auftrag der deutschen Admiralität mit Genehmigung der britischen Regierung auf dem Frachtschiff „Paul Woermann" [sic!] nach Emden transportiert. Sie standen zunächst an prominenter Stelle vor der Polizeiwache am Ratsdelft. Nach dem Zweiten Weltkrieg galten sie zunächst als verschollen, wurden aber wieder aufgefunden und im Januar 1964 von der Bundesmarine übernommen, um sie in der Karl-von-Müller-Kaserne aufzustellen. Am 4. September 1992 wurden sie am heutigen Standort am Falderndelft offiziell eingeweiht.[210] Von dort aus waren einst die Schiffe der

---

210 Die übrigen 15 der insgesamt 17 Kanonen erhielten das Berliner Zeughaus, das dortige Museum für Meereskunde, die Marine-Akademie in Kiel sowie die Stadt Pillau; Schmidt

B.A.C. nach Afrika und in die Karibik aufgebrochen. Durch eine Informationstafel, die neben den Kanonen aufgestellt wurde und über diese Geschichtsepisode informiert, wird die Erinnerung an die Wirkungen der Kolonialzeit bis in die Gegenwart wachgehalten.

„Leopold" mit Äbtissin in Herford

Bei dem folgenden Beispiel aus der Geschichte der Stadt Herford geht es wieder um das Schicksal eines versklavten afrikanischen Jungen. Im Gegensatz zu „Christian Gerhard Schepeler" aus Osnabrück ist sein Aussehen durch ein barockes Doppelgemälde überliefert. Das Ölbild steht im Zentrum der hier denkbaren musealen Inszenierung.[211] Denkbar ist, durch die gesteuerte Freigabe unterschiedlicher Bildausschnitte, verbunden mit einer medialen Information über eine eingesprochene Tonspur, die geschichtlichen Hintergründe dieses Gemäldes samt seiner beiden Protagonist:innen z.B. durch eine:n Sprecher:in schrittweise zu vermitteln. Der Einstieg könnte über Problemstellungen der Gegenwart hergestellt werden. Etwa, indem auf die tatsächliche Lage der laut UN-Charta weltweit verbrieften Menschrechte verwiesen wird. Nach der eigentlichen historischen Erzählung könnte das Publikum und Auditorium schließlich in Form einer Bewertung auf den post-kolonialen Diskurs und die Frage, welchen Einfluss Geschichten wie diese auf das Verständnis des gegenwärtigen menschlichen Miteinanders haben könnten, wieder zurück in die Gegenwart geleitet werden. Eine entsprechende Ausstellungsstation vor dem Gemälde könnte etwa den folgenden Inhalt haben:

In den USA sind die Bürgerrechte verbrieft, die Segregation ist auf dem Papier aufgehoben, aber gläserne Decken und rassistische Gewalt bestehen nach wie vor. Strukturelle Polizeigewalt tötet schwarze Menschen, aber Bewegungen wie „black lives matter" oder auch „#MeToo" haben Kraft und verschaffen sich zunehmend Gehör. Letztendlich müssen die Menschen gemeinsam entscheiden, in welcher Geschwindigkeit es vorangeht. Die derzeit sehr aktiven Beharrungskräfte sind angstgeleitet und trauen dem Schritt nach vorne in eine progressive Zukunft nicht, agieren stattdessen lieber gegen die bereits eingeleiteten Emanzipationsschritte der Menschheit, weil ihnen das Bekannte vermeintlich sicherer erscheint.

Fleischhaus 2014, S. 17 f.

211 Siehe hierzu auch Thorsten Heese: Auf dem Weg in ein post-koloniales Utopia oder: Warum „Leopold" uns heute noch etwas zu sagen hat. Ein Essay. In: https://www.kulturabdruck.de/wp-content/uploads/2021/05/Auf-dem-Weg-in-ein-postkoloniales-Utopia.pdf. (letzter Aufruf: 5.1.2023).

Auf jeden Fall ist ein vollständiges Zurück – weil ahistorisch – ausgeschlossen. Die Menschheit ist also durchaus auf dem richtigen Weg, doch die Utopie gelebter Gleichheit ergibt sich auch nicht von selbst. Das hat u.a. damit zu tun, dass die heutigen Konflikte eine lange, tief verwurzelte Vorgeschichte haben. Ein zentrales Element ist diesbezüglich die Geschichte des Kolonialismus. Dieser produzierte durch seine zunehmend ideologische Verankerung – wie der pseudowissenschaftlichen Rassentheorie – Prägungen, gerade auch äußerlich-visuelle, die im Unterbewussten Spuren hinterlassen haben, weil sie über Jahrhunderte in hierarchisierten „Schwarz-Weiß-Bildern“ immer wieder trennscharf inszeniert wurden.

Wie das konkret aussehen kann, soll am Beispiel des Gemäldes aus dem 18. Jahrhundert verdeutlicht werden. Lassen wir die Erzählung am 5. Januar 1981 im ostwestfälischen Herford beginnen. An diesem Tag herrscht im Städtischen Museum große Freude. Seit den 1950er Jahren hat das Museum immer wieder vergeblich versucht, ein spezielles Ölbild aus Bonner Privatbesitz anzukaufen. Doch nun ist es so weit. Das lange Werben hat endlich zum Erfolg geführt. Das „Gemälde der Äbtissin Johanne Charlotte, Markgräfin v[on] Brandenburg-Schwedt, geb. Prinzessin von Anhalt-Dessau“[212] ist nun Teil der Sammlung. Es hing, so ist zu vermuten, ursprünglich in der Herforder Abtei. Dieses hochfürstliche Damenstift wurde Anfang des 19. Jahrhunderts im Zuge der Säkularisation aufgelöst.[213]

Johanna Charlotte, am 6. April 1682 als Prinzessin von Anhalt-Dessau geboren, heiratete 1699 in Berlin den Markgrafen Philipp Wilhelm von Brandenburg-Schwedt (1669–1711) und lebte zunächst in Schwedt an der Oder, das die Markgrafen zu einer fürstlichen Residenz ausgebaut hatten. Das luxuriöse Hofleben in Berlin war ihr ebenfalls vertraut. Nach dem Tod ihres Mannes übernahmen ihre Söhne die Regentschaft in Schwedt; erst Friedrich Wilhelm (1700–1771), zunächst unter Vormundschaft des preußischen Königs Friedrich Wilhelm I., und ab etwa 1720 selbstständig, sowie ab 1771 Heinrich Friedrich (1709–1788). Die noch junge Witwe versuchte der preußische König seit 1714 im Herforder Damenstift zu platzieren. 1729 wurde sie dort gegen viele Wi-

---

212 DPH, Inv.-Nr. 92/91; Öl auf Leinwand, unsigniert und undatiert, um 1740, 154 x 119 cm; vgl. Eingangskatalog VIII, Nr. 99/1981. Entsprechend der Eintragung im Katalog erwähnte auch das Erklärungsschild in der damaligen Dauerausstellung nur die Äbtissin, nicht aber die andere abgebildete Person: „Johanne Charlotte, Markgräfin von Brandenburg-Schwedt, Fürstäbtissin von Herford (1729–1750) [...].“

213 Rainer Pape/Lisa Huchzermeyer: Wertvolles und Verborgenes aus dem Herforder Museum (Freie und Hansestadt Herford; 8). Herford 1991, S. 50.

derstände als Äbtissin eingesetzt. Die seit Jahren verfallende Abtei ließ Johanna Charlotte zu einer kleinen aber repräsentativen Barockresidenz ausbauen. Bis zuletzt hielt sie den Kontakt zum Berliner Hof. Dort residierte die „Markgräfin Philipp“ in ihrem Palais in der Dorotheenstadt.[214]

Interessant ist nun, dass auf dem Rokoko-Porträt nicht, wie der Bildtitel suggeriert, nur eine Person – die Herforder Äbtissin – zu sehen ist; vielmehr sind unübersehbar zwei Menschen abgebildet: Neben Johanna Charlotte ist auf der rechten Seite noch ein afrikanisches Kind dargestellt. Es trägt die am Herforder Hof damals gebräuchliche Livrée, die „hell Caneel- oder Zimtbraun gewesen [ist] mit Silber und schwarzem Unterfutter, item hellblauen Westen und Aufschlägen.“[215] Wer aber ist diese zweite Person? Ist sie nicht ‚der Rede wert‘?

Viele höfische Repräsentationsporträts der Zeit zeugen von der Existenz dunkelhäutiger Diener:innen. Doch diese bleiben Staffage. Im Mittelpunkt steht stets die adelige Standesperson. Kunsthistorisch betrachtet haben wir es mit einem in der Frühen Neuzeit weit verbreiteten Phänomen in der Adelswelt zu tun. Ein Porträt „mit M…“ spiegelte das Standesbewusstsein der Zeit wider. Einen eigenen afrikanischen Diener zu besitzen, möglichst im Kindesalter, gehörte zu den Repräsentationsbedürfnissen und besonderen modischen Erscheinungen an Europas stark auf Vergnügen und Abwechslung ausgerichteten Adelshöfen. Zahlreiche dieser Porträts des 17. und 18. Jahrhunderts degradieren den Diener mit anderer Hautfarbe zum repräsentativen Statussymbol, zum ‚exotischen Beiwerk‘.

Durch den Umstand, dass die Herkunft der in dieser Zeit derart ins Bild gesetzten Menschen häufig nicht bekannt ist, wird ihre dienende Funktion weiter verstärkt. Selbst heute wird die Person z.B. in Museen oder Ausstellungen gar nicht benannt, nicht einmal in der abstrakten Form „N.N. mit M…“. Hier setzt sich mithin ein Strukturprinzip des Kolonialismus bis in die Gegenwart ganz konkret fort. Beim Betrachten des Gemäldes wird die Person negiert, als wäre sie kein konkreter Mensch, keine fassbare Persönlichkeit, sondern lediglich ein anonym bleibendes dekoratives Element zur Hervorhebung einer ins Zentrum

---

214 Heinrich Schulz: Johanna Charlotte Markgräfin von Brandenburg-Schwedt. Äbtissin des Reichsstifts Herford (1729–1750). In: Herforder Jahrbuch 1, 1960, S. 35–58; Johannes Schultze: Die Mark Brandenburg. 5: Von 1648 bis zu ihrer Auflösung und dem Ende ihrer Institutionen. Berlin 1969, S. 57 f.; Thorsten Heese: Mit Schulterband und Schleife „… zum Lustre Unsers Stifts …“ Ehre, Eitelkeiten und Intrigen im Zeichen des Herforder Damenstiftsordens. In: Historisches Jahrbuch für den Kreis Herford 2, 1994, S. 65–100; hier S. 69.

215 Zeitgenössischer Bericht von 1750. Zit. nach: Schulz 1960, S. 56.

Abb. 25: Doppelporträt. Öl/Leinwand, gerahmt, undatiert und unsigniert, um 1740
© Daniel-Pöppelmann-Haus, Städtisches Museum Herford: 92/91

gerückten Adelsperson; ein – auch im Bild noch – dienendes Accessoire. Und noch mehr: Adelige ließen sich nicht zuletzt auch deshalb gerne gemeinsam mit dunkelhäutigen Diener:innen abbilden, weil der Kontrast vom – durch das Pudern noch künstlich hervorgehobenen – Weiß der adeligen Person und dem Schwarz der Afrikaner:innen den privilegierten Müßiggang des Adels gegenüber der sonnenverbrannten, arbeitenden Landbevölkerung veranschaulichte.[216] Das ‚Weißsein' zeigt sich hier als eine soziale Kategorie mit doppelter, nach außen abgrenzender wie nach innen einbindender Wirkung.[217]

Zurück ins Herford des 18. Jahrhunderts. Ein Blick in den Hausstand der drittletzten Äbtissin verdeutlicht, dass einerseits ihre Hofhaltung kaum etwas von dem vermissen ließ, was in adeligen Kreisen erwartet wurde.[218] Und andererseits, dass sie aktiver Teil der auf Exotik ausgerichteten privilegierten Adelswelt war. Als Europa – aus eurozentrischer Perspektive – für sich die Erde entdeckte, wurde das „Andere", „Fremde" und „Faszinierende" gesammelt und damit zugleich vereinnahmt. Das veranschaulicht auch die Gemäldesammlung Johanna Charlottes. Sie hinterließ allein 500 „Schildereyen und Portraits"[219], darunter Gemälde von Malern wie Jean Antoine Watteau (1684–1721) oder dem für seine Phantasielandschaften mit exotischen Tieren bekannten Niederländer Roelant Savery (1576–1639). Dessen „perspectivische Landschaft [...] mit allerhand Thieren Bäumen und Feder Vieh" war mit allein 200 Reichstalern Taxe das wertvollste Einzelstück ihrer Sammlung.[220]

Dem Zeitgeschmack gemäß findet sich zudem eine Vielzahl Bilder mit exotischem Flair, die etwas von den Phantasien über ein fernab der eigenen Realität gelegenes irdisches Paradies verraten. Ein „Caminstücke mit 2. Affen" findet sich da oder ein Türstück „mit Indianischen Sperlingen". Ob afrikanische Vögel, Affen mit Papageien oder Tauben mit Blumenkorb[221] – die Vielfalt und Farbigkeit solcher Bildwerke diente dem Adel als Protest gegen das aus ihrer Perspektive gleichmacherische Schwarz-Weiß des durch Renaissance und Humanismus geprägten Bürgertums. In Abgrenzung zur bürgerlichen Sparsamkeit wurde stattdessen bewusst adelige Verschwendungssucht demonstriert.

In diesen Kontext gehören auch mehrere Darstellungen von Afrikaner:innen.

---

216 Peter Martin: Schwarze Teufel, edle Mohren. Hamburg 1993, S. 101 f.

217 Wulf D. Hund: Wie die Deutschen weiß wurden. Kleine (Heimat)Geschichte des Rassismus. Stuttgart 2017, S. 22.

218 GStA PK, Rep. 36, Nr. 92; Schulz 1960, S. 56 ff.

219 GStA PK, Rep. 36, Nr. 92, Bl. 134–168.

220 Ebd., Bl. 150.

221 Ebd., Bl. 139, Nr. 80 u. 81; Bl. 140, Nr. 100; Bl. 141, Nr. 109, 114 u. 111.

Auf „ein Türstück mit einer Mohrin“ folgen weitere Supraporten[222], eines „mit eine[m] Papagey“, ein anderes „mit ein[em] Mohrenkind“ usw.[223] Auch wenn sich gegen Ende der Religionskriege im 17. Jahrhundert das Bild des kultivierten M… allmählich hin zum ‚Wilden‘ zu verändern begann, wirkte doch an den Höfen und in der Malerei die alte Assoziation der von Gott mit einem paradiesischen Leben, Genuss und Wohlleben beschenkten ‚edlen Wilden‘ noch nach.[224] Trotzdem verrät eine Komposition wie „Mohr Hund und Federvieh“[225], dass die abgebildeten Menschen mit der anderen Hautfarbe vorrangig dekorativen Charakter hatten, ebenso wie „grün und rohte Papageyen“, „Hahn und Huhn und 2. Meerschweinigen“ oder die „Affen Gesellschaft“.[226] Auch sie waren vor allem ‚bunte Farbtupfer‘, da ihr Anblick für europäische Augen – und die blickten auf diese Gemälde – immer noch ungewohnt war. Gleich den Paradiesvögeln wurden sie gegen das Bürgertum instrumentalisiert; kunstvoll ausstaffiert, erweiterten sie gewissermaßen den majestätischen Ornat, unterstrichen Reichtum, Macht und Einfluss des Adels.[227]

Äbtissin Johanna Charlotte machte hier keine Ausnahme. Sie umgab sich in ihrer Gemäldesammlung nicht nur mit entsprechenden Bildnissen, darunter das Porträt „Fräulein von Cornberg mit einem Mohren“[228], sondern sie ließ sich selbst gleich mehrfach in dieser Form porträtieren. Auf einem Gemälde der Äbtissin, das sich in einer niederländischen Sammlung befindet[229], sitzt sie, ähnlich wie auf dem Herforder Bild, als Symbol der trauerenden Witwe mit dem rechten Ellbogen auf ein großes Samtkissen gestützt und ist umgeben von Hunden, Vögeln und einem afrikanischen Diener. Dieser reicht ihr etwas Obst, was die Äbtissin allerdings nicht zu beachten scheint. Sie blickt vielmehr entrückt über ihn hinweg, erwidert den Kontakt nicht; auch hier bleibt der Afrikaner Staffage.

---

222 Supraporte/Türstück: ein oberhalb einer Tür bemaltes Feld oder angebrachtes Gemälde.

223 GStA PK, Rep. 36, Nr. 92, Bl. 140, Nr. 94–96.

224 Martin 1993, S. 85 u. 81.

225 GStA PK, Rep. 36, Nr. 92, Bl. 140, Nr. 101.

226 Ebd., Bl. 142, Nr. 129 u. 136; Bl. 153, Nr. 270.

227 Martin 1993, S. 106 u. 109.

228 Ein „Kind mit einem Mohren und Hund“; sowie „Fräulein von Cornberg mit einem Mohren“; GStA PK, Rep. 36, Königliches Haus-Archiv Schwedt, Nr. 92, Bl. 141, Nr. 119 und Bl. 157, Nr. 330.

229 Porträt Johanna Charlotte [mit M…]; Sammlung von Aldenburg-Bentinck, Kasteel Middachten, de Steeg, Kat-Nr. 195; Öl auf Leinwand; 313,5 x 220,5 cm; Fotonegativ: Iconographisch Bureau, den Haag, Nr. C.5416; eine Fotografie existiert im Herforder Museum: DPH, Kat.-Nr. VI, Nr. 120/1966.

Kunsthistorisch betrachtet, trägt das Bild, das zwischen 1720 und 1730 entstand und wahrscheinlich eine eigenhändige Arbeit des Berliner Hofmalers Antoine Pesne (1683–1757)[230] ist, noch die Züge einer eher zurückhaltenden, allenfalls indirekt arbeitenden Visualisierung persönlicher Wesensmerkmale in adeligen Porträts.

Verglichen mit dieser Distanz ist das Herforder Doppelporträt, bei dem die linke Hand der mit auffallend jugendlichen Zügen gemalten Äbtissin sehr intim auf der Schulter ihres jungen Dieners ruht, geradezu sensationell.[231] Dieser Typus einer privaten Geste geht über die damals gewöhnlichen Konventionen der Porträtmalerei weit hinaus. Porträts mit derart intimem Charakter finden sich in Deutschland, besonders im preußischen Einflussbereich, nicht vor der zweiten Hälfte der 1730er Jahre. Zu dieser Zeit, im Jahre 1736, zog der preußische Kronprinz und spätere König Friedrich II. von Preußen mit seinem Hofstaat in die Residenz Rheinsberg. Hier, im Umfeld eines ungestörten Hoflebens, nahm das friderizianische Rokoko seinen Anfang und gelangte nach dem Regierungsantritt Friedrichs im Jahre 1740 zur raschen Blüte. Inspiriert durch das Heitere und Unbeschwerte der „Fêtes galantes"-Kunst der französischen Maler Jean Antoine Watteau und Nicolas Lancret (1690–1743), entwickelte sich auch in der Porträtkunst eine leichtere Malweise, die den eher steifen Charakter der adeligen Porträts auflockerte und Raum für das Private öffnete.[232]

Zwar lässt sich die beschriebene Geste, die die beiden Personen künstlerisch miteinander verbindet, auch als besitzergreifender Akt der Herrin gegenüber ihrem Diener lesen. Jedoch ist sie hier weit dezenter, als dies etwa im Porträt der Laura dei Dianti von Tiziano Vecellio (um 1488/90–1576) aus den 1520er Jahre der Fall ist. Diese fasst mit unverkennbarem Habitus von oben auf die Schulter ihres afrikanischen Dieners, der sie von unten anschaut.[233] Dagegen wirkt die Gebärde Johanna Charlottes mit gespreizten Finger fasst spielerisch. Ob da-

---

230 Auskunft Gerd Bartoschek, Potsdam.

231 Erst viel später, in den 1750er Jahren, taucht bei Pesne mit dem Porträt der Karoline Henriette Landgräfin von Hessen-Darmstadt eine vergleichbare Darstellung auf: H[elmut] Börsch-Supan: Der Maler Antoine Pesne. Franzose und Preuße. Friedberg 1986, S. 141, Abb. 106.

232 Ebd., S. 19; Helmut Börsch-Supan: Die Gemälde Antoine Pesnes in den Berliner Schlössern (Aus Berliner Schlössern. Kleine Schriften; 7). Berlin 1982, S. 7; Auskunft Gerd Bartoschek, Potsdam.

233 Sammlung Heinz Kisters, Öl auf Leinwand, auf Schmuckband des rechten Ärmels bezeichnet „TICIANUS F[ECIT]", 1520er Jahre, 118 x 93,4 cm; abgebildet in: Stadt Osnabrück (Hg.): Christina, Königin von Schweden. 2. Aufl. Bramsche 1998, S. 76–78.

mit eine engere, persönliche Beziehung zwischen Johanna Charlotte und dem dargestellten Jungen angedeutet werden soll, etwa im Sinne einer mütterlichen Geste, bleibt Spekulation.[234]

Im Gegensatz zu vielen anderen Beispielen haben wir in unserem Fall das Glück, dass sich der abgebildete Junge tatsächlich identifizieren lässt. Im Testament der am 31. März 1750 verstorbenen Äbtissin ist er in der Auflistung ihrer 44köpfigen Dienerschaft unter Nr. 15 aufgeführt: „Der Mohr, Leopold".[235] „Leopold" ist damals 23 Jahre alt, mithin 1727 geboren und seit 16 Jahren in ihren Diensten. Als M... ist er eindeutig ein Afrikaner gewesen. Bezeichnenderweise ist die Rubrik „Vaterland" in der Personalliste bei allen anderen ausgefüllt. Nur bei „Leopold" ist die Herkunft ein ‚blinder Fleck'. Das verwundert kaum, denn er dürfte im Zuge des kolonialen Dreieckhandels als Sklave aus Afrika verschleppt, als Handelsgut nach Europa gebracht und von dort weiterverkauft worden sein.

Einen M... zu besitzen, war bereits im Mittelalter ein Ausweis für Macht und privilegierten Genuss und gehörte spätestens seit dem 17. Jahrhundert zum ‚guten Ton' unter Standespersonen. Wer etwas auf sich hielt, besaß in seiner Dienerschaft mindestens einen M... Während sich einige Höfe ihrer Größe entsprechend mehrere – vorwiegend männliche – M... leisten konnten, fehlten kleineren Hofstaaten die Mittel, um entsprechend mitzuhalten.[236] Zu den besonderen Auswahlkriterien gehörte es, dass die importierten Afrikaner:innen „von guter Leibesdisposition und Gesicht"[237] waren. Fast noch wichtiger war aber ihr Alter. Erwachsene wurden kaum nachgefragt. Auf der Suche nach einer Art ‚menschlichem Schoßhündchen' verlangte es ihre Käufer:innen gerade nach dem Niedlich-Naiven eines Kindes. Auch „Leopold" war 1734 als Siebenjähriger an den Herforder Hof gekommen. Wie viel Johanna Charlotte für ihn bezahlt hat, ist nicht überliefert. Die Kosten schwankten um 1700 etwa zwischen 50 und 100 Reichstalern.[238] Sicher ist, dass es sich um beachtliche Summen

234 Der Junge hält in seiner rechten Hand einen Griffel. Das könnte ein Hinweis darauf sein, dass er das Schreiben erlernt hat; auf seine „solide Bildung" verweist auch Heinrich Jobst Graf von Wintzingerode: Schwierige Prinzen. Die Markgrafen von Brandenburg-Schwedt (Veröffentlichungen des Brandenburgischen Landeshauptarchivs; 62). Berlin 2011, S. 224.

235 GStA PK, Rep. 36, Nr. 87, Bl. 11–12, Nr. 15; siehe auch im Folgenden ebd.; s.a. Martin 1993, S. 129.

236 Martin 1993, S. 41, 49 u. 147.

237 Georg Christian Herzog von Friesland an Oberrentmeister Brenneysen v. 14.9.1663. Zit. nach: Martin 1993, S. 104.

238 Martin 1993, S. 131.

handelte, die nicht jedermann aufbringen konnte, wodurch die Exklusivität des Prestigeobjekts weitgehend garantiert war.

„Leopold“ ist die gelehrte Form für „Liut-bald“ (Liutpold, Lupold) und steht für „im Volke kühn“.[239] Wie kam er zu einem Namen, der eindeutig nicht afrikanischer Herkunft ist? In der christlich geprägten Welt Johanna Charlottes wäre es undenkbar gewesen, den ‚heidnischen Import‘ in seinem ursprünglichen – oder gar keinem – Glauben zu belassen. Stattdessen galt es als Werk christlicher Nächstenliebe, durch die christliche Taufe eine Seele vor dem sicheren Tod zu bewahren. So erhielt auch „Leopold“ seinen – neuen – Namen. Vollständig lautete dieser „Leopold Carl Heinrich Marggraff“. Die Vornamen verweisen vermutlich auf seine Taufpat:innen: Leopold I. von Anhalt-Dessau (1676–1747), hoher Offizier der preußischen Armee und als „Alter Dessauer“ bekannt, war der Bruder Johanna Charlottes. Carl bezieht sich wohl auf sie selbst (Carl nach Charlotte) und Heinrich auf ihren jüngeren Sohn Heinrich Friedrich. Schließlich bildet Marggraf das Surrogat für den Titel der Äbtissin als verwitwete Marggräfin von Brandenburg-Schwedt.[240]

„Nicht Sklaven, nicht frei“[241] – formalrechtlich besaßen M... einen merkwürdig zwitterhaften Status. Als Sklav:innen angekommen, wurden sie, einmal getauft, als Christ:in offensichtlich in der Regel von ihrer Herrschaft freigegeben. Wie jeder andere Bedienstete wurde auch „Leopold“ entlohnt. Er konnte sich demnach wie ein freier Untertan fühlen und genoss wie andere M... noch Vorzüge vor anderen Mitgliedern der höfischen Dienerschaft; man denke an „Leopolds“ freie Verpflegung. Entwuchsen die M... allerdings den Kinderschuhen, mussten sie nicht selten die unmittelbare Nähe ihrer Herrschaft verlassen. In jedem Fall waren die M... stets von der Gunst, die ihnen entgegengebracht wurde, abhängig. Da sie als ‚Waisen‘ ohne Familie dastanden, hatten sie auch keine anderen Bezugspersonen. Ohne das Wohlwollen und die Protektion einer Herrschaft waren sie letztendlich der Willkür ausgesetzt.

Wie glücklich oder unglücklich M... wie „Leopold“ mit ihrer Situation waren, lässt sich nur in seltenen Fällen sagen, da dafür in der Regel die Quellen fehlen. Sehr vorsichtig gesprochen kann davon ausgegangen werden, dass sie weitgehend in ihr soziales Umfeld integriert waren, solange sie ihre Anstellung hatten, d.h. solange sie protegiert wurden. Ohne Arbeit waren sie dagegen re-

239 Hans Bahlow: Deutsches Namenslexikon. Familien- und Vornamen nach Ursprung und Sinn erklärt. München 1967, S. 313.

240 Wintzingerode 2011, S. 223.

241 Martin, 1993, S. 129; siehe auch im Folgenden ebd. S. 136 f.

lativ wehrlos. Nur wenige wurden älter als 30 Jahre. Vereinzelt sind Fälle von psychischer Belastung und Wahnvorstellungen bis hin zu Selbstmord bekannt geworden.[242] Ihre ursprüngliche Herkunft mussten sie eintauschen gegen eine neue Umgebung, in die sie unfreiwillig hineingedrängt wurden – auch wenn es ihnen dabei nicht zwangsläufig schlecht gehen musste. Die grotesk anmutende Uniform „Leopolds" ist Sinnbild dafür.

Als Hofm... musste „Leopold" ständig verfügbar sein und konnte die Herforder Abtei daher nur selten verlassen. Hofm... waren so etwas wie ein ‚lebendiges Spielzeug', wurden meist mit niederen Tätigkeiten betraut und fanden sich daher in den Gehaltslisten eher im unteren Drittel wieder, wobei allerdings besondere Zuwendungen nicht berücksichtigt sind.[243] Gleiches traf auf „Leopolds" Verdienst zu. Die Spanne zwischen dem Kellerburschen Bröcker und dem Kammerjunker von Beesten reichte von jährlich 8 bis 300 Taler. An reinem Gehalt verdienten 27 Bedienstete mehr, 16 weniger als „Leopold". Neben seinen 60 Talern Jahressalär besaß er noch das Recht auf „Freyen Tisch."[244] Gemeinhin hing auch die Entlohnung der M... von der Größe des Hofes ab; insgesamt wurden die Gehälter aber willkürlich festgelegt. Letztendlich gab das Wohlwollen des Herrn oder der Herrin den Ausschlag.[245] Wenn „Leopold" bei Johanna Charlotte auch kein Spitzenverdiener wie von Beesten geworden ist, so bot ihm die Summe von 60 Reichstalern doch ein sichereres Auskommen, als es manch einheimischer Untertan besaß. Verbunden mit dem Privileg der freien Verpflegung spricht dies für eine gutes Verhältnis zwischen der Äbtissin und „Leopold", zumal der Sohn der Äbtissin, Friedrich Wilhelm von Brandenburg-Schwedt (1700–1771), nach ihrem Tod „Leopolds" Verdienst mit „Movaise Marchandise ordinairemen"[246] kommentierte, was auf seine eher überdurchschnittliche Entlohnung als Hofm... hindeutet.

Auch über ihren Tod hinaus sorgte die Äbtissin für ihre Bediensteten, deren Gehälter durch ihre testamentarische Verfügung eineinhalb Jahre lang fortgezahlt werden sollten. Weitere Legate wurden verfügt, darunter für „Leopold" 100 Taler. Das deckt sich grundsätzlich mit dem Eindruck, dass Johanna Charlotte dem jungen Mann eine sichere wirtschaftliche Existenz ermöglicht hat. Von anderen Hofm... vermutet man, dass diese ihre reiche Ausstattung, die

---

242 Ebd., S. 178 u. 154 ff.
243 Ebd., S. 148 u. 138.
244 GStA PK, Rep. 36, Nr. 87, Bl. 12.
245 Martin 1993, S. 140.
246 GStA PK, Rep. 36, Nr. 87, Bl. 11–12; Nr. 17.

zunächst einmal der adeligen Herrschaft selbst zugute kam – mit ihrer reichen Ausstaffierung hoben die Herrschaften den eigenen Reichtum hervor –, mitunter behalten durften bzw. nach dem Tod vererbt bekamen.[247]

Nach dem Tod Johanna Charlottes verließ „Leopold“ Herford und ging zunächst nach Dessau, um anschließend von dort an den Hof ihres Sohnes Friedrich Wilhelm in Schwedt zu wechseln. Dort wurde er Kammerm... der Markgräfin Sophia Dorothea Marie (1719–1765).[248] Sein Versuch, die nicht folgenlos gebliebene Herforder Liaison mit dem Garderobenmädchen – gemeint ist vermutlich die Vorgängerin des sich seit 1749 in Diensten der Äbtissin befindenden „Garderob Mädgen Schrödern“ aus Bielefeld (*1731)[249] – durch eine Heirat zu legitimieren[250], scheiterte an dem Widerspruch des Markgrafen mit der Begründung: „Da meine Sehlige Muhter es nicht genehmiget und zu geben wollen[,] will ich es nicht willigen“.[251] Gleichwohl wurde das gezeugte Kind ebenfalls an den Hof in Schwedt geholt. Es ist auf einem Gemälde mit den Kindern des Markgrafen Friedrich Wilhelm aus der Zeit kurz nach 1750 verewigt.[252] Hierin sind eventuell Anfänge einer Art ‚Kammerm...-Dynastie‘ zu erkennen.

Die Geschichte des M... „Leopold“ ist kein Einzelfall. Schon weitere Forschungen zur Herforder Abtei zeigen, dass es Vorgänger und Nachfolger gab. Bereits Johanna Charlottes Amtsvorgängerin, Charlotte Sophie, Herzogin von Livland, Kurland und Semgallen (1688–1728), notierte in ihrem im Februar/März 1728 aufgesetzten Testament: „Dem zu Tübingen anjetzo sich aufhaltenden Mohren Carol von Comanni sollen seine rückständige und fällige beneficien gelder bezahlet

---

247 So angeblich Angelo Soliman, ursprünglich Mmadi-Make genannt (ca. 1721–1796), M... des Fürsten Wenzel von Lichtenstein; Martin 1993, S. 139.

248 Wintzingerode 2011, S. 223 u. 228.

249 GStA PK, Rep. 36, Nr. 87, Bl. 11–12, Nr. 15.

250 „[...] daß mich in das damalige Garde de Robes Mädgen verliebet, auch solche beschwängert und einen jungen Mohr mit derselben erzeiget, welches mir anjetzo in meinem Gewißen große Schmertzen verursachet, wen ich diese Persohn mit dem Kinde, ungetraut verlaßen sollte, weil selbige von guter Familie, und gute existerier ist, So habe Ew. Königl. Hoheit hiermit allerunterthänigst und fußfällig ersuchen sollen, die Allergnädigste Permission zur Copulation zu ertheilen.“ GStAPK, Rep. 36, Königliches Haus-Archiv Schwedt, Nr. 73, Schr. Leopold Marggraf an Markgraf Friedrich Wilhelm von Brandenburg-Schwedt, Dessau, 24.6.1750. Zit. nach: Wintzingerode 2011, S. 224.

251 Markgraf Friedrich Wilhelm von Brandenburg-Schwedt. Zit. nach: Wintzingerode 2011, S. 224.

252 Ebd.

werden".[253] Zudem waren „Dem Mohren Cyprian fünffzig Thaler" auszuhändigen. Mehr erfahren wir nicht. War Carl von Comanni der Vorgänger Cyprians als Hofm...? Dafür könnte sein Wechsel nach Tübingen sprechen. Oder gehörten die beiden sogar zeitweise gleichzeitig dem Hofstaat der Äbtissin an? Auch Johanna Charlottes Nachfolgerin Hedwig Sophie Auguste von Schleswig-Holstein-Gottorp (1750–1764) wurde 1752 Patin der kleinen Hedwig Sophie Auguste André; deren Vater war ebenfalls M....[254] Ähnlich Familiäres wissen wir über den „Mohren Wilhelm"[255], der am Hofe der letzten Herforder Äbtissin Friederike Charlotte Leopoldine Louise von Brandenburg-Schwedt (1764–1808), einer Enkelin Johanna Charlottes, lebte. In einer Aufstellung vom April 1798 wird erwähnt, dass diese der „Witwe des Mohren Wilhelm monatlich 4 [Reichstaler], mithin jährlich 48 [Reichstaler]" Pension zahlte. Heirat und geregelte Witwenversorgung sprechen – abgesehen von der erzwungenen Einwanderung und Assimilierung – für eine wenig von der Norm der übrigen Hofbediensteten abweichende Lebensführung.

Beispiele wie die Geschichte von „Leopold" belegen, dass es sich auch in anderen Fällen durchaus lohnt, nach Hinweisen auf die Geschichte und Lebensverhältnisse von verschleppten Afrikaner:innen der Epoche zu recherchieren. Anders als bei den im Zuge des sog. Dreieckshandels zwischen Europa, Afrika und Amerika bis ins 19. Jahrhundert geschätzten 11–15 Millionen zwangsdeportierten Arbeitssklav:innen für die Plantagenarbeit[256] besteht bei Hof- und Kammerm... grundsätzlich noch eher eine Chance, in Archiven fündig zu werden. Einzelne Biografien wie die von „Leopold" der Anonymität zu entreißen, bedeutet konkrete Vergleichsbeispiele zu schaffen, die es gestatten, sich eine bessere Vorstellung von der Dimension des Gesamtphänomens Kolonialismus zu machen.

---

253 GStA PK, Rep. 34, Nr. 98 a 3, Wahl der Äbtissin, Paket 11929, 1729, Auszug aus dem Testament der Äbtissin Charlotte Sophie vom 23.2./9.3.1728; siehe auch im Folgenden ebd.

254 Harald Schieckel: Die Patenkinder der Prinzessin Hedwig Sophie Auguste von Holstein-Gottorp j. L., Pröpstin zu Quedlinburg und Äbtissin von Herford, aus den Jahren 1719 bis 1764. Ein Beitrag zur Namensgebung bei fürstlichen Patenschaften und zur Verbreitung des Namens August(e). In: Herforder Jahrbuch 9, 1968, S. 68–74; hier S. 71.

255 GStA PK, Rep. 34, Nr. 98 a 1, Angelegenheiten des Stifts und der Äbtissin, Paket 11919, 1741–1806, Inventar des Allodial-Vermögens und des Fideicommis-Vermögens der Äbtissin Friederike Charlotte Leopoldine Louise, Prinzessin von Brandenburg-Schwedt vom 20.4.1798, Titel XXIV: Pensionen, Nr. 59; siehe auch im Folgenden ebd.

256 Christian Geulen: Geschichte des Rassismus (Bundeszentrale für politische Bildung, Schriftenreihe; 677). Bonn 2007, S. 39.

Vielleicht ging es Kammerm… wie „Leopold“ im Einzelfall nicht schlecht. Wie wir gesehen haben, war dieser versorgt, er konnte sich verlieben, ein Kind zeugen, erben und den Wohnort wechseln.[257] Sicher lebte er sogar privilegierter und komfortabler als manch Leibeigener oder Heuerling.[258] Das ändert jedoch nichts an dem grundsätzlichen Problem einer strukturellen Ungerechtigkeit und Ungleichheit, deren inhumane Akte nicht hinterfragt wurden. Genau diese aber müssen heute sichtbar gemacht werden, um ihre über Jahrhunderte reichende Wirkung wahrnehmen und beenden zu können. M… wurden verschleppt, verkauft und verschenkt, waren also mehr Objekte als Subjekte. Die vermeintliche Normalität[259] hatte auch Kehrseiten. Sie setzte die christliche Taufe voraus; M… wurden sehr wohl anders als „Landes Eingeborene“[260] wahrgenommen; ihnen Wohlgesonnene mussten sich mitunter sorgen, dass ihr Schützlinge „in gute Hände komme[n] und nicht aus[ge]schimpft“[261] wurden. Am Ende war es häufig genug nur ein wohlwollendes Tolerieren ‚von oben‘; „wenn es auch Negros“[262] waren, so bedienten sich ihre Herrschaften doch ihrer, solange sie von Nutzen waren. „Leopolds“ Welt war daher höchstens äußerlich ‚normal‘.

***

Diese historischen Facetten nicht zu ignorieren, signalisiert die Bereitschaft, zur Selbsterkenntnis die Perspektive zu wechseln. Symbolisch formuliert bedeutet der veränderte Blickwinkel im Falle des besprochenen Gemäldes, dieses nicht wie gewohnt von links nach rechts zu lesen, sondern von rechts nach links. Dann lautet der Titel nicht mehr „Äbtissin mit M…“ sondern „Leopold Carl Heinrich Marggraff mit Johanna Charlotte Äbtissin von Herford“. Wie gesehen, erfahren wir in „Leopolds“ Fall noch relativ viel über diesen Menschen und sein Schicksal. Wir können ihn aus der zu lange völlig selbstverständlichen Anonymität – Gemälde „Äbtissin Johanna Charlotte“ resp. „Äbtissin mit M…“ – etwas befreien. Was wir allerdings mit großer Wahrscheinlichkeit auch in Zukunft nicht

---

257 Zum allgemeinen gesellschaftlichen Status von M… vgl. exemplarisch die Langzeitstudie von Ingeborg Kittel: Mohren als Hofbediente und Soldaten im Herzogtum Braunschweig-Wolfenbüttel. In: Braunschweigisches Jahrbuch 46, 1965, S. 78–103.

258 Als herausragendes Beispiel für mögliche erfolgreiche Lebensläufe steht der Aufklärungsphilosoph und Universitätsprofessor Anton Wilhelm Amo (um 1703–nach 1753/1784?); Martin 1993, S. 308–327.

259 Vgl. etwa die Darstellung von Wintzingerode 2011, S. 224, „daß ein getaufter ‚Mohr‘ damals in keiner Weise anders behandelt wurde als Einheimische.“

260 NLA W, 2 c Alt Suppl. VI Nr. 1958 (1766). Zit. nach: Kittel 1965, S. 91.

261 Stadtarchiv Braunschweig, H V Nr. 234 (um 1760). Zit. nach: Kittel 1965, S. 90.

262 NLA W, 237 N Nr. 100 S. 80 (6. Februar 1782). Zit. nach: Kittel 1965, S. 102.

können, ist, diesem Menschen seine ursprüngliche Herkunft und Identität wieder zurückzugeben. Aber wir können diese Leerstelle immerhin bewusst benennen und damit verdeutlichen, dass Menschen aus Afrika durch den kolonialen Sklavenhandel eines Teils ihrer Identität beraubt worden sind.

Abb. 26: „Leopold Carl Heinrich Marggraff mit Äbtissin". (Ausschnitt)
© Daniel-Pöppelmann-Haus, Städtisches Museum Herford: 92/91

Die Sichtumkehr ist kein Automatismus. Hat der Historiker Heinrich Jobst Graf von Wintzingerode missverstanden, worum es bei der Diskussion um den „richtige[n] Name[n]“[263] geht? Er schreibt, bei der Fürstäbtissin habe „Leopold“ „einen richtigen bürgerlichen Namen erhalten, er hieß nämlich Leopold Carl Heinrich Marggraf“.[264] Natürlich ist das ein Name; aber eben nur ein zweiter, ‚künstlicher‘, einem anderen kulturellen Kontext entspringender. Mit seinem neuen Namen „Leopold Carl Heinrich Marggraff“ erhielt der Junge aus Afrika eine ‚europäische‘ Identität, die seine zuvor bestehende überschrieben hat. Das nicht klar zu benennen, bedeutet, „Leopold“ in der Retrospektive erneut ein Stück seiner Identität zu nehmen. Es leugnet den kolonialen Kontext, der es erst ermöglichte, Menschen wie „Leopold“ gewaltsam nach Europa zu verfrachten und sie dort gegen ihren Willen in eine ihnen fremde Gesellschaft zu implementieren. Das Gesellschaftssystem erlaubte es ihnen nur in Ausnahmefällen, selbstbestimmt Entscheidungen zu treffen. „Leopold“ wurde zwar nicht daran gehindert, sich zu verlieben und Kinder zu zeugen. Doch sein Wunsch, die geschwängerte Freundin zu heiraten, um ihre Ehre zu retten, wurde nicht erfüllt. Mit seinem Skrupel, der ihm „anjetzo in meinem Gewißen große Schmerzen verursachet, wen ich diese Persohn mit dem Kinde, ungetraut verlaßen solte“[265], wurde er allein gelassen. Er besaß nicht die Mittel, seinen Willen gegen die bestehenden Konventionen der ständischen Gesellschaft und die Macht seiner Herr:innen durchzusetzen.

Die post-koloniale Debatte bemüht sich, durch Erkenntnis die historisch entstandenen Hindernisse aus dem Weg zu räumen, um in eine unterschiedliche Menschen verbindende gesellschaftliche Zukunft blicken zu können. Es geht nicht um ein ‚weißes mea culpa‘, sondern um das Wahrnehmen langfristiger Prägungen, die uns nicht immer bewusst sind. Auf dem zu beschreitenden Weg nach ‚Utopia‘ geht es vor allem um eine Dekolonisierung des Bewusstseins. Es geht um den Respekt gegenüber anderen Sichtweisen und Wahrnehmungen, insbesondere, wenn wir es mit lange wirkenden Verletzungen zu tun haben. Es geht um das Zulassen von Würde – auch und gerade posthum. Das ist die Grundlage, um bewusst in eine neue gemeinsame Zukunft blicken zu können. Nur der Respekt vor der Menschenwürde jeder:s Einzelnen bringt uns alle näher

---

263 Thorsten Heese: Von Mohren und Menschen. Der afrikanische Diener der Äbtissin Johanna Charlotte. In: Historisches Jahrbuch für den Kreis Herford 5, 1997, S. 67–78; hier S. 72.

264 Wintzingerode 2011, S. 223.

265 GStA PK, Rep. 36, Nr. 73, Schr. Leopold Marggraf an Markgraf Friedrich Wilhelm von Brandenburg-Schwedt, Dessau, 24.6.1750. Zit. nach: Wintzingerode 2011, S. 224.

zusammen. Die Reise nach ‚Utopia' ist ein Prozess, der ab- und ausgrenzender Angst Mut und Vertrauen entgegensetzt; der mit produktiver Arbeit verbunden ist, mit Zuhören und Erkenntnis. Er benötigt Geduld und die Bereitschaft zu Trauer, lebt von Solidarität und macht am Ende Lust auf mehr Menschlichkeit. Das alles kann eigentlich nicht so verkehrt sein.

6.3 Auswanderung nach Amerika

Migrationsgeschichte scheint wider alle Realität immer noch eine Nebenform der Geschichte zu sein. Dabei ist Migration eine anthropologische Konstante. Sie „bildet seit jeher ein zentrales Element der Anpassung des Menschen an Umweltbedingungen und gesellschaftliche Herausforderungen."[266] Dass Menschen wandern, dass sie losgehen und ankommen, ist historisch betrachtet der ‚Normalfall'. Auslöser von Wanderungsprozessen können verschiedenste wirtschaftliche, politische, religiöse, umweltbedingte oder persönliche Faktoren am Herkunfts- oder Zielort sein. In diesem Sinne ist Osnabrück eine „Stadt mit Migrationshintergrund".[267]

Die erste Siedlung ist an einer Stelle entstanden, an dem sich seit Jahrtausenden zwei wichtige Verkehrs- und Handelswege kreuzen. Über die Jahrhunderte waren viele Osnabrücker:innen in ganz Europa auf Reisen: Nach ihrer Gesellenprüfung gingen Handwerker gewöhnlich auf Wanderschaft. Im Handwerk entsprach es der Tradition, im Anschluss an die Lehrzeit über mehrere Jahre in die Fremde zu ziehen und hier und da eine Arbeit anzunehmen. Gerade Kunsthandwerksgesellen legten meist sehr weite Strecken zurück und begaben sich oft auch ins Ausland. Die Wanderjahre dienten dazu, neue Arbeitstechniken in ihrem Handwerk kennen zu lernen und generell Lebenserfahrung zu sammeln. Studenten ließen sich in Universitätsstädten zu Theologen, Juristen und Medizinern ausbilden. Mönche suchten andere Klöster auf. Kaufleute betrieben ihre Geschäfte über weitläufige Handelsnetze wie die Hanse. Mit dem ersten protestantischen Bischof Ernst August I. von Braunschweig-Lüneburg kamen italienische Handwerker und Künstler nach Osnabrück, um das neue Residenzschloss zu bauen und auszugestalten. „Hollandgänger" gingen im 18. und 19. Jahrhundert als Saisonarbeiter zum Grasmähen in die Niederlande, um dann bis zur nächsten Saison wieder ins Osnabrücker Land zurückzukehren. Zu

---

266 Jochen Oltmer: Globale Migration. Geschichte und Gegenwart (Schriften der Bundeszentrale für politische Bildung; 1309). Bonn 2012, S. 8.

267 Thorsten Heese: Osnabrück – „Stadt mit Migrationshintergrund". In: ders. (Hg.): Faces of Migration (Edition Sozio-Publishing; 155). Osnabrück-Belm 2016, S. 17–23.

Beginn des 19. Jahrhunderts flohen viele junge Männer vor den französischen Anwerbern, um nicht für Napoleon in den Krieg ziehen zu müssen.

Als erstes größeres Phänomen einer Massenwanderung wird schon bislang gerne über die Auswanderung in die Vereinigten Staaten von Amerika berichtet. Im 19. Jahrhundert war die Bevölkerung im deutschen Raum insgesamt stark in Bewegung. Im Zuge der Industrialisierung zogen die einen vom Land in die Städte und fanden dort Arbeit in den neu entstehenden Fabriken oder beim Eisenbahnbau, sorgten unter schwierigen Arbeitsbedingungen für wirtschaftliches Wachstum. Die anderen wanderten aus. Zwischen 1815 und 1914 verließen 5,5 Millionen Deutsche als ‚Wirtschaftsflüchtlinge' ihre Heimat und suchten in der Fremde eine neue Zukunft. Insbesondere die Heuerleute sahen in der Auswanderung oft ihre letzte Überlebenschance. In der Regel waren die USA das Ziel. Nordamerika nahm in drei großen Auswanderungswellen (1846–1857, 1864–1873 und 1880–1893) 90 Prozent der deutschen transatlantischen Auswanderung auf. Erst das Wirtschaftswachstum der Jahrzehnte vor Ausbruch des Ersten Weltkriegs beendete diese Massenauswanderung.[268]

Osnabrück lag in einem größeren Auswanderungsgebiet, das Südoldenburg, das südliche Emsland, das Osnabrücker und das Tecklenburger Land sowie den Bielefelder Raum umfasst. Manche Gemeinden wurden regelrecht entvölkert. Damme, Zentrum dieser nordwestdeutschen Auswanderungszone, verlor beispielsweise in den Jahren 1828–1890 über 27 Prozent seiner Bevölkerung, das benachbarte Neuenkirchen 40 Prozent. Die Stadt Osnabrück war als wachsender Industriestandort dagegen weniger betroffen.

Das Phänomen der nordamerikanischen Massenemigration kommt anschaulich in der Kladde des Bersenbrücker Auswanderungsagenten Gerhard Heinrich Wehberg (1832–1891) zum Ausdruck.[269] Wehberg vermittelte über die Bremer „Schiffs- und Passagierexpedition Lüdering & Co." Passagen nach Baltimore, New York und New Orleans. In seiner Kladde registrierte der Kaufmann die Daten aller vermittelten Emigrant:innen. Die wiederkehrenden Namen zeigen, dass neben Einzelpersonen häufig ganze Familien auswanderten.

---

268 Zu Osnabrück und der nordwestdeutschen Überseeauswanderung nach Amerika siehe Jochen Oltmer: Migration vom 19. bis zum 21. Jahrhundert (Enzyklopädie deutscher Geschichte; 86). 3. Aufl. Berlin-Boston 2016, S. 15 u. 32.

269 Kladde des Auswanderungsagenten Gerhard Heinrich Wehberg. Kontobuch, paginiert, handschriftlich geführt, Bersenbrück, 1865–1893, Museumsquartier Osnabrück: L 170/1; Benjamin Schöttner-Ubozak: Vom Osnabrücker Land in die „Neue Welt". Ein Kontobuch als historische Quelle der deutschen Nordamerikaauswanderung. In: OM 127, 2022, S. 197–211.

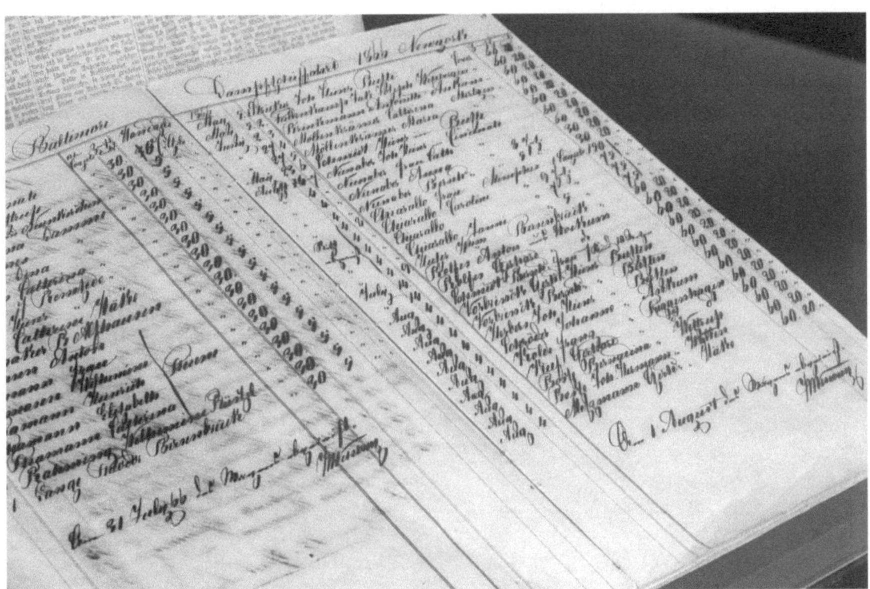

Abb. 27: Mit Segel- bzw. Dampfschiffpassagen Anfang August 1866 nach Baltimore und New York: Kladde des Auswanderungsagenten Wehberg. Kontobuch, paginiert, handschriftlich geführt, Bersenbrück, 1865–1893 © Museumsquartier Osnabrück: L 170/1

In den USA gehören die Deutschen zu den größten Migrationsgruppen. Zwischen 1820 und 1860 stellte die noch in Deutschland geborene Bevölkerung der USA mit rund 30 Prozent nach den Iren die zweitstärkste, bis 1890 sogar die stärkste Einwanderungsgruppe. Städtenamen wie New Bremen/Ohio oder Oldenburg/Indiana, deutsche Kirchen, Stadtteile („Germantown"), Vereine und Zeitungen oder zweisprachige Straßenschilder zeugen bis heute davon. Nicht alle Ausgewanderten blieben in den USA. Schätzungsweise 20 Prozent der emigrierten Deutschen kehrten zurück.

Zu diesem Auswanderungsnarrativ gehört meist nicht, dass – schon seit der sog. Entdeckung Amerikas – die indigene Bevölkerung durch die europäische Besiedlung systematisch verdrängt wurde. Eingeschleppte Seuchen und Krankheiten, die in Amerika unbekannt waren, dezimierten die Indigenen zusätzlich. Für die Ursprungsbevölkerung bedeutete die Einwanderung den gewaltsamen Verlust ihrer gewohnten Umwelt und Lebensgrundlagen. Der Genozid an den „First Nations" – an dem sich auch Deutsche beteiligten – kostete ca. 400.000 Menschen das Leben. Der Widerstand in Nordamerika wurde am 29. Dezember 1890 endgültig gebrochen, als 500 Soldaten des 7. Kavallerie-Regimentes während des Massakers am Wounded Knee Creek 200 Kinder, Frauen und Männer der Hunkpapa-Sioux umzingelten und brutal zusammenschossen.[270]

Abb. 28: „Big Foot DEAD ON BATTLE FIELD". Foto vom Leichnam des Sioux-Häuptlings Big Foot nach dem Massaker am Wounded Knee Creek, Januar 1891. Präsentation im Rahmen der Ausstellung „Blutsbrüder. Der Mythos Karl May in Dioramen"
© Museumsquartier Osnabrück. Fotografie: Claudia Dreckstrāter, 2019

Diese Ereignisse ließen sich als glokale Erweiterung des Auswanderungsnarrativs durch entsprechende Exponate kontrastierend mit den stark verankerten Stereotypen des „Wilden Westens" museal gut darstellen, wie etwa 2019 in der Ausstellung „Blutsbrüder. Der Mythos Karl May in Dioramen" im Museumsquartiers Osnabrück geschehen.[271] Es wird damit veranschaulicht, dass Osnabrück über die Amerika-Auswanderung unmittelbar – z.B. durch die Lebensgeschichten der in der Kladde dokumentierten Ausgewanderten – mit der amerikanischen Geschichte in ihren unterschiedlichen Facetten verknüpft ist. Die weitgehende Verdrängung der ursprünglichen amerikanischen Bevölkerung

---

270 Aram Mattioli: Verlorene Welten. Eine Geschichte der Indianer Nordamerikas 1700–1910. Stuttgart 2018, S. 316–320.

271 Andreas Brenne (Hg.): Blutsbrüder. Der Mythos Karl May in Dioramen. Eine Dokumentation der Ausstellung des Museumsquartiers Osnabrück 26. Januar-2. Juni 2019. Bamberg-Radebeul 2022; siehe hier auch im Folgenden besonders S. 74–97.

ist damit zugleich Osnabrücker Geschichte. Denn „Go west!" war auch das Motto so mancher Auswandererfamilien aus der Osnabrücker Region.

Was in der Gegenwart durch die Lektüre von Romanen oder den Konsum von Western-Filmen wie eine weit entfernte abenteuerliche Erzählung wirkt, hängt in Wirklichkeit konkret mit der lokalen Geschichte zusammen. So konkret, wie die originalen Sachzeugnisse, die Händler, Kaufleute oder Seeleute aus der „Neuen Welt" mit nach Europa brachten. Vieles davon gelangte in ethnologische Sammlungen und Museen. Gesammelt wurde nach festen Vorstellungen, wie sie durch Romane und die darin kolportierten Handlungen transportiert wurden: der „weiße Cowboy" mit Hut, Sporen und Sattel; der „rote Indianer" mit Pfeil und Bogen.

Abb. 29: Hut „Stetson". Filz, Hudson Bay Company, Calgary/ Kanada, 1961 © Thorsten Heese

Sattel. Leder, Holz, Salina/Mexiko, um 1860 © Museumsquartier Osnabrück: 4039/100609

Paar Reitersporen. Metall, Mexiko, 19. Jahrhundert © Museumsquartier Osnabrück

Über die Spezialmuseen hinaus lassen sich dazu in vielen örtlichen Museumssammlungen passende Exponate finden. So auch in Osnabrück, wobei hier die Provenienzgeschichte ebenfalls von Interesse ist. Der „Cowboy“ trägt gewöhnlich einen „Stetson“. Der Hut aus Filz mit breiter Krempe, wurde zuerst von Buffalo Bill und später vor allem in Western als klassischer Cowboyhut bekannt. Die John B. Stetson Company in Saint Joseph (Missouri) stellte seit 1865 Damen- und Herrenhüte her. Das Unternehmen wurde von John B. Stetson, dem Erfinder des Cowboyhutes, gegründet. Die Firma war wegen ihrer Cowboyhüte lange Zeit so populär, dass der Name Stetson zum Synonym für das Wahrzeichen der Cowboys und Rancher wurde. Die Form des Stetson wurde vom spanischen Sombrero beeinflusst. Tatsächlich trugen die Cowboys seinerzeit vor allem die billigeren und praktischeren mexikanischen Sombreros.

Der „Cowboy“ reitet ein Pferd und braucht dafür einen Sattel. Der reich verzierte Ledersattel aus dem Osnabrücker Bestand mit Steigbügeln stammt aus Salina in Mexiko und gelangte am 7. März 1927 als Geschenk von „Frau Pastor Thalheim“ ins Museum. Der Sattelknauf ist mit eingeritzter Rosette und Blumenranken verziert, die Gesäßstütze zeigt Blüten- und Blattguirlanden sowie verschiedene Ornamente.

Abb. 30: Jacke eines „Bucks“ (junger Mann). Wildleder, Perlenstickereien, Nordamerika, nördlich-zentrale Plain-Indianer, um 1840 © Museumsquartier Osnabrück: 1778[272]

---

272 Christian Feest (Red.): Indianer. Ureinwohner Nordamerikas. Schallaburg 2008, S. 129 u. 253 f.

Im stereotypen Narrativ ist der „Indianer“ der Gegenspieler des „Cowboys“. Besonders wertvolle Objekte aus dem nordamerikanischen Südwesten erhielt das Osnabrücker Museum von dem aus Osnabrück stammende Kaufmann Arnold Wilhelm Flohr (1824–nach 1883). Flohr lebte lange Zeit in den USA und kehrte im Alter in seine Geburtsstadt zurück. Zwischen 1845 und 1847 sammelte er eine Reihe indianischer Objekte. 1881 vermachte er diese seiner Heimatstadt Osnabrück als Geschenk. Darunter befindet sich ein seltener vollständiger Anzug. Diesen hatte der Kaufmann 1845/47 in New Mexiko erworben, eventuell während einer militärischen Expedition im Amerikanisch-Mexikanischen Krieg. Am 10. Mai 1881 schrieb Flohr an den Vorstand des Osnabrücker Museumsvereins:

„Beifolgend überweise ich hiermit einen Indianer-Anzug, wie solche von den Pueblo, Navajos u. Comanche Indianern in New Mexico, Colorado und dem westlichen Texas bei feierlichen Gelegenheiten getragen werden. Nach und nach erstand ich diese Sachen im Jahre 1845–47 im Territorium New Mexico. No. 1, 2, 3, 4, 5, 6 sind Männertracht. Elkhose wird nur bei gebräuchlichen Kriegstänzen getragen, wobei die Bucks sich auch mit Bärenklauen, Federn, Muscheln ausschmücken. No. 7 ist ein Frauen (Sqaw) Anzug. Etwas Pferdeschmuck etc. deren Verzierungen häufig auch von Männern wie Frauen benutzt werden. Der Bogen ist leider in Berlin, wo die Sachen lange standen zerbrochen worden, es war mir nicht möglich einen anderen zu erlangen. Achtungsvoll A. W. Flohr from St. Louis“

Die Stücke aus der Sammlung Flohr könnten ergänzt werden mit Objekten aus den Sammlungen von Vater und Sohn Hartmann aus Ankum bzw. Lintorf. Diese waren vor allem an der Ur- und Frühgeschichte des Osnabrücker Landes interessiert und sammelten Vergleichsstücke, z.B. amerikanische Pfeil- und Speerspitzen, um sie mit steinzeitlichen Funden der hiesigen Region abzugleichen. Dies war eine beliebte Methode, um die Rückständigkeit außereuropäischer Kulturen vermeintlich zu belegen.

Anzug eines „Bucks“ (junger Mann) mit Jacke, Hose, Tasche und Mokassins. Wildleder, Perlenstickereien, Nordamerika, nördlich-zentrale Plain-Indianer, um 1840 (© Museumsquartier Osnabrück: 1777, 1778, 1781); Bogen. Holz mit Sehne aus Tiersehne belegt, 19. Jahrhundert (A 1789); Pfeilköcher mit 3 Pfeilen. Leder/Eisenblech, Sehne, Holz, Truthahnfeder, 19. Jahrhundert (A 1788); Haarseil. Pferdehaar, Blechstreifen, weiße und türkise Glasperlen, 19. Jahrhundert (A 1782); Halsband mit Moonshell. Leder, Muschel (Strombus gigas), weiße transparente facettierte Glasperle („Russian bead“, sog. chief bead), roter Wollstoff, 19. Jahrhundert (A 1785); „Hirschmaske“

(Jagdverkleidung). Leder und Geweih, Plains?, um 1840 (1786); Halskette. Leder, 9 Bärenkrallen, 19. Jahrhundert (A 1794); Pfeifenkopf. Roter Speckstein (Catlinit) mit Zinneinlagen, 19. Jahrhundert (Sammlung Hartmann)

Abb. 31: Verschiedene Originale nordamerikanischer First Nations aus den Sammlungen Flohr und Hartmann in der Ausstellung „Blutsbrüder – Der Mythos Karl May in Dioramen © Museumsquartier Osnabrück. Fotografie: Birgit Kersting

6.4 „... eine Welt, neu, fremd, weltenfern dem alten, bieder=behaglichen Osnabrück“[273]

Das geschilderte Menschenbild vom M..., das in jener frühneuzeitlichen Phase noch stärker religiös konnotiert ist, lässt sich in späteren Kontexten, etwa in der Phase des Kolonialimperialismus, in seiner rassistischen Ausprägung weiterverfolgen. Auch dort ist die Verknüpfung von mikrohistorischer und makrohistorischer Perspektive für Osnabrück gegeben.[274] Das glokalgeschichtliche Ausstellungskonzept kann hier dementsprechend gut ansetzen.

Der ‚koloniale Blick‘ ist im 19. Jahrhundert über Medien wie die sog. Völkerschauen und die Kolonialausstellungen aus den überseeischen Kolonialgebieten in die Städte Europas getragen worden. Die „Völkerschauen“, die eng mit dem Namen des Hamburger Tierhändlers Carl Hagenbeck verbunden sind, waren gut organisierte, spektakuläre, jahrmarktähnliche Massenveranstaltungen, die Hagenbeck im gesamten Deutschen Reich vermarktete. Als Hagenbecks Einnahmen aus dem Tiergeschäft zurückgingen, begann er 1874 mit den „Völkerschauen“ als neuem Geschäftsmodell. Dabei stellte er als besondere Attraktion neben seinen Tieren auch Menschen aus entfernten Weltgegenden aus.[275] Für seine erste Tour mit grönländischen Inuit hatte der norwegische Sammler Johann Adrian Jacobsen im Auftrag Hagenbecks in Grönland Menschen rekrutiert, indem er ihnen Geld anbot und Abenteuer versprach. Zudem sorgte er dafür, dass für die Schau eine passende Ausstattung mit Kleidung, Werkzeugen, Kajaks und Schlitten samt Schlittenhunden zusammenkam. Aufgrund des großen Erfolges wurde das Konzept in der folgenden Saison mit Sámi wiederholt. Ein dritter Versuch

---

273 Osnabrücker Tageblatt, 19.4.1913.

274 Zur den kolonialgeschichtlichen Hintergründen der Osnabrücker Geschichte siehe Thorsten Heese: Das koloniale Osnabrück. In: Ulrich van der Heyden/Joachim Zeller (Hg.): Kolonialismus hierzulande. Eine Spurensuche in Deutschland. Erfurt 2008, S. 40–47; ders.: Kolonialwarenhandel in Osnabrück. In: Spilker, Rolf (Hg.): Waren, Welt und Wirtschaftswunder. Die Große Straße in Osnabrück um 1900. Osnabrück-Belm 2017, S. 56–63; ders.: Das erweiterte Warenangebot. Überseebeziehungen und Kolonialwarenhandel. In: Michael Haverkamp/Hans-Jürgen Teuteberg (Hg.): Unterm Strich – Von der Winkelkrämerei zum E-commerce. Bramsche 2000, S. 157–179; ders.: „... Und über ferner Gauen lichter Pracht soll segenrauschend Deutschlands Banner wehen.“ Kolonialismus und Bewußtseinsbildung in Osnabrück. In: OM 101, 1996, S. 197–261.

275 Volker Harms: Andenken an den Kolonialismus. Eine Ausstellung des völkerkundlichen Instituts der Universität Tübingen (Ausstellungskataloge der Universität Tübingen; 17). Tübingen 1984, S. 52–65.

mit Inuit aus Labrador scheiterte fatal, da alle Teilnehmenden in Europa an den Pocken starben.[276]

Mit seinen Schauen verdiente der Hamburger Kaufmann nicht nur viel Geld, sondern verbreitete zugleich eine besondere Form der Wahrnehmung des „Fremden". Seine vermeintlichen Attraktionen wurden zu Kuriositäten kolonisierender Gesellschaften. Die herumgereichten Afrikaner:innen, Indianer:innen, Grönländer:innen oder Polynesier:innen wurden in zoologischen Gärten einem gaffenden Publikum wie ‚menschliche Tiere' präsentiert. In den Kolonialausstellungen[277] – den „Inszenierung[en] des kolonialen Mythos"[278] – verband die deutsche Kolonialbewegung im Kaiserreich die moderne Szenografie der Weltausstellungen mit dem auf die Sensationslust des Publikums setzenden ‚Hagenbeck-Effekt' in einer an Unterhaltung noch armen Zeit zu einem eigenen Werbemedium ihrer politischen Agitation.

Auch für dieses Phänomen effektvoller dreidimensionaler Verbreitung imperialer Interessen finden sich in Osnabrücks Geschichte entsprechende Beispiele. Auf der Osnabrücker Kolonialausstellung im April 1913[279] im Vereinshaus, der damaligen Stadthalle, wurde das vermeintlich exotische Flair einer dorfähnlicher Inszenierung mit ihrem regelmäßig angebotenen Aufführungsprogramm – angeblich – traditioneller Tänze, Musik oder Handwerkskunst zu einer farbenprächtigen folkloristischen Attraktion, die es Menschen gestattete, die ‚Welt da draußen' unmittelbar vor der eigenen Haustür zu entdecken; jene Welt, die bis dahin nur einer eng begrenzten Gruppe von Seeleuten, Kaufleuten, Diplomaten, Missionaren und Abenteurern offen stand.

---

276 Penny 2019, S. 79 f.

277 Zwischen 1896 und 1940 fanden im Deutschen Reich mindestens 50 Kolonialausstellungen statt; z.B. in Leipzig und Münster (1897), Nürnberg (1898), Wiesbaden (1899), Jena (1900), Eisenach, Hannover, Lübeck und Warnemünde (1901), Mannheim (1902), Oldenburg (1905) und Osnabrück (1913). Die tatsächliche Zahl dürfte weit höher liegen. Stefan Arnold: Propaganda mit Menschen aus Übersee. Kolonialausstellungen in Deutschland, 1896 bis 1940. In: Robert Debusmann/János Riesz (Hg.): Kolonialausstellungen – Begegnungen mit Afrika? Frankfurt/M. 1995, S. 1–24; Heese 2008, S. 44 f.

278 Ines Caroline Zanella: Kolonialismus in Bildern. Bilder als herrschaftssicherndes Instrument mit Beispielen aus den Welt- und Kolonialausstellungen (Beiträge zur Dissidenz; 17). Frankfurt/M. u.a. 2004, S. 43.

279 Thorsten Heese: Osnabrück und die Kolonial-Ausstellung von 1913. Eine westfälische Stadt auf dem kolonial-imperialen Olymp. In: Marianne Bechhaus-Gerst u.a. (Hg.): Nordrhein-Westfalen und der Imperialismus. Berlin 2022, S. 344–363.

Abb. 32: „Kolonial-Ausstellung". Anzeige im Osnabrücker Tageblatt vom 13. Januar 1913 © Museumsquartier Osnabrück

Aufgrund einer dichten Kommentierung des Ereignisses in der lokalen Presse lässt sich die Inszenierung relativ gut nachempfinden, zumal von der Schau keine Fotos existieren. Das „Negerdorf", das im Zentrum der Ausstellung stand und sich mit dem „durch ein großes Rundgemälde gebildeten Hintergrund zu einer afrikanischen Landschaft"[280] verband, bildete ein ‚Ensemble des kolonialen Blicks', dessen Wirkung durch den Auftritt der Afrikaner:innen, die mit ihren Tanz- und Handwerksvorführungen das Geschehen ‚belebten', schließlich durch ihre fremden, „über de[m] Palmenwald"[281] der Säle schwebenden Musikklänge, „die vom Balkon herunterdr[a]ngen", noch wesentlich verstärkt wurde. So musste es dem Publikum am Ende vorkommen, als gerate es wie durch „Zauberschläge" in „eine Welt, neu, fremd, weltenfern dem alten, bieder=behaglichen Osnabrück". Wenn die Besucher:innen zwischen den „zahlreichen palmenüberschatteten Hütten"[282] wandelten, sollte ihnen alles „wie eine reizvolle Erzählung aus der Tropenwelt"[283] erscheinen. Mit Sicherheit erfasste die Osnabrücker Bevölkerung

280 Osnabrücker Zeitung, 17.4.1913.
281 Osnabrücker Tageblatt, 19.4.1913; siehe auch im Folgenden ebd.
282 Osnabrücker Zeitung, 17.4.1913.
283 Osnabrücker Zeitung, 19.4.1913; siehe auch im Folgenden ebd.

Abb. 33: „Osnabrücker Vereinshaus". Postkarte, Fotografie von I. Jonscher, Halberstadt 1901 © Museumsquartier Osnabrück: A 3990/680

hier die gleiche Faszination des „Wilden" und „Exotischen", die schon Jahrhunderte zuvor das Bewusstsein ihrer Vorfahren geprägt hatte, die aber gleichzeitig zum „Othering" führte.[284] Aus demselben Grund inszenierten die Kolonialausstellungen, wie die Weltausstellungen, die Fortschrittlichkeit der industrialisierten Welt.[285] Die Narration der Ausstellungen lautete: Die zivilisierten Gesellschaften bringen den unzivilisierten Teilen der Welt Fortschritt und Zivilisation.

284 Zur Konstruktion des „Wilden" als paradigmatischer Figur des Anderen siehe exemplarisch Christin Hansen: „Wilde" im deutschen Identitätsdiskurs 1830–1870. Spuren des Exotischen im nationalen Denken und in kolonialen Bildern. Frankfurt/M.-New York 2021.

285 Siehe auch Gerhard Schneider: Das Deutsche Kolonialmuseum Berlin und seine Bedeutung im Rahmen der preußischen Schulreform um die Jahrhundertwende. In: Mitarbeiter des Historischen Museums (Hg.): Die Zukunft beginnt in der Vergangenheit. Museumsgeschichte und Geschichtsmuseum (Schriften des Historischen Museums Frankfurt am Main; 16). Frankfurt/M. 1982, S. 155–199; hier S. 165.

Bereits einige Jahre zuvor hatte die „Vorführung“ der beiden Pygmäenfrauen Chicanajo und Assimini am 18. Mai 1893 während eines Vortrags der Osnabrücker DKG im Saal des Großen Clubs das Stereotyp ‚hilfsbedürftiger Kolonialkinder‘ bedient. Gegen 1 Mark Eintritt (50 Pfennig für Schüler:innen) konnten Interessierte die beiden Frauen, die der Afrikaforscher Franz Stuhlmann aus Deutsch-Ostafrika mit nach Deutschland gebracht hatte und die der Afrikareisende Bohndorf nun in Osnabrück vorstellte, bestaunen. Während Bohndorf über seine „Reisen in den oberen Nilländern und die Zwergvölker Afrikas“ referierte, saßen die „beiden weiblichen Schutzbefohlenen“ auf einem erhöhten Podium. „In ihren kurzen rothen Kleidchen [...] machten sie den Eindruck von Kindern, obwohl die eine etwa 22 Jahre, die andere gegen 30 Jahre zählt und schon verheirathet war. Ihr Körpermaß beträgt 1,23 bezw. 1,24 Meter.“ Das Publikum überraschte, dass sie im Gegensatz zu „den Zwergen der Sage und Phantasie [...] nichts Krüppelhaftes“ aufwiesen. Bohndorfs Gesamturteil lautete: „Sicher ist, daß die Zwerge negerartige Völker sind, die auf einer sehr niedrigen Culturstufe leben. Sie sind körperlich wie geistig auf einer kindlichen Stufe der Entwickelung zurückgeblieben.“[286]

Aus der Perspektive der präsentierten Menschen waren diese kolonialen Szenografien dagegen nicht nur sehr inhuman, weil die zur Schau Gestellten an unterschiedlichen, ihnen unbekannten Krankheiten, aber auch an Heimweh litten und viele von ihnen starben. Sie waren auch ein räumlich-visuelles Herrschaftsinstrument, bei dem die Hierarchie der kolonisierten Welt unmittelbar mitschwang: Die Kolonialherren – heißt die entwickelten Länder Europas – standen in der Rangliste menschlicher Wesen wie ihrer Gesellschaften oben, die anderen darunter; oft wähnten die Kolonialherren letztere in unmittelbarer Nähe der Tiere. Die einen waren die ‚Mütter‘ und ‚Väter‘, die Lehrer und Richter; die anderen waren die Kinder, die zu lernen und zu gehorchen hatten und dafür dankbar sein sollten.

In der potenziellen glokalen Ausstellung wird an dieser Stelle – z.B. durch die Veranstaltung der DKG mit Chicanajo und Assimini von 1893 oder die Präsentation der Osnabrücker Kolonialausstellung von 1913 – die Macht des kolonialen Blickes in seiner rassistischen Wirkung museal freigelegt und daher wahrnehmbar. Die Erkenntnis ist: Der ‚koloniale Blick‘ ist Ausdruck des

---

286 Osnabrücker Zeitung, 13., 16. u. 19.5.1893. – Mit Osnabrück ist neben Stuttgart und Berlin bereits die dritte Station der öffentlichen „Vorführung“ der beiden Frauen nachgewiesen; siehe Joachim Zeller: Weiße Blicke, schwarze Körper. Eine Spurensuche in rassistischen Bilddokumenten. In: informationszentrum 3. Welt 293, 2006, S. 42 f.; hier S. 42.

Abb. 34: (links) „Die Vorstellung der Akkazwerginnen auf dem deutschen Geographentage in Stuttgart"; (unten) Das europäische Publikum hat Chicanajo und Assimini ‚im Blick'
© Das Buch für Alle. Illustrierte Familien-Zeitung 28 (1893), S. 561

„Kolonialismus als patriachale[m] Herrschaftsmechanismus".[287] Er macht den „N ..." zu einem Objekt, zu einem Nicht-Menschen. „Ein bestimmter Blick hat in der Tat die Macht, die Erscheinung des Dritten und dessen Aufnahme in die menschliche Sphäre zu verhindern".[288] Zwar ist die 1884 begonnene Episode der deutschen Kolonialgeschichte nach dem Ende des Ersten Weltkriegs mit dem Versailler Vertrag offiziell beendet. Doch in ihren Bildern und in ihren Denkweisen wirkt sie – nicht zuletzt befördert durch die Vehemenz, mit der die verspätete Kolonialmacht Deutschland in den besetzten Kolonialgebieten aufgetreten ist; und auch, weil es sich über territoriale Grenzen hinweg um ein europäisches, transnationales Phänomen handelt – z.B. in ihren gesellschaftlichen Prägungen unbewusst weiter und determiniert unsere Vorstellungen des „Fremden", wie zahlreiche Beispiele regelmäßig belegen.[289]

Daher gehört in diesen glokalgeschichtlichen Ansatz auch der Verweis auf den unbedarften Umgang mit dieser Geschichte bei Veranstaltungen bis in die jüngere und jüngste Osnabrücker Vergangenheit. Dem Prinzip der Hagenbeckschen Völkerschauen noch sehr ähnlich, wohnte im September 1970 während der „Wochen der Freundschaft" mit dem Schwerpunkt „Skandinavien in Osnabrück" eine Sámi-Familie mit ihren Rentieren auf dem Erweiterungsgelände des Zoos.[290] 2008 veranstaltete der Osnabrücker Zoo „Samburunächte" mit dem werbenden Slogan: „Afrika liegt in Osnabrück".[291] An mehreren Tagen im August treten in „den aufregenden Samburunächten" afrikanische Künstler, Musiker und Tänzer auf; nebenan in den Gehegen befinden sich afrikanische Tiere wie die Elefanten im „Tal der grauen Riesen" oder die „Nashorndame ‚Lia'". Das so werbend erzeugte Gesamtbild lautet: „Samburu zaubert afrikanisches Flair" nach Osnabrück. 2017 heißt es über die „Dschungelnächte" entsprechend: „An der Bühne am Löwenrondell sorgen afrikanische Trommler und die Bauchtänzerinnen der Tanzgruppe ‚Naina feat. ATS® United' für

287 Zanella 2004, S. 154.

288 Achille Mbembe, Kritik der schwarzen Vernunft. Berlin 2014, S. 209.

289 Siehe z.B. den Karnevalsumzug „Reisefreudige Afrikaner" am 13.2.2015 im sächsischen Reinhardsdorf; Anja Maier: Ratsch Bumm Bumm. In: taz, 19.3.2015, S. 14; oder die Diskussion um das „Africa Village" im Tierpark von Augsburg; Jörg Schallenberg: Heiße Luft aus Afrika im Augsburger Zoo. In: taz, 11./12.6.2005, S. 17.

290 Joachim Dierks: „Velkommen i Osnabrück!" Vor 50 Jahren war Skandinavien Gast bei den „Wochen der Freundschaft". In: NOZ, 12.09.2020, S. 12.

291 Afrika liegt in Osnabrück. Samburunächte im Zoo, in: Sparkasse Osnabrück (Hg.): GiroLive 6, 2008, S. 12; siehe im Folgenden ebd.

Abb. 35: Giro-live-Angebot „Faszination Zoo" der Sparkasse Osnabrück, 2008 © Thorsten Heese

Unterhaltung."[292] Anhand des hier offensichtlich fehlenden sensiblen Umgangs mit der eigenen Geschichte wird sichtbar, wie tief durch den Kolonialismus geformte rassistisch-voyeuristische Prägungen bis heute im gesellschaftlichen Unterbewusstsein verwurzelt sind.

Einer der Gründe dafür ist, dass sich in der aktuellen bundesdeutschen Erinnerungskultur Rassismuskritik – trotz eindeutiger historischer Befunde – erst allmählich öffentliche Aufmerksamkeit verschaffen kann. Die Stimmen der antirassistischen und dekolonialen Szene werden allerdings lauter. Und es gibt auch offiziell vermehrte Ansätze zu einer kritischen Bestandsaufnahme. Beispielsweise haben auf lokaler Ebene die Städte Hamburg, Bremen und Berlin begonnen, ihre jeweilige Kolonialgeschichte und das damit verbundene historische Erbe

292 tw: Wenn es Nacht wird im Zoo. Dschungelnächte am Freitag und Samstag, in: NOZ, 24.7.2017, S. 20; siehe entsprechend am 22. und 23.7.2016; Ralf Geisenhanslüke (Red.): Osnabrücker Zoogeschichte(n). 80 Jahre Zoo Osnabrück. Verlagsbeilage. In: NOZ, 16.7.2016, S. 10 f.

systematisch aufzuarbeiten.[293] Jedoch fehlt in dieser Frage noch grundsätzlich eine rassismuskritische Perspektive im überregionalen bundesdeutschen Erinnerungsdiskurs.[294] Maßnahmen wie die Überprüfung von kolonialgeschichtlich geprägten Straßennamen, die Umwidmung entsprechender Denkmäler und die Auseinandersetzung mit dieser Geschichte in der Schule und in den Museen – bis hin zur kritischen Überprüfung ethnologischer Sammlungsbestände – würden dieser Geschichte den nötigen Reflexionsraum verschaffen und könnten dadurch den notwendigen Perspektivwechsel konkret umsetzen, sichtbar machen und für gesellschaftlichen Fortschritt nutzen.

6.5 „Der Italiener liebt nun mal seinen Heimattrunk"[295]

Die Wanderungsbewegungen von und nach Deutschland zeigen im 20. Jahrhundert eine wechselvolle Geschichte. Zunächst wurde durch das Wirtschaftswachstum der Jahrzehnte vor Ausbruch des Ersten Weltkriegs die Massenauswande-

---

293 Der Hamburger Senat hat im Sommer 2014 den Historiker Jürgen Zimmerer damit beauftragt, die koloniale Vergangenheit der Stadt mit der Forschungsstelle „Hamburgs (post-)koloniales Erbe. Hamburg und die frühe Globalisierung" aufzuarbeiten. Unsere Kolonien, in: die taz nord, 4./5.10.2014, S. 41–45; 2017 wurde von der Behörde für Kultur und Medien als Kommunikationsplattform der „Runde Tisch Koloniales Erbe" eingerichtet und 2019 entstand der „Beirat zur Dekolonisierung Hamburgs"; mittlerweile wurden erste Eckpunkte für ein post-koloniales Erinnerungskonzept entwickelt, die aktuell mit den Behörden diskutiert werden; Carsten Brosda: Sich Klarheit verschaffen. In: Mittelweg 36 30, 2021, H. 4, S. 9–13; hier S. 12; s.a. https://www.hamburg.de/bkm/koloniales-erbe/ (letzter Aufruf: 5.1.2023). – Die Bremer Regierung arbeitet zurzeit an einem entsprechenden Erinnerungskonzept, das im Januar 2015 im Bremer Parlament verabschiedet werden sollte; die taz nord, 16.12.2015, S. 21; s.a. https://www.kultur.bremen.de/service/kolonialismus-13508 (letzter Aufruf: 5.1.2023). – Im Koalitionsvertrag des Berliner Senats von 2016 wurde verankert, dass die deutsche Kolonialgeschichte als Teil der Berliner Erinnerungskultur wissenschaftlich und in Zusammenarbeit mit der Zivilgesellschaft aufgearbeitet werden soll; Berlin gemeinsam gestalten. Solidarisch. Nachhaltig. Weltoffen. Koalitionsvereinbarung zwischen Sozialdemokratische Partei Deutschlands (SPD), Landesverband Berlin und Die Linke, Landesverband Berlin und Bündnis 90/Die Grünen, Landesverband Berlin. Berlin 2016, S. 7, 122 und 124; https://daten.berlin.de/datensaetze/koalitionsvereinbarung-2016-2021 (letzter Aufruf: 5.1.2023); s.a. Susanne Memarnia: „Ich habe viele Zuhause". Der Literaturwissenschaftler Ibou Diop erarbeitet ein Erinnerungskonzept zum Kolonialismus für Berlin. Er setzt dabei auf eine Zivilgesellschaft, die sich schon lange kritisch mit dem Thema auseinandersetzt, in: die taz, 3./4.9.2022, S. 50 f.; hier S. 51.

294 Siehe auch Astrid Messerschmidt: Kritische Gedenkstättenpädagogik in der Migrationsgesellschaft. In: APuZ 66, 2016, H. 3/4, S. 16–22; hier S. 19.

295 Wes.: Ausländer in unseren Betrieben. In: Osnabrücker Tageblatt, 25.3.1961, S. 3.

rung nach Amerika beendet. Im Zuge der voranschreitenden Industrialisierung zog ein großer Teil der Landbevölkerung in die Städte – ein wesentlicher Faktor für ihr rapides Wachstum an der Jahrhundertwende von 1900 – und fand dort Arbeit in den neu entstehenden Fabriken oder beim Eisenbahnbau. Unter schwierigen Arbeitsbedingungen sorgten die Industriearbeiter:innen für wirtschaftlichen Wohlstand. Dieser war sogar so bedeutend, dass Arbeiter:innen aus anderen Ländern aufgenommen wurden, etwa Pol:innen im Ruhrgebiet.

Der Zweite Weltkrieg sorgte – neben insgesamt 55 bis 60 Millionen Toten – weltweit für weitere Millionen an Flüchtlingen, Vertriebenen und Deportierten. In Europa betraf dies mit 50 bis 60 Millionen etwa ein Zehntel der damaligen europäischen Gesamtbevölkerung.[296] Nach Beendigung der Kampfhandlungen befanden sich Anfang Mai 1945 auf dem Gebiet des Deutschen Reiches ca. 11 Millionen „Displaced Persons“ (DP's), die durch das Kriegsende befreit wurden. Die DP's setzten sich zusammen aus den ausländischen Kriegsgefangenen, nichtdeutschen Flüchtlingen aus Osteuropa sowie den unter Zwang im besetzten Europa rekrutierten Arbeitskräften für die deutsche Kriegswirtschaft. 1944 hatten die Zwangsarbeiter:innen mit 8 Millionen ein Drittel aller Beschäftigten im Reich gestellt.

Von der Migration am Ende des Zweiten Welkriegs war auch die deutsche Bevölkerung betroffen. Zu etwa 10 Millionen Binnenmigrant:innen, die vor Bombenangriffen geflohen oder evakuiert worden waren[297], kamen insgesamt geschätzte 14 Millionen Menschen, die ihre Wohngebiete in den deutschen Ostgebieten verlassen mussten; weitere 500.000 kamen nach Österreich und in andere Länder. Während etwa zwei Millionen umkamen, gelangten 12,5 Millionen in die vier Besatzungszonen. Eine erste Welle war 1944/45 beim Vormarsch der Roten Armee geflüchtet. Eine zweite folgte mit den Vertreibungen und Deportationen nach Kriegsende. Die Umsiedlungen waren auf der Potsdamer Alliiertenkonferenz (17. Juli bis 2. August 1945) beschlossen worden, nachdem die Gebiete östlich der Oder-Neiße-Linie bis zu einer offiziellen Friedensregelung unter polnische und sowjetische Verwaltung gestellt wurden. Ungarn und die Tschechoslowakei durften die Deutschen ebenfalls aussiedeln. Bezüglich des Anteils der Flüchtlinge und Vertriebenen an der Gesamtbevölkerung gehörten die Gebiete der späteren Bundesländer Schleswig-Holstein (31,6 %), Niedersachsen (22,8 %) und Bayern (18,4 %) prozentual zu den größten Aufnahmeregionen innerhalb der drei westlichen Besatzungszonen.

---

296 Oltmer 2012, S. 98; für den chinesisch-japanischen Krieg 1937–1945 ist von 95 Mio. Flüchtlingen und Vertriebenen auszugehen; ebd., S. 99.

297 Ebd., S. 102 f.

Mit der wirtschaftlichen Erholung in den 1950er Jahren bis hin zur Vollbeschäftigung begann die junge Bundesrepublik, in Südeuropa ausländische Arbeitskräfte anzuwerben. Die seit den 1950er Jahren mit Italien, Portugal, Spanien, Griechenland, Jugoslawien und der Türkei geschlossenen Anwerbeabkommen brachten „Gastarbeiter:innen" nach Deutschland. Bis zum Anwerbestopp im Jahre 1973 ging eine große Zahl wieder zurück in ihre Herkunftsländer. Viele jedoch blieben in Deutschland. Ihre Familien leben hier mittlerweile in der dritten oder vierten Generation und sind ein fester Teil der Gesellschaft geworden. Zwischen 1961 und 1974 stieg die Zahl der ausländischen Staatsangehörigen in der BRD von ca. 690.000 auf etwa 4,1 Millionen, davon sind 33 Prozent Türk:innen, und je 14 Prozent Italiener:innen und Jugoslaw:innen.[298]

Parallel zur Entwicklung in der BRD beschäftigte auch die DDR ausländische Arbeitskräfte, allerdings in wesentlich geringerem Umfang. In den 1960er Jahren kamen zunächst sog. Vertragsarbeiter:innen aus den sozialistischen Nachbarstaaten Polen und Ungarn, später aus Mosambik (1979), Vietnam (1980), Angola, Kuba, Nicaragua sowie der Demokratischen Volksrepublik Jemen. Die Beschäftigung war zeitlich befristet, eine Integrationsabsicht bestand nicht. Auf ihrem Höchststand im Jahre 1989 waren in der DDR knapp 94.000 Angehörige aus „sozialistischen Bruderländern" beschäftigt. Zu den größten Gruppen gehörten neben den deutlich herausstechenden Vietnames:innen (59.000) die Arbeiter:innen aus Mosambik (15.100) und Kuba (8.300). Ihre Anwesenheit wurde zwar gerne im Rahmen der staatlichen Propaganda herausgestellt. In der alltäglichen Realität blieben jene aber gesellschaftlich weitgehend isoliert, zumal sie in eigenen Siedlungen leben mussten.

Anfang der 1990er Jahre, in einer wirtschaftlich schwierigen Lage, wurden aus der ehemaligen Sowjetunion mit russlanddeutschen „Spätaussiedler:innen" und jüdischen Kontingentflüchtlingen neue Gruppen hinzugeholt; die erste Gruppe der Aussiedler:innen im Zuge einer national ausgerichteten Wanderungspolitik; die andere aufgrund einer besonderen deutschen Verantwortung mit Blick auf den Holocaust. Dies führte u.a. zu einer Konkurrenzsituation auf dem deutschen Arbeitsmarkt, auf dem Asylsuchende – neben Aus- und Umsiedler:innen – mit den inländischen Arbeitslosen konkurrierten. 1989 standen 121.318 Asylsuchende 700.000 Aus- und Übersiedler:innen gegenüber. Zwischen 1991 und 2004 wurden etwa 1,9 Millionen Spätaussiedler:innen und 219.604 jüdische Kontingentflüchtlinge gezählt.

---

298 Ebd., S. 111.

Im Zuge der „Wende“ sowie der Auflösung des „Ostblocks“ bekam die innerdeutsche Wanderung für die Bundesrepublik verstärkt Gewicht. Aufgrund des wachsenden inneren Ausreisedrucks in der DDR lockerte das dortige Regime seine bisherige strickte Politik und genehmigte in der ersten Hälfte des Jahres 1989 43.000 Ausreisen. Das erwünschte Ziel, ‚Druck vom Kessel zu nehmen‘, wurde jedoch nicht erreicht, denn im Sommer lagen bereits 250.000 weitere Anträge vor. 1989 kamen bis September 33.000 DDR-Flüchtlinge über die abgebauten ungarischen Grenzbefestigungen via Österreich nach Westdeutschland. Zusammen mit den Botschaftsflüchtlingen in Warschau, Prag, Berlin und Budapest waren bis zur Öffnung der deutsch-deutschen Grenze am 9. November 1989 225.000 DDR-Bürger:innen in die BRD gekommen. Mit der Neuvereinigung setzten dann wechselseitige innerdeutsche Migrationsbewegungen ein. In der Bilanz entstand zwischen 1989 und 2008 ein Abwanderungsverlust der neuen Länder von 1,1 Millionen Personen; 5,2 Millionen Ostdeutsche waren in den Westen abgewandert, 4,1 Millionen waren zugezogen.

In der Folge spielten andere politische Entwicklungen eine Rolle. Durch die Bürgerkriege in Jugoslawien waren 2,3 Millionen Menschen gezwungen, ihre Ursprungsregion zu verlassen (Flucht nach Westen oder Binnenwanderung). Im Rahmen der EU-Erweiterung sowie der Öffnung des Arbeitsmarktes ergaben sich weitere Einwanderungen, denen wiederum Abwanderungen gegenüberstehen. Viele deutsche medizinische Fachkräfte sind beispielsweise nach Großbritannien, Österreich und in die Schweiz gegangen. Nach Angaben des BAMF sind im Jahre 2015 685.000 EU-Bürger:innen nach Deutschland gekommen, davon vier Fünftel aus Osteuropäischen Ländern wie Rumänien oder Polen. 300.000 Deutsche sind ins EU-Ausland abgewandert. Ende 2020 lebten in Deutschland 4,9 Millionen EU-Ausländer:innen.

Mittendrin in diesen transnationalen Prozessen befinden sich Städte wie Osnabrück. Osnabrück war immer ein Ort ‚in Bewegung‘. Migration in Osnabrück hat dabei sehr unterschiedliche Facetten. Die damit verbundenen Begegnungen von Individuen oder gesellschaftlichen Gruppierungen waren keinesfalls immer nur von Harmonie geprägt. Diese Geschichten spiegeln daher in konkreten Situationen auch immer den jeweiligen Umgang mit Fremdheitserfahrungen und Veränderungen sowie die dadurch ausgelösten Aushandlungsprozesse eines geregelten Miteinanders wider. Bislang ist noch keine umfassende Osnabrücker Migrationsgeschichte verfasst worden, die diese Prozesse detailliert abbildet. Mit dem „Virtuellen Osnabrücker Migrationsmuseum VOM“[299] wurde allerdings ein museales Archiv begonnen, das kontinuierlich an Sachzeugnissen dargestellte Aspekte dieser Migrationsgeschichte sammelt.

Abb. 36: „Empfang des einmillionsten Gastarbeiters, Armando Rodriguez de Sá, durch Vertreter der Bundesvereinigung der deutschen Arbeitgeberverbände auf dem Bahnhof Köln-Deutz am 10.9.1964.“ Fotografie von Horst Ossinger, Köln, 10. September 1964 © picture alliance/dpa [Gerhard Paul (Hg.): Das Jahrhundert der Bilder. Bd. 2: 1949 bis heute. Göttingen 2008, S. 307]

299 https://www.museumsquartier-osnabrueck.de/virtuelles-osnabruecker-migrationsmuseum/ (letzter Aufruf: 5.1.2023).

Aus dem oben geschilderten historischen Horizont der Migrationsgeschichte des 20. Jahrhunderts soll, exemplarisch für die gegenwärtige Struktur der bundesdeutschen Gesellschaft, in dieser glokalgeschichtlich beispielhaften Ausstellungsabteilung die Anwerbung von ausländischen Arbeitskräften in den 1950er bis 1970er Jahren herausgegriffen werden.[300] In der Bundesrepublik Deutschland führte der Wirtschaftsboom in den 1950er Jahren zu Vollbeschäftigung und Arbeitskräftemangel. Die Gründe für das sogenannte Wirtschaftswunder waren vielschichtig. Es waren qualifizierte Arbeitskräfte in ausreichender Zahl vorhanden. Aus den USA wurden moderne Technologien importiert. Die industrielle Infrastruktur war nach dem Zweiten Weltkrieg noch vorhanden und nicht so zerstört wie zunächst vermutet. In der Tarifpolitik verhielten sich die Gewerkschaften moderat: Erst ab 1956 wurde der arbeitsfreie Samstag eingeführt; noch bis 1955 galt die 49-Stundenwoche bei lediglich zwei bis drei Wochen Jahresurlaub. Der Nachholbedarf der Bevölkerung sorgte für eine massive Nachfrage bei Wohnraum, Konsum- und Investitionsgütern. Zudem führte der Koreakrieg ab 1950 zu einem Boom auf dem Weltmarkt, von dem die deutsche Exportwirtschaft profitierte. Die EWG von 1958 und die ‚starke' D-Mark taten ein Übriges.

Unter Ausstellungsaspekten ist in diesem Zusammenhang bemerkenswert, dass diese jüngere Migrationsgeschichte bereits bestimmte ‚Anker' im kollektiven Bewusstsein hinterlassen hat. Dies manifestiert sich zum Beispiel in der Repräsentanz bestimmter Bildikonen, die von einer breiten Öffentlichkeit sofort mit dem Thema in Verbindung gebracht werden können. Dazu gehört der ‚Mann mit dem Moped'. Das Foto zeigt, wie der aus dem nordportugiesischen Ort Nelas stammende Armando Rodriguez de Sá (1926–1979) am 10. September 1964 auf dem Bahnhof Köln-Deutz von einer Delegation der Bundesvereinigung deutscher Arbeitgeberverbände offiziell empfangen wird und als „millionster Gastarbeiter" ein Moped vom Typ Zündapp „Sport Combinette" sowie einen Blumenstrauß erhält.[301] Das Motiv symbolisiert wie kaum etwas anderes die Geschichte der bundesdeutschen Arbeitspolitik der 1950er- und 1960er-Jahre, die auf Arbeitsmigration aus Südeuropa setzte und von ihren ‚Gast'-Arbeiter:innen erwartete, dass sie – wie Rodriguez de Sá ab 1970 – nach einigen Jahren wieder in ihre Herkunftsländer zurückkehrten.

---

300 Heese Faces 2016, S. 21 f.

301 Veit Didczuneit: Der „Vorzeigegastarbeiter". Die Begrüßung des millionsten Gastarbeiters als Medienereignis. In: Gerhard Paul (Hg.): Das Jahrhundert der Bilder. Bd. 2: 1949 bis heute. Göttingen 2008, S. 306–313.

Das Foto ist nicht nur Expert:innen der deutschen Migrationsgeschichte bestens vertraut, sondern hat längst durch die Verarbeitung in „Almanya – Willkommen in Deutschland“[302] Eingang in die Populärkultur gefunden. In dem Film, der 2011 mit 1,4 Millionen Besucher:innen der vierterfolgreichste deutsche Kinofilm war und mit dem Deutschen Filmpreis ausgezeichnet wurde, tritt der Türke Hüseyin Yilmaz als 1.000.001. „Gastarbeiter“ auf, der nur durch einen Zufall erst nach Armando Rodriguez seine neue Arbeitswelt betritt und durch diesen cineastischen Clou im Film zur repräsentativen Figur des Gros der ausländischen Arbeitskräfte avanciert.

Dieses Potenzial der Bildikone lässt sich im musealen Kontext sogar auf das eigentliche Objekt übertragen. Das erhaltene originale Moped von Armando Rodriguez de Sá gehört mittlerweile zur Sammlung des Hauses der Geschichte der Bundesrepublik Deutschland und wird dort in der historischen Dauerausstellung gezeigt. Dort symbolisiert es „das rasante Wirtschaftswachstum in der Bundesrepublik Deutschland und den Anteil ausländischer Arbeitnehmer an dieser Erfolgsgeschichte“.[303]

Zur Vermittlung von Migrationsgeschichte im glokalgeschichtlichen Kontext muss man nicht immer auf die gleichen bekannten Bilder zurückgreifen. Auf der – dem breiten Publikum näheren – regionalgeschichtlichen Ebene lassen sich vergleichbare Quellen finden, die die nationale Narration auf einem vertrauten Niveau illustrieren und damit zugleich die Wechselwirkung zwischen nationaler und regionaler Geschichte versinnbildlichen. Für Osnabrück existiert zum Beispiel eine Schwarz-Weiß-Fotografie aus dem Jahr 1959, die eine ähnliche Symbolkraft besitzt wie „der millionste Gastarbeiter“. Ein junger Mann in dunklem Anzug, den Kragen des weißen Hemdes leicht geöffnet, passiert hoch konzentriert und mit eiligem Schritt eine Bahnsteigkontrolle. In seiner linken Hand trägt er – ein weiteres, wenn nicht das Symbol für Migration – einen Koffer, in seiner rechten hält er eine Chiantiflasche. Am linken Bildrand ist ein deutscher Beamter in Uniform zu erkennen, der von seinem Kontrollhäuschen aus aufmerksam die Ankunft des Reisenden und der ihm folgenden Personen beobachtet.

---

302 Almanya – Willkommen in Deutschland, Bundesrepublik Deutschland 2011, Regie: Yasemin Şamdereli, Drehbuch: Nesrin Şamdereli.

303 Didczuneit 2008, S. 312.

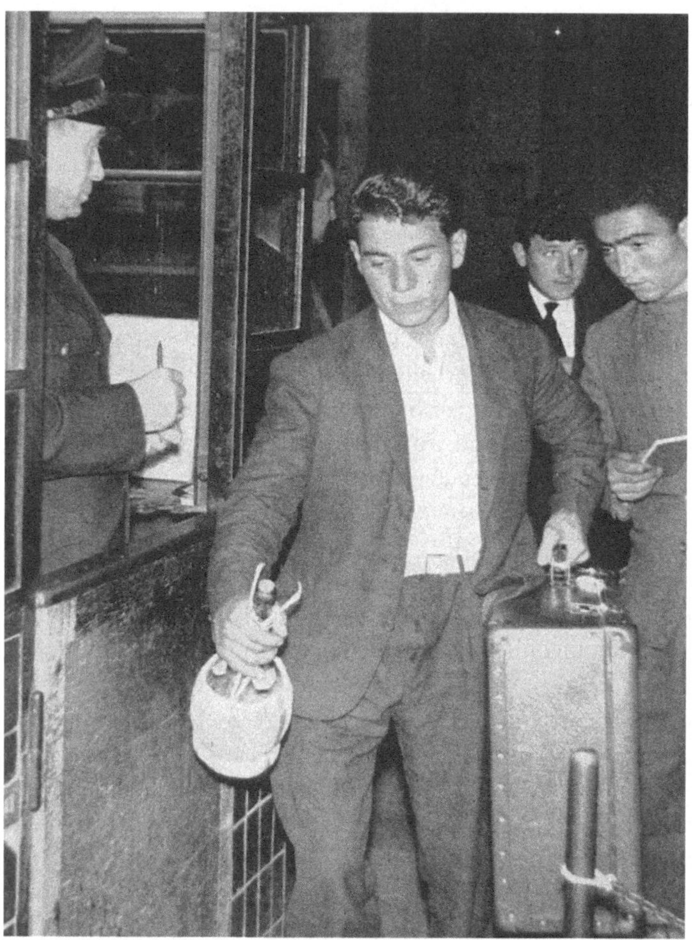

Abb. 37: Osnabrücks erster italienischer sogenannter Gastarbeiter
© Museumsquartier Osnabrück: A 5470/VOM 2

Während der reale Arbeiter Rodriguez de Sá durch die Geschichte seines Fotos eine gewisse Popularität gewinnen konnte, blieben und bleiben die meisten vergleichbaren Schicksale anonym und sind doch Teil der Geschichte des Einwanderungslandes Deutschland. Das betraf bislang auch die Geschichte des Mannes mit Koffer und Chiantiflasche. Er gehörte nach Abschluss des Anwerbeabkommens zwischen der Bundesrepublik und Italien im Jahre 1955 zu den ersten 21 Italienern, die im Oktober 1959 nach Osnabrück reisten, um bei dem

Autohersteller Wilhelm Karmann GmbH zu arbeiten. Im Zuge der Arbeit des „Forums Migration“ im Kulturgeschichtlichen Museum Osnabrück, einer partizipativ organisierten museumspädagogischen Werkstatt des Museums zur Osnabrücker Migrationsgeschichte, entstand ein Kontakt zu seiner Witwe, durch den seine Identität geklärt werden konnte. Es handelt sich um Filipo Ercolani (1938–2011) aus dem nordwestlich von Rom am Lago di Bolzena gelegenen Dorf Gradoli. 2011 verstarb er vermutlich an den Folgen seiner Arbeit als Autolackierer. Geklärt werden konnte zudem die Identität der Person, die hinter ihm die Bahnsteigkontrolle passierte. Beide hatten gemeinsam ihren Heimatort verlassen. Bis zu Ercolanis Tod verband sie eine enge Freundschaft.[304]

Neben der persönlichen biografischen Bedeutung ist der Kontext von Bedeutung, in dem das Foto verwendet worden ist. Es wurde im Dezember 1959 in der betriebseigenen Zeitschrift „Karmann-Post“ veröffentlicht.[305] Es entstammt einer Reportage mit dem Titel „Ausländer im Betrieb ...“, die unter anderem Fotos der komfortabel eingerichteten Unterkünfte im Arbeiterwohnheim am Hesselkamp für die neuen Kollegen aus dem Ausland zeigt.[306] Berichten von Zeitzeug:innen zufolge waren die meisten vorbereiteten Wohnunterkünfte allerdings wesentlich schlichter eingerichtet. Oft befanden sich diese Sammelunterkünfte mit Hochbetten in größeren Werkshallen.[307] Ercolani bewohnte das Wohnheim am Hesselkamp übrigens tatsächlich. Er blieb dort allerdings nur für kurze Zeit und suchte sich schnell eine private Unterkunft. Hier bestünde aus Museumssicht ein weiterer Anknüpfungspunkt, um an diesem Beispiel die Lebenssituation der angeworbenen Arbeitskräfte vor Ort zu thematisieren.

---

304 Auskunft der Ehefrau Helga Ercolani, Forum Migration, Kulturgeschichtliches Museum Osnabrück, 18.10.2012.

305 Firma Wilhelm Karmann GmbH Osnabrück (Hg.): Karmann-Post, Dezember 1959, Heft 13, S. 10.

306 Dazu heißt es in der Bildbeschriftung: „Blick in eines der hellen, modern eingerichteten Dreibett-Zimmer mit Balkon im Arbeiterwohnheim am Hesselkamp. Hier können sich unsere italienischen Mitarbeiter wohlfühlen.“ Karmann-Post, Dezember 1959, Heft 13, S. 10.

307 „Die Chiantiflasche muß mit dabei sein ...“. VOM, www.museumsquartier-osnabrueck.de/ausstellung/2-die-chiantiflasche-muss-mit-dabei-sein/, VOM 2 (letzter Aufruf: 5.1.2023); siehe auch Thorsten Heese: Museum 2.0 und Migration – Das „Virtuelle Osnabrücker Migrationsmuseum“ als Instrument partizipativer Museumsarbeit. In: JPG 4, 2013, S. 45–66; hier S. 56–58.

Mit seiner Bildunterschrift „Die Chiantiflasche muß mit dabei sein“[308] versuchte der Redakteur der Betriebszeitschrift offenbar, der Szene eine gewisse journalistische Lockerheit zu verleihen, dabei das zeittypische Stereotyp des ‚lebensfrohen Südländers‘ bedienend. Gesteigert wurde diese stereotype Vorstellung noch in der Unterschrift, die dem Foto 1961 bei einer späteren Veröffentlichung beigegeben wurde: „Durch die Sperre mit einer bauchigen Flasche Chiantiwein. Der Italiener liebt nun mal seinen Heimattrunk.“[309] Im Osnabrücker „Forum Migration“ konnte der nähere Hintergrund zu der konkreten Chiantiflasche geklärt werden. Diese hatten ihm die Eltern mit auf die Reise gegeben. Mit ihr verband sich somit ein Stück Vertrautheit, das Filipo Ercolani mit nach Deutschland brachte, um mit der bevorstehenden langen Trennung von der Familie und der gewohnten Umgebung besser zurechtzukommen. Beide Redakteure konnten damals nicht ahnen, dass die Chiantiflasche mit ihrem Korbgeflecht in den zahlreichen italienischen Restaurants und Pizzerien, die in der Folge der durch das deutsch-italienische Anwerbeabkommen nach Westdeutschland ziehenden italienischen Menschen entstanden, als weit verbreitete Dekoration einmal zu einem Symbol des italienisch-deutschen Kulturtransfers werden sollte.[310] Hieran anknüpfend könnte eine solche Chiantiflasche – Ercolanis Originalflasche von 1959 existiert nicht mehr – als zunächst unscheinbares, aber glokalgeschichtlich relevantes Exponat zur Veranschaulichung von wechselseitiger kultureller Beeinflussung durch Migrationsprozesse ausgestellt werden.

Im VOM repräsentiert das Foto der mit der Eisenbahn eintreffenden Italiener mit Filipo Ercolani den Beginn der „Gastarbeiterpolitik“ in Osnabrück. Am lokalen, lebensweltlichen Beispiel werden mithin allgemeine geschichtliche Ereignisse vermittelt. Beispiele wie das hier genannte verdeutlichen, dass das Thema Migration, verbunden mit der Alltäglichkeit der erzählten Geschichten, auch darauf abzielt, den meist irrationalen Ängsten, die in der gesellschaftlichen Debatte häufig mit dem Begriff „Migration“ verbunden sind – beispielsweise aus Sorge vor Überfremdung, vor kulturellen Konflikten oder ähnlichem – und

---

308 Der Gesamttext der Bildunterschrift lautet: „Am nächtlichen Hauptbahnhof: Der erste Italiener geht durch die Sperre […] Die Chiantiflasche muß mit dabei sein.“ Karmann-Post, Dezember 1959, Heft 13, S. 10.

309 Wes.: Ausländer in unseren Betrieben. In: Osnabrücker Tageblatt, 25.3.1961, S. 3.

310 Siehe dazu das Kapitel „Die Inszenierung von *italianità*. Raumgestaltung und *ethnic performance* in italienischen Lokalen“. In: Maren Möhring: Fremdes Essen. Die Geschichte der ausländischen Gastronomie in der Bundesrepublik Deutschland. München 2012, S. 253–258.

die die aktuelle politische Diskussion belasten, ein Korrektiv entgegenzustellen. Durch das Gesamtbild unterschiedlichster Migrationsgeschichten kann sichtbar gemacht werden, dass Wanderungsbewegungen ein historisches Strukturelement sind, das die gesamte Geschichte durchzieht, somit kein ausschließliches Phänomen der Gegenwart oder Zeitgeschichte sind und schon dadurch nicht mehr bedrohlich erscheinen. Es kann so sichtbar gemacht werden, dass die durch Wanderungsbewegungen ausgelösten Begegnungen von Menschen keinesfalls immer nur mit Konflikten verbunden sind, sondern auch zu produktivem kulturellem Austausch führen, der in der Geschichte Fortschritt vielfach erst ermöglicht hat. Anhand der Erzählungen wird zudem deutlich, dass Migration kein abstraktes Phänomen ist, sondern dass es um leibhaftige Menschen geht, die wie alle Menschen Wünsche und Träume haben und sehr viel Mut aufbringen, um diese für sich und ihre Familien zu realisieren. Und es geht um Widerstände, Bürokratie, Identität, Brüche, Hilfe, Gefühle, Verortung, Suche und vieles mehr.

7. Globale Agenda statt lokaler Identitätsstiftung

Wie in den ausgeführten Beispielen dargelegt, öffnet der Rahmen einer glokalen Geschichtsnarration im Museum über die reine Präsentation eines bestimmten interessanten historischen Ereignisses hinaus differenzierte, multiperspektivische Interpretationsräume zur Ausbildung eines zukunftsdienlichen – weil breiter gefassten – historischen Bewusstseins. In ihrem Kontext lassen sich über Jahrhunderte tradierte, hierarchisch determinierte Machtverhältnisse mitsamt dem daraus resultierenden Menschenbild darstellen. Warum diese Akzentsetzung in einer stadtgeschichtlichen Ausstellung? Um in einer sich öffnenden Gesellschaft in einer globalisierten Welt humane Handlungsoptionen entwickeln zu können, müssen historische Voraussetzungen, die diesem entgegenstehen könnten, zunächst geklärt und offengelegt werden. Dies ist insbesondere auch eine Frage der Selbsterkenntnis. Das Verhältnis zu sich selbst spiegelt sich im Verhältnis zum Anderen. „Der Andere, das ist Differenz und Ähnlichkeit in einem.“[311]

Abb. 38: Indigene mit Kamel und Elefant. Hans Burgmair (Augsburg 1473–1531 Augsburg). Holzschnitt, 1508, © Museumsquartier Osnabrück: A 2298 g

---

311 Mbembe 2014, S. 324.

Die Veranschaulichung über weite Zeiträume wirkender Tradierungen im kulturellen Bildgedächtnis im Rahmen einer glokalgeschichtlichen Ausstellung ermöglicht es, ein Bewusstsein dafür zu schaffen, dass – und wie – historische Prägungen unbewusst und unterschwellig bis in die Gegenwart nachwirken. Diese Bewusstwerdung ist relevant in einer veränderten Gegenwart, in der sich das ‚Gesicht' der Gesellschaft durch Globalisierungsprozesse und die damit einhergehenden Migrationsprozesse auch äußerlich verändert hat und weiterhin verändern wird. Der „M…" ist zwar Geschichte, aber die mit ihm verbundenen hierarchisch-rassistischen Konnotierungen wirken fort – in Form von Kaffee- oder Schokoladenwerbung, in Blicken und Vorurteilen, als Mangel an Sensibilität. Ein anschauliches Beispiel dafür liefert Akwugo Emejulu, Professorin für Soziologie an der University of Warwick, aus ihrem Alltag in Berlin:

„Dieser Widerspruch zwischen Unsichtbarkeit und Hypersichtbarkeit offenbart sich durch Blicke. […] Das Anstarren hat eine Bedeutung. Es ist auch eine Art Kollision – ein politischer Akt, der durch das Visuelle und das Imaginäre in Gang gesetzt wird. Wenn ich in der Straßenbahn oder in einem Restaurant angestarrt werde, starre ich immer so lange zurück, bis die andere Person wegschaut. Diese Handlung des Widerstands, jemanden anzustarren, der oder die einen zwar ansieht, aber nicht wirklich sehen kann, ist eine häufige Reaktion Schwarzer".[312]

Beispiele wie diese verdeutlichen, warum das historische Erbe des Kolonialismus gerade aus der Gegenwart heraus diskutiert werden muss, zumal der Diskurs um die endgültige Überwindung des Kolonialismus mittlerweile ganz offen eingefordert wird; die Schlagworte „decolonisation", „post-colonialism", „#blacklivesmatter" etc. sind allgegenwärtig. Und das ganz zu Recht. Denn unser Blick auf fremde Kontinente ist noch heute kolonial geprägt. Hier wirken die visuellen Konstrukte, die im Kolonialismus zur Herrschaftssicherung sowohl bewusst produziert als auch im Unterbewussten langfristig angelegt wurden, nachhaltig weiter.[313] Zudem sind im post-kolonialen Zeitalter bestehende Machtstrukturen bestehen geblieben resp. fortgesetzt worden; zum Beispiel durch ökonomische Abhängigkeiten; oder angesichts der Form und Wirkungsweise von Entwick-

---

312 Akwugo Emejulu: Blackness in Berlin. Schwarzes Leben ist auch in Deutschlands kosmopolitischer Hauptstadt bis heute von Rassismus geprägt. Nicht jeder gehört überall dazu. In: taz, 14.12.2022, S. 11.

313 Zanella 2004, S. 154.

lungshilfe in der zweiten Hälfte des 20. Jahrhunderts, die häufig an die Stelle kolonial definierter Dominanz getreten ist. Hat in der Zeit des Kolonialimperialismus die ideologische Dichotomie von vermeintlich Zivilisierten und Unzivilisierten dazu geführt, dass die Kolonisierenden ihr Handeln nicht als Gewalt sondern als ‚Hilfe' im Auftrag der Zivilisation verstanden und legitimierten, so setzte sich diese Dichotomie in der post-kolonialen Phase häufig als entwicklungspolitischer Auftrag der ‚entwickelten' Welt über die ‚unterentwickelte' Welt fort.

Eben solche Fragen lassen sich im Museum als einem Ort kommunikativer Öffentlichkeit gut zur Diskussion stellen. Die Visualisierung historischer und gesellschaftlicher Wirkmechanismen kann dort von unterschiedlichen gesellschaftlichen Gruppierungen wahrgenommen werden. Die Ebene der Gegenwart bedeutet in diesem Modell: In einem – wissenschaftlich angeleiteten, durch Veranstaltungen unterstützten, von den durch die Ausstellung gesetzten Akzenten und Themenfeldern ausgehenden – interkulturellen Dialog können sich Menschen vor dem geschichtlichen Hintergrund ihres gemeinsamen Lebensmittelpunktes – dem Ort, der Stadt, der Region – gleichberechtigt und ‚auf Augenhöhe' über die Bedeutung dieser Geschichte für die eigenen gegenwärtigen gesellschaftlichen Prozesse, die zum Beispiel aus den Mechanismen von Wanderungsprozessen resultieren, austauschen und dadurch zwangsläufig wechselseitig beeinflussen. Davon ausgehend können gemeinsam in die Zukunft gerichtete gesellschaftspolitische Perspektiven entwickelt werden.

Warum eignet sich gerade das Museum für einen solchen Dialog? Dafür sprechen mehrere Gründe. Museen sind öffentliche Räume, die aufgrund ihrer wissenschaftlichen Verankerung immer noch eine besondere Reputation genießen. Sie eignen sich aufgrund ihrer allgemeinen Akzeptanz als ‚ernsthafte Orte' gut für eine Beteiligung an grundsätzlichen gesellschaftlichen Debatten. Auch als ‚Orte der Ordnung' liefert ihr Ansehen in Zeiten, in denen die Wahrnehmung, dass sich Grenzen aufzulösen scheinen, zunimmt, schon äußerlich eine Form von Sicherheit, die es erlaubt, sich auf ‚gefühlt sicherem Terrain' über gesellschaftliche Entwicklungen auszutauschen. Zudem sind in Museen Differenzerfahrungen konstitutiv. Als „Orte des Befremdens"[314] sind sie durch ihre räumlich-visuellen Darstellungsmöglichkeiten auf besondere Art dazu prädestiniert, in modernen Einwanderungsgesellschaften, in denen Fremdbegegnungen

314 Thorsten Heese: Außerschulische Lernorte im Geschichtsunterricht: Das Museum. In: Bärbel Kuhn u.a. (Hg.): Geschichte erfahren im Museum (Historica et Didactica; 6). St. Ingbert 2014, S. 13–21; hier S. 14.

Ausgangspunkt:
Historische
Perspektive

z.B. Kolonialzeit | z.B. Postkolonialismus
⇩ | ⇩
Prägung ⇔ Nachwirkung
⇩ | ⇩

‚Hilfe' ➷ = zivilisatorischer Auftrag | oben: Zivilisierte unten: Unzivilisierte | ⇔ Hierarchie entsprechend | oben: Entwickelte unten: Unterentwickelte | ➶ ‚Hilfe' = entwicklungspol. Auftrag

⇧
Wirkmechanismen
aufdecken
= visualisieren
⇩

Museum als
⇨ Kommunikationsort
⇨ Diskussionsforum
⇩
kulturelle Differenzen

Austausch ⇦ gleich-berechtigtes Nebeneinander ⇔ ⇨ Interkult. Dialog wechselseitige Beeinflussung

⇳
Mechanismen von Wanderungsprozessen
⇳
Austausch zwischen

➚ Menschen | ➘ Kulturen

Ziel:
gesellschaftspolitische
Perspektive

Grafik: „Museum als öffentlicher Begegnungsort". Das Museum als „Schule des Befremdens" ist durch seine räumlich-visuellen Darstellungsmöglichkeiten auf besondere Art dazu prädestiniert, in modernen Einwanderungsgesellschaften, in denen Fremdbegegnungen aufgrund der Globalisierung und den mit ihr verbundenen Migrationsprozessen zunehmend eine Rolle spielen, neutralen Raum für gesellschaftliche Aushandlungsprozesse und die Ausbildung neuer (post-kolonialer) Identitäten zu bieten. © Thorsten Heese

zunehmend eine Rolle spielen, neutrale Reflexionsräume für gesellschaftliche Aushandlungsprozesse und die Ausbildung neuer (post-kolonialer) Identitäten zu öffnen.

Museologisch betrachtet kommt hier die xenologische Funktion des Museums zum Tragen. Die Gleichzeitigkeit von Nähe und Ferne in Museum und

Ausstellung – verankert im historischen Exponat, dessen ‚ferne', unsichtbare Geschichte in der Ausstellung in die ‚nahe', sichtbare Gegenwart hineinragt – erzeugt die schon eingeführte „Konträrfaszination des Authentischen".[315] In seiner Definition vom Museum als „Schule des Befremdens" hat Peter Sloterdijk diese kreative Alteritätserfahrung philosophisch hergeleitet: „Erst ein umfassendes Befremden über die Welt als Was und Daß kann das Selbstgespräch der Seele in Gang setzen."[316] Das Museum wird damit zum Ort „einer physischen Begegnung mit fremden Welten, das Archiv der menschlichen Kreativität, einer jener Orte, wo die Geschichte die Zukunft anbahnt."[317] Das Museum erweist sich so als ein sozialer Raum, der den Umgang mit dem Fremden schult und hier insbesondere Annäherungen statt Ablehnung ermöglicht. Deshalb sind auch von der Institution her die Voraussetzungen für die Umsetzung des glokalgeschichtlichen Museums gegeben.

Kann Stadtgeschichte aber überhaupt als lokale Weltgeschichte erzählt werden, oder wird nicht mit einem solchen gesellschaftspolitisch ausgerichteten Fokus das Konzept einer musealen, objektreflektierten Vermittlungsform überfrachtet? Ganz im Gegenteil: Gerade weil es in dem Kontext sehr stark um Visualität geht, ist eine gut austarierte Museografie besonders dafür geeignet. Bei der Realisierung einer glokalen Ausstellung ist gleichwohl sehr genau auf eine präzise Akzentuierung der Präsentation zu achten, da das Risiko für Fehldeutungen immer gegeben ist. Das zeigt beispielsweise die Analyse zweier lokaler Ausstellungen über die Kolonialausstellung von 1896 in Berlin. In ihrer Untersuchung kritisiert Britta Lange, dass das Heimatmuseum Treptow die in einer Sonderausstellung (1996) sowie in der Dauerausstellung (2007) visualisierte Erinnerung an die Berliner Gewerbeausstellung mit der darin integrierten ersten deutschen Kolonialausstellung nicht dazu genutzt hat, das koloniale System und seine Wechselwirkung zu entschlüsseln, sondern in der Form der Präsentation stattdessen sogar die kolonialen Bildmechanismen reproduziert habe. „Die Kolonialausstellung ist Lokalgeschichte geworden, und die kolonisierten Anderen sind nicht mehr there und then, sondern here und then und zugleich kommentarlos in die Gegenwart gesetzt. Die Anderen im Heimatmuseum werden zur

---

315 Siehe Kapitel 3.1.

316 Sloterdijk 1989, S. 56 – Der Essay entstand in Reaktion auf die Versuche der 1980er Jahre, das Museum als Ort der Kompensation des schnellen, den Menschen überfordernden technischen Fortschritts bzw. als „Identitätsfabrik" zu definieren.

317 Bénédicte Savoy: Die Provenienz der Kultur. Von der Trauer des Verlusts zum universalen Menschheitserbe (Fröhliche Wissenschaft; 135). Berlin 2018, S. 48.

eigenen Geschichte, ohne dass die komplexe Verflechtung von Deutschem und Fremdem – und die ihr zugrunde liegenden kolonialen Machtverhältnisse – entschlüsselbar wären."[318]

In dem vorgeschlagenen Konzept der glokalen Geschichtsausstellung geht es deshalb eben bewusst nicht um eine „affirmative Einschreibung des Lokalen in das Nationale"[319], sondern um Multiperspektivität und die Affirmierung des Prinzips horizontaler Wechselseitigkeit. Eine stadtgeschichtliche Ausstellung ist weniger Ort zur Produktion – und damit zur Verordnung – vorgefertigter Identitäten. Das Museum ist vielmehr ein öffentlicher Raum, in dem gemeinsam über die Bedeutung und Wirkung von Identitäten verhandelt werden kann, und zwar ausgerichtet an den Bedürfnissen der Gegenwartsgesellschaft, die über diesen an historischen Prozessen orientierten Aushandlungsprozess die gesellschaftliche Zukunft determiniert und mitgestaltet. Differenz(erfahrung) und das Ziel einer gemeinsamen Conditio humana gehen dabei miteinander einher.[320]

Das setzt voraus, dass in der globalen Stadtgeschichte möglichst viele Perspektiven vorkommen. In einem europäischen Museum kann sich ‚Europa' beispielsweise im Blick auf den Anderen selbst kennenlernen, denn das Bestaunen und Begaffen des Fremden und Exotischen ist ein Befremden über sich selbst, eine Spiegelung eigener Wünsche und Phantasien. ‚Die übrige Welt' muss dagegen ein Interesse daran haben, durch die Darstellung der eigenen Unterdrückung nicht in eine Opferrolle zu geraten, sondern stattdessen seine Perspektive gleichberechtigt wiederzufinden. Anhand von Biografien wie derjenigen des im 17. Jahrhundert nach Osnabrück verschleppten Westafrikaners „Christian Gerhard Schepeler" – so sein ihm durch die christliche Taufe aufgenötigter europäischer Name[321] – können z.B. Extraversionsverhältnisse aufgearbeitet und dadurch beendet werden. „Es geht darum, jenen Moment aufzuheben, in dem das Selbst zum Objekt eines anderen Selbst geworden ist; als ob es sich selbst immer nur in und durch jemand anderen sehen kann; als ob es immer nur unter dem Namen, mit der Stimme, mit dem Gesicht und in der Wohnung eines anderen

318 Britta Lange: Geschichte als Argument. Deutsche Kolonien und deutsche ‚Heimat' in der Berliner Gewerbeausstellung 1896 und in der Retrospektive 1996/2007. In: JPG 4, 2013, S. 67–86; hier S. 85 f. (Hervorhebung im Original).

319 Lange 2013, S. 84.

320 Mbembe 2014, S. 288 ff.

321 Siehe Kap. 6.2, S. 76 ff.

lebt, für dessen Arbeit, im Rahmen von dessen Leben und dessen Sprache."[322] Hier kommt eine gegenseitige Neugierde ins Spiel, die statt einer Aneignung des Fremden Raum für ein gegenseitiges Vertrautwerden schafft.

Abb. 40: „Männer mit Hüten" – Darstellung der Kolonisierenden durch Kolonisierte (Ausschnitt). Kopfstütze, Bambus, Holz, Bast, Tongainseln, vor 1886 © Museumsquartier Osnabrück: 2127

Dafür bedarf es entsprechender Exponate. Sind diese überhaupt vorhanden? Die museumsdidaktische Entschlüsselung von Wirkmechanismen in einer glokalen Geschichtspräsentation, die oben unter anderem anhand der Analyse von Bildwirkungen des Kolonialismus und Kolonialimperialismus exemplarisch ausgeführt wurde, lässt sich mit entsprechenden Sammlungsbeständen sehr gut visualisieren. Besonders interessant sind dabei – bei aller eingangs geschilderten Problematik ihrer Herkunft – die ethnologischen Bestände. Gerade die erforderliche und weitgehend noch bevorstehende Provenienzforschung birgt für das Ausstellen enorme Potenziale, da durch sie weite Diskursräume bis in die Herkunftsländer und -orte hinein eröffnet werden können.

Das Osnabrücker Museum kann hier auf eine zwei Jahrhunderte währende Sammeltradition zurückgreifen.[323] Es ist dabei keinesfalls eine Ausnahmeerscheinung. Vielmehr weisen ältere Regionalmuseen, die im 19. Jahrhundert verbreitet entstanden, meist eine nahezu identische, universalmuseal ausgerichtete Sammlungskonzeption auf. So findet sich – um ein beliebiges Beispiel zu nennen – in der Sammlung des 1882 entstandenen „Städtischen

---

322 Achille Mbembe: Ausgang aus der langen Nacht. Versuch über ein entkolonisiertes Afrika. Berlin 2016, S. 77.

323 Zur ethnologischen Sammlung in Osnabrück siehe Heese 2004, S. 516–528.

Museums für heimatliche [sic!] Altertümer" in der westfälischen Mittelstadt Herford selbstverständlich auch eine Abteilung für „Ethnographisches" mit Gegenständen aus allen Kontinenten – vom „Kaffernarmband" aus Afrika über das „Götzenbild" und „Bomerange" aus dem australischen Queensland sowie die chinesische „Opiumspfeife" bis hin zur „Geldtasche eines Indianers" aus Nordamerika.[324]

Das Konzept glokaler Ausstellungen ist demnach ohne Schwierigkeiten auf andere Städte, Museen und Sammlungen übertragbar. Ihre Möglichkeiten liegen darin, als historische Museen für kulturell vielfältige städtische Gemeinschaften, die mittlerweile zahlreiche unterschiedliche Nationalitäten aufweisen, moderne Museografien zu entwerfen, die mit Blick auf die gemeinsame interkulturelle Zukunft aktuelle gesellschaftliche Fragen aufwerfen und zur Diskussion stellen. Dabei bietet das koloniale Erbe einen wichtigen Ausgangspunkt, zumal sich in den ethnologischen Museumssammlungen – wie schon die zeitgenössische Semantik sichtbar macht – die Geschichte des Kolonialismus selbst widerspiegelt, da sie Teil seines Erbes sind. Die Debatte darüber ist längst eröffnet und es kann lediglich den erforderlichen ‚Schritt nach vorne' geben, um das heikle Erbe sprichwörtlich in produktive gesellschaftliche Energie umzuwandeln.

324 C[arl] Bürcke (Hg.): Katalog des Städtischen Museums für heimatliche Alterthümer zu Herford. Herford 1898, S. 55.

8. Glokalgeschichte ausstellen – Stadtgeschichte auf neuen gesellschaftlichen Pfaden

Durch das Einnehmen einer glokalgeschichtlichen Perspektive in historischen Museen können, auf einem konkreten Ort fokussiert, insbesondere drei Aspekte sinnvoll miteinander verbunden werden: die Auseinandersetzung mit Eigen- und Fremdbildern; die Normalität von Migration; ferner die Möglichkeit, komplexe historische und gesellschaftspolitische Prozesse, die mit beidem verbunden sind, auf einer überschaubaren, mit dem Alltag unmittelbar verknüpfbaren lokalen Ebene verständlich vermitteln zu können. Dabei steht Migrationsgeschichte im Fokus.

„Die Entstehung von Nationalstaaten und Territorien sowie konfessionelle Konflikte haben seit dem Beginn der Neuzeit die Wahrnehmung von Eigenem und Fremdem, von Grenzen und Grenzüberschreitungen befördert. Für die industriellen und postindustriellen Gesellschaften der globalisierten Welt ist jedoch ein hohes Maß von Mobilität konstitutives Element. Migration hat damit einen neuen Stellenwert erhalten.“[325]

Migration kommt also bereits länger vor, hat aber aktuell mit dem Grad der Globalisierung des Weltgeschehens eine besondere Relevanz bekommen. Die „Stadt“ verbindet dabei den lokalen Aktionsrahmen des Museums mit historischen Phänomenen der Migration. Denn Migrationsgeschichte ist immer auch Stadtgeschichte, weil die Geschichte des Wachstums von Städten, Metropolen und Einzugsräumen direkt mit ihr verknüpft ist.

Wenn Migrationsgeschichte so zentral ist, sollte man sie dann nicht gleich explizit in Migrationsmuseen veranschaulichen? Das geschieht legitimer Weise bereits und kann auch als ausdrückliche Würdigung des Phänomens gelesen werden. Genauso viel spricht aber auch dafür, sie ‚integriert‘ zu präsentieren – z.B. in einer Glokalgeschichte. In diesem Rahmen ist es einfacher, eine negative Verlängerung und Affirmierung von pauschalisierenden Fremderfahrungen zu vermeiden, die mit der gesonderten Darstellung von Migration immer gegeben sein könnte. In Migrationsmuseen wird die getrennte Wahrnehmung dadurch gefördert, dass die dort ausgestellten Objekte als Migrationsobjekte wahrgenommen werden. D.h. sie werden unbewusst ‚exotisiert‘. Selbst Leihgeber:innen solcher Objekte können zu einer Form von Selbstexotisierung verleitet werden. Um eine generalisierende und Differenzen erzeugende Geschichtsvermittlung

325 Museumsbund 2015, S. 8.

über ‚die Migrant:innen' und ‚deren Integration' in ‚die Gesellschaft' zu vermeiden und stattdessen bestehende Machtasymmetrien zwischen vermeintlicher Eigen- bzw. Fremdkulturalität aufzulösen, ist ein post-ethnischer bzw. postmigrantischer Paradigmenwechsel vorzuziehen. Dafür bietet der ‚melting-pot' Stadt ein sehr gutes Handlungs- und Themenfeld.[326]

Im Alltag haben wir es mit zwei Niveaus zu tun. Einerseits ist der postmigrantische Paradigmenwechsel vielfach schon vollzogen worden; andererseits haben sich aufgrund integrationstechnischer Defizite auch gesellschaftliche Segregationen erhalten bzw. erst herausbilden können, weil die nötigen Voraussetzungen für ein gleichberechtigtes, konstruktives Miteinander nicht offen ausgehandelt werden konnten. Das hat mitunter zur Selbsthistorisierung migrantischer Communities geführt.[327] Hier böten glokalgeschichtliche Museen Raum, um über ethnografische, methodische und theoretische Ansätze ein erhöhtes Maß an gemeinsamer gesellschaftlicher Selbstreflexion zu erzielen.

Während sich durch die Globalisierung die Dichotomie zwischen national und international auflöst, werden gleichzeitig Differenzerfahrungen in pluralistischen Gesellschaften prägender. Gesellschaftliche Diversität ist in einer pluralen Gesellschaft Normalität. Stuart Hall hält das Leben mit Differenz für „das Problem des einundzwanzigsten Jahrhunderts".[328] Das bedeutet, dass Gesellschaften heute ein entsprechendes Rüstzeug benötigen, um mit solchen Prozessen offen und verantwortlich umgehen zu können. Dafür ist eine kritische Auseinandersetzung mit den historisch geprägten rassistischen ‚Bildern in den Köpfen' in unserer Gesellschaft unabdingbar. Eines der Medien, die ein solches Rüstzeug ausbilden können, ist die „Schule des Befremdens". Museen und Ausstellungen als Schule des Befremdens und Sehens sollten die Gesellschaft daher „als Gesellschaft im Wandel, in Bewegung, in ständiger Transformation [...] explizieren, als Gesellschaft, die durch Kulturen im Plural und so durch dauernde Fremdheitserfahrungen, durch dauernde Kontakt- und Kontrasterfahrungen gekennzeichnet ist."[329]

Dabei muss bewusst bleiben, dass ein adäquater Umgang mit diesen Diffe-

---

326 Zur post-migrantischen Perspektive siehe auch Boris Nieswand/Heike Drotbohm (Hg.): Kultur, Gesellschaft, Migration. Die reflexive Wende in der Migrationsforschung (Studien zur Migrations- und Integrationsforschung). Wiesbaden 2014.

327 Siehe z.B. für die Frühphase der bundesdeutschen Geschichte die verbreitete Gründung von ostpreußischen, schlesischen etc. Heimatstuben.

328 Stuart Hall: Das verhängnisvolle Dreieck. Rasse, Ethnie, Nation. Berlin 2018, S. 106.

329 Gottfried Korff: Fragen zur Migrationsmusealisierung. In: Henriette Hampe (Hg.): Migration und Museum. Münster 2005, S. 13.

renzen wie mit dem ‚Fremden' sich nicht erlernen, sondern nur in einer Vielfalt kultureller Perspektiven aushandeln lässt.[330] Museen können durch das Visualisieren der Wechselwirkung von gegenseitigen Differenzerfahrungen und Abhängigkeitsverhältnissen dazu ein historisches Bewusstsein fördern, das im offensiven Umgang mit den Jahrhunderte alten Wurzeln der globalisierten Welt kompatible globale Lernräume erzeugt. Nur der kritische Rekurs auf die gemeinsame Vergangenheit kann die Grundlage für eine gemeinsame Zukunft liefern[331], denn die heutige globalisierte Gesellschaft steht – bildlich gesprochen – nachweislich „[a]uf den Ruinen der Imperien".[332] Mit der Neuzeit ist ein unumkehrbarer Prozess der Verquickung von Völkern, Kulturen und Nationen[333] eingetreten, der zwangsläufig ein ‚Ein-Welt-Denken' erfordert.

Vor diesem Hintergrund gilt es, in glokalhistorischen Ausstellungen „Objekt" und „Fragestellung" mit Blick auf die aktuellen gesellschaftlichen Bedürfnisse auf neue Weise zusammenführen. Die Bandbreite der potenziellen Inhalte ist groß und hängt auf der einen Seite von den lokal für notwendig erachteten Fragestellungen[334] und auf der anderen Seite von den zur Verfügung stehenden Objekten ab. In dieser Situation gilt es, in den Depots der Museen die „Orte des Vergessens", die „Null-Ort[e]"[335], deren negative Existenz – wie etwa im Fall der ethnologischen Sammlungen – bestimmte historische Epochen wie die Kolonialgeschichte quasi neutralisiert hat, neu zu entdecken. Damit tut sich für viele – in den vergangenen Jahren angesichts der geforderten Profilbildungen wegen ihrer vermeintlichen Sperrigkeit eher gescholtene, weil schlecht mit geschliffenen Leitbildern etikettierbare und vermarktbare – kulturgeschichtliche Museen mit ihrem breit gefächerten Fundus (von A wie Antike bis Z wie Zeitgeschichte) plötzlich wieder eine produktive Zukunft auf. Denn für die Umset-

---

330 Vgl. die entsprechenden Erfahrungen von Cécile Rousseau, Direktorin der Transkulturellen Kinderpsychiatrie in Montreal, die sich mit den psychischen Auswirkungen von Integrationsprozessen auf Einwandererkinder befasst; Petra Thorbrietz: Wer fremd ist, wird schneller krank. In: chrismon 10, 2015, S. 13–19; hier S. 18 f.

331 Mbembe 2014, S. 323.

332 Auf den Ruinen der Imperien. Geschichte und Gegenwart des Kolonialismus. Edition Le Monde diplomatique 18, 2016, Titel.

333 Mbembe 2014, S. 330.

334 Zur Auswahl möglicher Themenfelder siehe z.B. die unterschiedlichen Abteilungen der 2014 im Deutschen Hygienemuseum Dresden veranstalteten Ausstellung „Das Neue Deutschland. Von Migration und Vielfalt"; Ezli/Staupe 2014.

335 Vgl. Elsa van Wezel: Neue Impulse für die Museumsgeschichte: Ordnungskonzepte in Gemäldegalerien des 18. und 19. Jahrhunderts. In: Kunstchronik 86, 2015, H. 8, S. 446–452; hier S. 450.

zung multiperspektivischer Präsentationen bieten sie mit ihren facettenreichen Sammlungen wie ihrer eigenen historischen Entstehungsgeschichte beste Voraussetzungen.

Neben den insgesamt neu zu entdeckenden Sammlungsbeständen können auch die ‚klassischen' – altbekannten, gewohnten, erwarteten – stadtgeschichtlichen Objekte – wie der erwähnte Leggestempel, die Taufschale oder eine Skulpturengruppe wie das Brautportal der Marienkirche – durch anders akzentuierte Fragestellungen neu befragt werden und dadurch in der Ausstellung eine neue Funktion übernehmen. Für diese Neubefragung von Sammlungsbeständen können prinzipiell auch die kulturellen Kompetenzen jüngerer gesellschaftlicher Gruppen genutzt und in die Museumsarbeit einbezogen werden. Dies geschieht in Zusammenarbeit mit dem wissenschaftlichen Personal, die z.B. entsprechende Personen darum bitten, eine Auswahl von Objekten aus museumsexterner Perspektive zu kommentieren. Das Arbeiten mit solchen „Fokusgruppen"[336] ermöglicht – neben der partizipativen Einbindung – eine kritische Reflexion über die bisherigen Überlieferungsstrategien von Museen und ihren tradierten Sammlungsbeständen, bei denen subjektive Kommentare, die bei der Übergabe der Objekte notiert worden sind, bislang als vermeintlich objektives Faktenwissen eingestuft wurden. Mit solchen Verfahren wird über die Erschließung anderer Wissens- und Wahrnehmungsformen hinaus nicht nur neues Faktenwissen erschlossen, sondern es werden ebenso neue Perspektiven entwickelt.

Der auffällige Wunsch gerade jüngerer Bürger:innen wie der „Generation Y" nach größerer Interaktivität bieten in diesem Zusammenhang unter Umständen weitere Chancen für eine gesellschaftliche Annäherung zwischen der Bevölkerung und dem öffentlich-repräsentativen Ort des Museums. Durch die Umsetzung partizipativer, auch inklusiver Elemente – im Sinne einer verbesserten Einbindung breiterer gesellschaftlicher Gruppierungen – kann das Museum von den Kompetenzen der Gesellschaft profitieren, und die Gesellschaft kann das Potenzial des Museums als Kommunikationsort besser für sich nutzen. In den dabei stattfindenden Kommunikationsprozessen wird ‚Mut' trainiert, die eigene Haltung zu vertreten, andere Haltungen, Meinungen und kulturelle Prägungen

---

336 „In einem möglichst offenen, niedrigschwelligen Verfahren befassen sich die Fokusgruppen zunächst ohne jede Vorinformation von Seiten des Museums mit der unmittelbaren Materialität der Objekte, äußern Assoziationen, spontane Reaktionen, Kommentare, Erinnerungen, Fragen. In weiteren Schritten diskutieren und kommentieren die Fokusgruppen-Teilnehmer die den Museen bisher bekannten Objektinformationen." Lorraine Bluche/ Frauke Miera: Sammlungen neu sichten – Fokus Migration und kulturelle Vielfalt. In: Museumskunde 80, 2015, H. 1, S. 76–81; hier S. 77.

zu erkennen, zu deuten, sich mit ihnen zu konfrontieren und auseinanderzusetzen sowie die eigenen Identitäten wie die anderer neu zu kontextualisieren.

In den gegenwärtigen Migrationsgesellschaften wächst demnach gerade kulturgeschichtlichen Museen als Diskussionsplattformen für gesellschaftliche Fragestellungen eine ganz besondere, neue Relevanz zu. „Auch im 21. Jahrhundert kann sich die Institution des Museums als Verhandlungsort und Aktionsfeld für die Verortung von Individuum und Gesellschaft etablieren und mithelfen, neue Formen des verantwortlichen sozialen Handelns zu entwickeln. Es kann so die Suche nach persönlicher und kollektiver Verantwortung für ein demokratisch strukturiertes Zusammenleben unterstützen."[337] Erst in der Zusammenführung mehrerer Sichtweisen kann die historische Betrachtung eine positive Wendung nehmen, nämlich die, Weltgeschichte als gemeinsamen Zuwachs an Menschlichkeit zu verstehen und zu deuten. Die Weltgeschichte gehört allen; wir erleben sie in der lokalen Ausprägung. Ein glokales, mikro- und makrohistorische Ebenen verbindendes transnationales, multiperspektivisches Geschichtsverständnis weitet entsprechend den Blick.[338] Zumal: Möchte eine Gesellschaft gegen Fundamentalismen unantastbar sein bzw. werden, dann muss sie sich auch in ihrer kulturellen Vielfalt zeigen dürfen, und hier können Museen Entsprechendes leisten.

Die ‚Reparaturarbeiten', die eine glokale Geschichte leisten kann, sind vielfach Folge eines eurozentristischen Welt- und Geschichtsbildes. Formal ist der Eurozentrismus zwar nur „ein Ethnozentrismus unter vielen anderen. Seine Wirkung wurde allerdings dadurch verstärkt, dass er im Zuge des europäischen Imperialismus, der Ausbreitung kapitalistischer Produktionsweisen und schließlich der Verbreitung der modernen (europäischen) Sozialwissenschaften weltweite Verbreitung fand und Geltung beanspruchte."[339] So wie „die Vervielfältigung der Perspektiven"[340] eine wichtige Gegenstrategie ist, um die Dominanz des traditionellen eurozentristischen Blickwinkels durch die Einbeziehung weiterer Perspektiven zu überwinden, hilft Multiperspektivität ebenfalls zur Überwindung einseitiger national-, regional- und lokalzentrierter Geschichtsbilder, die dazu verleiten, fest konturierte Identitäten zu konstruieren.

---

337 Robert Gander u.a. (Hg.): Museum und Gegenwart. Verhandlungsorte und Aktionsfelder für soziale Verantwortung und gesellschaftlichen Wandel. Bielefeld 2015, Klappentext.

338 Mbembe 2014, S. 296.

339 Sebastian Conrad: Die Weltbilder der Historiker. Wege aus dem Eurozentrismus. In: APuZ 65, 2015, H. 41/42, S. 16–22; hier S. 18; zu Wegen aus dem Eurozentrismus siehe insbesondere S. 19 f.

340 Conrad 2015, S. 18.

Vergleichbar der post-kolonialen Betrachtung Dipesh Chakrabartys von Europa als Provinz[341], vergegenwärtigt der Paradigmenwechsel zur Glokalgeschichte in stadtgeschichtlichen Museen die bis in die Gegenwart fortwirkenden Prägungen wie das historische Erbe des Kolonialismus anhand ihrer lokalen Ausformungen. Die Entlarvung historischer Sichtweisen visualisiert, inwieweit diese historische Sozialisierung unserem Bewusstsein noch heute einen ‚Stempel' aufdrückt. Wichtig ist es, diese Prägungen in ihrer Funktion und Kraft als ‚Macht des Blickes' – im Sinne von ‚Macht ausüben' und ‚Macht zu spüren bekommen' – zu verstehen, um darauf adäquat reagieren zu können. Dieser Perspektivenwechsel ermöglicht es dann, das beschädigte, schikanierte Leben der ‚Anderen' durch seine Sichtbarmachung zu würdigen. Die gewidmete Aufmerksamkeit ist dabei in vielen Fällen durchaus auch als retrospektive Form der Trauerarbeit zu verstehen.[342]

Der vorgeschlagene Paradigmenwechsel korrespondiert durchaus mit den aktuell wahrnehmbaren kulturpolitischen Entwicklungen. In den letzten Jahrzehnten gab es einen deutlichen Trend zur Favorisierung von Sonderausstellungen, häufig in ihrer wirtschaftlich ausgerichteten Fassung als lukrative „Blockbuster"-Ausstellungen. Die Dauerausstellungen wurden dagegen wegen ihres eher statischen Charakters, der sich auch durch Veränderungsmaßnahmen nicht grundsätzlich auflösen lässt, eher vernachlässigt.[343] Mit den wachsenden Finanzierungsschwierigkeiten schränkt sich der Spielraum für attraktive Sonderausstellungen zunehmend ein, so dass eine gewisse Rückbesinnung auf die eigenen Sammlungsbestände und die Attraktivitätssteigerung der örtlichen Dauerausstellungen zu beobachten ist, zumal sie wichtige gesellschaftliche Anker für die öffentliche Diskussion von Fragen historischer Identität(en) sind. Man kann kulturpolitische Stimmen vernehmen, die wünschen, dass die Museen vermehrt in die städtische Öffentlichkeit wirken, indem sie aktuelle Debatten aufgreifen oder sogar selbst anstoßen.

So hat das Hamburger Museum für Kunst und Gewerbe beispielsweise bewusst die Ausstellungsfläche für seine permanente Islam-Abteilung mit dem Ziel verdoppelt, im Publikum kontroverse Diskussionen zum Thema „Islam"

---

341 Dipesh Chakrabarty: Europa als Provinz. Perspektiven postkolonialer Geschichtsschreibung. Frankfurt/M. 2010.

342 Siehe auch Mbembe 2014, S. 302 f.

343 Vgl. Nora Wegner: Publikumsmagnet Sonderausstellung – Stiefkind Dauerausstellung? Erfolgsfaktoren einer zielgruppenorientierten Museumsarbeit. Bielefeld 2015.

diskutieren zu können.[344] Überhaupt bieten im interkulturellen Diskurs gerade die ethnologisch ausgerichteten Museen offensichtlich gute Möglichkeiten, um mit aktuellen Bezügen auf sich aufmerksam zu machen. Ihr gegenwärtiger selbstkritischer Diskurs spiegelt sich abseits der eher symbolisch zu wertenden Umbenennungen in neuen Konzepten zur Erforschung der eigenen Sammlungen, bei denen sich Kooperationen mit den „source communities“ etablieren. Ähnlich wie bei den erwähnten Fokusgruppen kann deren Alltagswissen für die Interpretation von Objekten fruchtbar gemacht werden. Gleichzeitig ist in den Museen älteres Wissen tradiert worden, das in den Ursprungsgemeinschaften nicht mehr vorhanden ist und so neu entdeckt werden kann. Der Dialog ist also für alle Beteiligten von fundamentalem Interesse.[345]

Darüber hinaus spielen bei der Neubewertung der ethnologischen Museen und der Neusichtungen ihrer Sammlungen heute immer auch Fragen der Restituierung von Objekten eine wichtige Rolle, denn vieles ist während der Kolonialzeit auf Wegen in die Bestände gelangt, die kritisch hinterfragt werden müssen. Das betrifft z.B. aktuell die sog. Luschan-Sammlung mit 8.000 Skeletten, Schädeln und anderen menschlichen Überresten, die von der Berliner Charité für das Berliner „Humboldt Forum“ an die Stiftung Preußischer Kulturbesitz übergeben worden sind.[346]

Ob lokale ethnologische Sammlung oder groß inszeniertes „Humboldt Forum“: In allen Fällen ist wichtig zu beachten, dass die klare Ausrichtung an der Wissenschaftlichkeit der Institution Museum beibehalten wird. Denn Ausstellungen sind Reflexionsräume und dürfen nicht zu „Folkloreveranstaltungen“[347] degenerieren; nicht nur wegen ihres museologisch definierten Auftrags des Sammelns, Bewahrens, Forschens und Vermittelns. Die Mechanismen der Folklorisierung und Exotisierung, die leider nach wie vor nicht überwunden sind, verursachen ein Ausgrenzen bestimmter Communities, in aktuellen Debatten unter dem Schlagwort „Othering“ gefasst. „Mit der Exotisierung und Glorifizierung des ‚hybriden Anderen‘ besteht die Gefahr, gesellschaftliche Macht- und

344 Anette Rein: Informieren und Debattieren! Ein Gespräch mit der Ethnologin Prof. Dr. Susanne Schröter über Museen und die sog. Flüchtlingskrise. In: Museum aktuell 225, 2015, S. 8–13; hier S. 11.

345 Siehe dazu Kraus/Noack 2015.

346 Dpa: Preußenstiftung zur Rückgabe bereit. Herkunft von Gebeinen ist zu klären. In: NOZ, 1.4.2015, S. 28.

347 Rein 2015, S. 11.

Abb. 41: „V wie Vorfahren". Ahnenfiguren der Dogon aus Westafrika und Osnabrücker Porträts in der interkulturellen Sonderausstellung „Afrika, Afrika! Erinnerungen an einen Kontinent" © Museumsquartier Osnabrück/Fotografie: Thorsten Heese, 2007

Verteilungskämpfe wie rassistische Gewalt und Ausgrenzung zu verdecken."[348] Dadurch verlöre der post-koloniale Diskurs der kulturellen Hybridität an subversiver Kraft und würde kritikunfähig.

---

348 Imke Leicht: Multikulturalismus auf dem Prüfstand. Kultur, Identität und Differenz in modernen Einwanderungsgesellschaften. Berlin 2009, S. 128.

Das „Othering" kann allerdings durch eine enge inhaltliche Einbindung und Visualisierung langer Traditionslinien bzw. historischer Längsschnitte vermieden werden. Für die Ausrichtung historischer Museen bedeutet dies, dass anstelle einer strengen Identitätsbildung, die gesellschaftliche Ausschlüsse reproduziert resp. neu produziert, Geschichtsnarrationen wie „Glokalgeschichte" präsentiert werden, die die Reflexion über „das Eigene" und „das Fremde/Andere" ermöglichen. Es geht hier auch grundsätzlich um eine menschenrechtlich begründete Anerkennung kultureller Vielfalt, die sich klar von einer kulturromantischen Verklärung und dem unreflektierten Streben nach einem Erhalt kultureller Traditionen als Selbstzweck absetzt. Dieses Streben würde dem emanzipatorischen und kulturkritischen Potenzial der Menschenrechte widersprechen.[349] Und – auch das ist wichtig zu sagen – es geht

„nicht um die Herstellung von Gerechtigkeit gegenüber Kulturen, sondern gegenüber den Individuen. [...] An dem beständigen Aushandlungsprozess eines gesamtgesellschaftlichen Konsenses müssen alle Mitglieder der Gesellschaft partizipieren können, sodass sowohl eine rassistische Marginalisierung von Minderheitengruppen als auch eine paternalistische Glorifizierung des ‚Andersseins' grundsätzlich ausgeschlossen werden. Das gegenseitige, nicht-identitäre Ernstnehmen des ‚Anderen' anstatt einer ressentimentgeladenen Stigmatisierung entlang kulturalistischer Differenz- und Identitätskonzeptionen für ein gleichberechtigtes Miteinander impliziert jedoch nicht das Verbot der Kritik."[350]

Da es kaum wünschenswert sein kann, dass das lokal- oder regionalgeschichtlich ausgerichtete Museum im Sinne der Kompensationstheorie in den aktuellen Zeiten beschleunigter Veränderung als Reaktion auf Verunsicherung durch Überfremdungs- und Globalisierungsängste vermeintlich vertraute Identitäten produziert, dass es also als neue Form des „Heimatmuseums" eine ‚Renaissance'

---

349 Heiner Bielefeldt: Menschenrechte in der Einwanderungsgesellschaft. Plädoyer für einen aufgeklärten Multikulturalismus. Bielefeld 2007, S. 68. – „Der Kampf um soziale Gleichheit, individuelle Rechte und materielle Umverteilung wird durch eine feindlich gesinnte Festschreibung oder auch romantisierende Glorifizierung kultureller Identitäten und Differenzen in den Hintergrund gedrängt. Die kulturalistische Relativierung universaler Gleichheits- und Freiheitsrechte, die dem Schutz der Würde und der individuellen Selbstbestimmung jedes Menschen dienen, bedingt nicht nur Kritikunfähigkeit gegenüber Herrschafts- und Unterdrückungsverhältnissen. Vielmehr wird damit auch die allgemeine Durch- und Umsetzung von universellen Menschenrechten verweigert." Leicht 2009, S. 189.

350 Ebd., S. 192.

erlebt[351], bietet das „Museum für Glokalgeschichte" neue Perspektiven für eine kritische Auseinandersetzung mit historischen Phänomenen und ihren Wirkungsweisen auf allen Ebenen; von der lokalen über die nationale bis zur internationalen, europäischen und Weltgeschichte. „Diese Auseinandersetzung trägt schließlich dazu bei, ein Bewusstsein zu schaffen, dass Bürgerinnen und Bürger einer Stadt immer auch Teil einer globalen Verflechtungsgeschichte und somit ebenso mitverantwortlich für den Umgang mit dieser Geschichte sind."[352]

„Glokalgeschichte" bietet dann auch die Chance für eine Erweiterung des Begriffs der Erinnerungskultur auf andere wichtige Bereiche, die in globalisierten, städtisch geprägten Gesellschaften von hoher Aktualität sind. Nötig wäre dafür eine Form von Grundlagenforschung im städtischen Raum; dort, wo Differenzerfahrungen und Migrationskontakte alltäglich stattfinden. Sie würde gesellschaftspolitische Veränderungen der vergangenen Jahrzehnte abbilden, die bislang die bundesdeutsche – insbesondere auf den Holocaust fokussierte – Erinnerungskultur noch nicht ausreichend widerspiegelt. Wenn darüber hinaus über Jahrhunderte gesellschaftlich verankerte Kodierungen sichtbar gemacht, aus dem Unbewussten heraufbefördert werden sollen, sind neben dem konzeptionell veränderten Fragen sicher mittelfristig auch methodische Innovationen der Vermittlung gefragt, weil wir es mit sehr komplexen, nicht immer unmittelbar sichtbaren, mitunter subtilen Phänomen zu tun haben.[353]

Eine veränderte Gesellschaft hat andere Fragen an die Geschichte. Eine Migrationsgesellschaft hat mit de-lokalisierten, ent-orteten Menschen zu tun, deren Lebenswege mehrere Identitäten, Sprachen und Heimaten streifen. Sie sind Repräsentant:innen einer Kultur der Hybridität, die täglich (er)leben, dass Vorstellungen von kultureller Reinheit nicht aufrechterhalten werden können. Ihr gesellschaftliches Potenzial liegt darin, dass sie zwischen verschiedenen Identitäten vermitteln, dass sie ‚über-setzen' können. Diese gelebte Kultur der Hybridität produktiv nutzen bedeutet eine strategische Umkehrung des Prozesses von Dominanz und Unterwerfung; die kulturellen Differenzen sind nicht mehr eindeutig identifizierbar und können damit auch nicht mehr vereinnahmt werden.[354] Die „Glokalgeschichte im Museum" ist dazu das korrespondieren-

---

351 Vgl. Frank Maier-Solgk: Nie war die Heimat so wertvoll wie heute. Siegeszug des Ausstellungsmodells: Wie regionale Sammlungen die Identität und das Zugehörigkeitsgefühl stärken. In: Die Welt, 6.3.2015.

352 Gleich/Spatzek 2015, S. 44.

353 Siehe exemplarisch Ansätze wie Ralf Bohn: Szenische Hermeneutik. Verstehen, was sich nicht erklären lässt (Szenografie & Szenologie; 12). Colmar 2015.

354 Leicht 2009, S. 123–125.

de post-koloniale, post-migrantische Modell einer gesellschaftlichen musealen Reflexionsfläche, das dieser veränderten Gesellschaft und ihren Bedürfnissen Rechnung trägt, indem es einen musealen Verhandlungsort der interkulturellen Zuwanderungsgesellschaft schafft, der zwischen Kolonialgeschichte und „Gastarbeiter:innen", zwischen Differenzerfahrung und Vergemeinschaftung, zwischen Geschichte und Gegenwart die Brücke schlägt.

Abb. 42 : „la maison coloniale – Soldes [Angebote]. Meubles, sofas, objets du monde entier" © Thorsten Heese, Paris 2007

Davon ausgehend besteht, indem heute Kolonialismus in einer kritischen, progressiven Art und Weise ausgestellt wird, die Möglichkeit zu einem wirklichen Paradigmenwechsel: einem tatsächlichen ‚Ausverkauf' des Kolonialismus. In Zukunft könnten Museen als post-koloniale wie post-migrantische Institutionen transnationale Begegnungsorte sein, in denen das Erbe des Kolonialismus dazu benutzt wird, um falschen Entwicklungen vorzubeugen. In solchen Museen können Menschen dazu angeleitet werden, die Welt mit weit geöffneten Augen wahrzunehmen, und zwar ganz konkret von dem lokalen Standort aus, an dem sie sich befinden. Der überschaubare lokale Zugang hilft, die Realitäten, Probleme und Chancen kultureller Vielfalt besser zu erfassen. Das Lokale ist eine konkrete, fassbare Ebene, die sich mit dem alltäglichen Erfahrungshorizont einer multikulturellen Umwelt der Menschen deckt.[355] Alltagfloskeln wie „Die Welt ist ein Dorf!" bekommen hierdurch eine neue, tiefere Bedeutungsebene. Ein solcher Museumsdiskurs kann dazu beitragen, Raum für die tägliche Umsetzung von Gleichheits-, Freiheits- und Selbstbestimmungsrechten im Sinne eines Elementes zur Stabilisierung einer gemeinschaftlichen Identität in einer multikulturellen Gesellschaft zu schaffen, deren normative Basis diese Rechte bilden. Damit ist weniger ein humanitärer Appell als eine ganz selbstverständliche Durchsetzung der Menschrechte gemeint.[356]

In einer Migrationsgesellschaft wie der bundesdeutschen, die in einer globalisierten Welt auch in Zukunft zwangsläufig immer vielfältiger werden wird, in der Menschen aber immer lokal leben, bietet eine glokale Geschichtspräsentation ein adäquates Medium, um die gesellschaftlichen Prozesse einer gemeinsamen Aushandlung von Gemeinschaft und ihren Grundlagen durch den Rückgriff auf historische Grundlagen und Erfahrungen zu unterstützen. Die Geschichte ist dann nicht Basis einer vermeintlich einheitlichen ‚Ursprungsidentität', sondern ein ‚Pool' diverser Identitäten, der es ermöglicht, aus unterschiedlichen Richtungen blickend ein historisches Bewusstsein als Basis einer vielfältigen und pluralistischen Gesellschaft zu entwickeln. In dem Sinne, wie in diesem ‚Pool' historische Prozesse und Strukturen, Machtverhältnisse und Handlungsoptionen aufscheinen, werden hinderliche starre Identitäten wie die gelegentlich geforderte „Leitkultur" als ahistorisch entlarvt. So entsprechen Nationalkulturen

„Repräsentationssysteme[n], in denen soziale Differenzen innerhalb einer Gesellschaft durch die Erfindung gemeinsamer Traditionen, Symbole, historischer Erzählungen, Erinnerungen und Mythen unsichtbar werden. [...] [D]ie Idee der nationalen Identitäten [konnte] so lange aufrechterhalten werden [...], wie es möglich war, sie als solche zu repräsentieren. Mit dem Zeitalter der Globalisierung [sind] jedoch Veränderungsprozesse eingetreten, die zur ‚Erosion nationaler Identitäten', Mobilisierung lokaler Identitäten und Schaffung neuer ‚Identitäten der Hybridität' führten."[357]

Statt einer singulären Identität, die an einer starren „Leitkultur" ausgerichtet ist und die ‚das Andere' zwangsläufig exkludiert, wird flexibleren Identitätsfeldern

---

355 Thorsten Heese: Szenografie des Kolonialismus. Kolonialgeschichte als museales Narrativ; Vortrag auf dem 50. Deutschen Historikertag „Gewinner und Verlierer", Sektion „Beherrschen und Modernisieren", 26. September 2014; ders.: Die Entschlüsselung der „Szenografie des Kolonialismus" als postkoloniales Museumsnarrativ. In: Zeitschrift für Geschichtsdidaktik 15, 2016, S. 46–66.

356 Leicht 2009, S. 115 u. 141.

357 Ebd., S. 122.

Raum gegeben, die trotz – oder gerade wegen – ihrer größeren Vielschichtigkeit aufzeigen, wo wir herkommen und was uns prägt. Historische Prozesse abbilden heißt dann, Veränderbarkeit und ihre Ursachen und Voraussetzungen sichtbar zu machen. Demnach ist Kultur „nicht stabil, homogen und fest gefügt, sondern durch Offenheit, Widersprüche, Aushandlung, Konflikt, Innovation und Widerstand gekennzeichnet.“[358] Normative Basis und interkulturelle Vermittlungsinstanz dieser Aushandlungsprozesse sind die Menschenrechte.[359] Stadtgeschichte als Weltgeschichte denken bedeutet also, ein Bewusstsein dafür zu schaffen, dass Differenz und das Ziel einer gemeinsamen Conditio humana sich nicht widersprechen, sondern miteinander einhergehen. Der dafür notwendige Perspektivwechsel ist – das sei abschließend gesagt – auch eine Form von Reparationsleistung für die lange Verleugnung historischen Unrechts, wie es die Geschichte des Kolonialismus vielfach hervorgebracht hat. Um mit einer afrikanischen Stimme zu schließen:

„Diese Gewöhnung an den Tod des Anderen, mit dem man nichts gemein zu haben glaubt, diese vielfältigen Formen des Austrocknens der lebendigen Quellen des Lebens im Namen der Rasse oder des Unterschieds, all das hat tiefe Spuren in Denken und Vorstellung, in der Kultur wie auch in den sozialen und ökonomischen Beziehungen hinterlassen. Diese Wunden und Verletzungen behindern die Herstellung von Gemeinschaft. Tatsächlich ist die Konstruktion des Gemeinsamen untrennbar mit der erneuten Erfindung der Gemeinschaft verbunden.“[360]

---

358 Karl H. Hörning/Rainer Winter: Widerspenstige Kulturen. Cultural Studies als Herausforderung. Frankfurt/M. 1999, S. 9.

359 Leicht 2009, S. 119 u. 191.

360 Mbembe 2014, S. 331.

9. Epilog

„Ebony and Ivory lived together in perfect harmony
Side by side on my piano keyboard, oh Lord, why don't we?
We all know that people are the same wherever you go
There is good and bad in everyone
We learn to live, we learn to give
Each other what we need to survive together alive"

Nummer-eins-Hit von Paul McCartney und Stevie Wonder, 1982

„Eine universelle weiße Herrschaft existiert nicht.
Erst durch ihr Handeln werden Einzelne
Teil einer als ‚weiß' rubrizierten Tradition der Unterdrückung."

Ilja Trojanow, Ebony and Ivory, 2022[361]

361 taz, 16.02.2022, S. 11.

Abkürzungen

APuZ	Aus Politik und Zeitgeschichte
B.A.C.	Brandenburgisch-Afrikanische Compagnie
BAMF	Bundesamt für Migration und Flüchtlinge
BAOS	Bistumsarchiv Osnabrück
DKG	Deutsche Kolonialgesellschaft
DPH	Daniel-Pöppelmann-Haus Herford
EWG	Europäische Wirtschaftsgemeinschaft
GJ	Germania Judaica
GStA PK	Geheimes Staatsarchiv Preußischer Kulturbesitz Berlin
GWU	Geschichte in Wissenschaft und Unterricht
HUB	Herforder Urkundenbuch
JPG	Jahrbuch für Politik und Geschichte
LCI	Lexikon der christlichen Ikonographie
NLA OS	Niedersächsisches Landesarchiv, Abteilung Osnabrück
NLA W	Niedersächsisches Landesarchiv, Abteilung Wolfenbüttel
NOZ	Neue Osnabrücker Zeitung
OM	Osnabrücker Mitteilungen
OUB	Osnabrücker Urkundenbuch
taz	die tageszeitung
V.O.C.	Vereenigde Oost-Indische Compagnie
VOM	Virtuelles Osnabrücker Migrationsmuseum

Literatur

ACTA HISTORICO-ECCLESIASTICA, Oder Gesammlete Nachrichten von den neuesten Kirchen=Geschichten. Sr. Kön. Pohln. Und Churfürstl. Sächs. Allergn. Privilegio und unter Censur des Fürstl. Sachs.Weimar. Oberconsistorii. Bd. 8, 43.–48. Teil nebst Anhang. Weimar 1744.

Aly, Götz: Das Prachtboot. Wie Deutsche die Kunstschätze der Südsee raubten. Frankfurt/M. 2021.

Angster, Julia: Nationalgeschichte und Globalgeschichte. Wege einer ‚Denationalisierung' des historischen Blicks. In: APuZ 48, 2018, S. 10–17.

Assmann, Aleida: Die Sprache der Dinge. Der lange Blick und die wilde Semiose. In: Gumbrecht, Hans-Ulrich/Pfeiffer, Karl Ludwig (Hg.): Materialität der Kommunikation. Frankfurt/M. 1988, S. 237–251.

Avneri, Zvi (Hg.): Germania Judaica, Bd. II: Von 1238 bis zur Mitte des 14. Jahrhunderts. 2. Halbbd.: Maastricht – Zwolle. Tübingen 1968.

Bahlow, Hans: Deutsches Namenslexikon. Familien- und Vornamen nach Ursprung und Sinn erklärt. München 1967.

Barricelli, Michele: „Hat doch bei allen stattgefunden gehabt!" Empirische Erkundungen in einem Kooperationsprojekt von Schule und historischem Museum zum Thema „Migration 1500–2005". In: GWU 58, 2007, H. 12, S. 724–742.

Berger, Eva/Heese, Thorsten: Das Kulturgeschichtliche Museum in Osnabrück und seine neuen Abteilungen. In: OM 109, 2004, S. 277–283.

Berlin gemeinsam gestalten. Solidarisch. Nachhaltig. Weltoffen. Koalitionsvereinbarung zwischen Sozialdemokratische Partei Deutschlands (SPD), Landesverband Berlin und Die Linke, Landesverband Berlin und Bündnis 90/Die Grünen, Landesverband Berlin. Berlin 2016. https://daten.berlin.de/datensaetze/koalitionsvereinbarung-2016-2021 (letzter Aufruf: 5.1.2023).

Bielefeldt, Heiner: Menschenrechte in der Einwanderungsgesellschaft. Plädoyer für einen aufgeklärten Multikulturalismus. Bielefeld 2007.

Bley, Helmut: Afrika. Welten und Geschichten aus dreihundert Jahren. Berlin-Boston 2021.

Bluche, Lorraine/Miera, Frauke: Sammlungen neu sichten – Fokus Migration und kulturelle Vielfalt. In: Museumskunde 80, 2015, H. 1, S. 76–81.

Bohn, Ralf: Szenische Hermeneutik. Verstehen, was sich nicht erklären lässt (Szenografie & Szenologie; 12). Colmar 2015.

Borchers, Walter: Goldschmiedearbeiten des 17. und 18. Jahrhunderts in Osnabrücker Kirchen (Osnabrücker Geschichtsquellen und Forschungen; 8). Osnabrück 1966.

Börsch-Supan, H[elmut]: Der Maler Antoine Pesne. Franzose und Preuße. Friedberg 1986.

Börsch-Supan, Helmut: Die Gemälde Antoine Pesnes in den Berliner Schlössern (Aus Berliner Schlössern. Kleine Schriften; 7). Berlin 1982.

Bose, Friedrich von: Das Museum der Zukunft ist auch nicht mehr das, was es mal war. Zur Zeitlichkeit im Museum. In: schnittpunkt/Baur, Joachim (Hg.): Das Museum der Zukunft. 43 neue Beiträge zur Diskussion über die Zukunft des Museums. Bielefeld 2020, S. 269–274.

Brade, Christine und Lutz/Heckmanns, Jutta und Jürgen (Hg.): Juden in Herford. 700 Jahre jüdische Geschichte und Kultur (Herforder Forschungen; 4). Bielefeld 1990.

Brenne, Andreas (Hg.): Blutsbrüder. Der Mythos Karl May in Dioramen. Eine Dokumentation der Ausstellung des Museumsquartiers Osnabrück 26. Januar–2. Juni 2019. Bamberg-Radebeul 2022.

Brosda, Carsten: Sich Klarheit verschaffen. In: Mittelweg 36 30, 2021, H. 4, S. 9–13.

Bry, Johann Theodor von/Bry, Johann Israel von (Hg.): Warhafftige Historische Beschreibung deß gewaltigen Goltreichen Königreichs Guinea [...]. Frankfurt/M. 1603.

Bürcke, C[arl] (Hg.): Katalog des Städtischen Museums für heimatliche Alterthümer zu Herford. Herford 1898.

Burzan, Nicole/Eickelmann, Jennifer: Machtverhältnisse und Interaktionen im Museum. Frankfurt/M.-New York 2022.

Bußmann, Klaus/Schilling, Heinz (Hg.): 1648 – Krieg und Frieden in Europa. München 1998.

Chakrabarty, Dipesh: Europa als Provinz. Perspektiven postkolonialer Geschichtsschreibung. Frankfurt/M. 2010.

Commandeur, Beatrix u.a. (Hg.): Handbuch Museumspädagogik. Kulturelle Bildung in Museen (Kulturelle Bildung; 51). München 2016.

Commandeur, Beatrix u.a.: Industrie- und Technikmuseen. Historisches Lernen mit Zeugnissen der Industrialisierung (Museum konkret). Schwalbach/Ts. 2007.

Conrad, Sebastian: Die Weltbilder der Historiker. Wege aus dem Eurozentrismus. In: APuZ 65, 2015, H. 41/42, S. 16–22.

Czech, Alfred u.a. (Hg.): Museumspädagogik – Ein Handbuch. Grundlagen und Hilfen für die Praxis. Schwalbach/Ts. 2014.

Dauschek, Anja: Management als Museumsaufgabe. In: APuZ 57, 2007, H. 49, S. 20–26.

Debusmann, Robert/Riesz, János (Hg.): Kolonialausstellungen – Begegnungen mit Afrika? Frankfurt/M. 1995.

Deutscher Museumsbund e.V. (Hg.): Museen, Migration und kulturelle Vielfalt. Handreichungen für die Museumsarbeit. Berlin 2015.

Didczuneit, Veit: Der „Vorzeigegastarbeiter". Die Begrüßung des millionsten Gastarbeiters als Medienereignis. In: Paul, Gerhard (Hg.): Das Jahrhundert der Bilder. Bd. 2: 1949 bis heute. Göttingen 2008, S. 306–313.

Dodd, Jocelyn/Sandell, Richard (Hg.): Including Museums. Perspectives on Museums, Galleries and Social Inclusion. Leicester 2001.

Dreyer, Matthias/Wiese, Rolf (Hg.): Das offene Museum. Rolle und Chancen von Museen in der Bürgergesellschaft (Schriften des Freilichtmuseums am Kiekeberg; 74). Ehestorf 2010.

Duderstedt, Andreas: Evangelisch-lutherische Kirche St. Marien zu Lemgo (Große Baudenkmäler; 507). München-Berlin 1996.

Eilers, Silke/Cantauw, Christiane: Koloniales Erbe vom Dachboden: Angeschaut und nachgefragt. Kooperationsprojekt von WHB und Kommission Alltagskulturforschung des LWL. In: Heimat Westfalen 2, 2022, S. 32 f.

Eissenhauer, Michael/Ritter, Dorothea (Hg.): Museen und lebenslanges Lernen. Ein europäisches Handbuch. Berlin 2010.

Emejulu, Akwugo: Blackness in Berlin. Schwarzes Leben ist auch in Deutschlands kosmopolitischer Hauptstadt bis heute von Rassismus geprägt. Nicht jeder gehört überall dazu. In: taz, 14.12.2022, S. 11.

Ernst, Wolfgang: Geschichte, Theorie, Museum. In: Fliedl, Gottfried u.a. (Hg.): Erzählen, Erinnern, Veranschaulichen. Theoretisches zur Museums- und Ausstellungskommunikation (Museum zum Quadrat; 3). Wien 1992, S. 7–40.

Ethnologisches Museum und Museum für Asiatische Kunst im Humboldt Forum: Ethnologisches Museum und Museum für Asiatische Kunst. Die Museen mit Schätzen der Weltkulturen aus Afrika, Asien, Amerika und Ozeanien haben im September im Humboldt Forum in Berlin ihre Pforten eröffnet. In: Magazin Museum.de 44, 2021, S. 166–178.

Ezli, Özkan/Staupe, Gisela (Hg.): Das neue Deutschland. Von Migration und Vielfalt. Konstanz 2014.

Faster, Daniel: Zurückgeben. Über die Restitution afrikanischer Kulturgüter. Berlin 2019.

Feest, Christian (Red.): Indianer. Ureinwohner Nordamerikas. Schallaburg 2008.

Fliedl, Gottfried: Museumspädagogik als Interaktion. In: Fast, Kirsten (Hg.): Handbuch der museumspädagogischen Ansätze (Berliner Schriften zur Museumskunde; 9). Opladen 1995, S. 46–70.

Freie Hansestadt Bremen: Bremens Rolle im Kolonialismus und die Folgen. https://www.kultur.bremen.de/service/kolonialismus-13508 (letzter Aufruf: 5.1.2023).

Freie und Hansestadt Hamburg: Erinnerungskultur. Aufarbeitung des kolonialen Erbes. https://www.hamburg.de/bkm/koloniales-erbe/ (letzter Aufruf: 5.1.2023).

Gander, Robert u.a. (Hg.): Museum und Gegenwart. Verhandlungsorte und Aktionsfelder für soziale Verantwortung und gesellschaftlichen Wandel. Bielefeld 2015.

Geisenhanslüke, Ralf (Red.): Osnabrücker Zoogeschichte(n). 80 Jahre Zoo Osnabrück. Verlagsbeilage. In: NOZ, 16.7.2016.

Gesser, Susanne u.a. (Hg.): Das partizipative Museum. Zwischen Teilhabe und User Generated Content. Neue Anforderungen an kulturhistorische Ausstellungen. Bielefeld 2012.

Geulen, Christian: Geschichte des Rassismus (Bundeszentrale für politische Bildung, Schriftenreihe; 677). Bonn 2007.

Gleich, Paula von/Spatzek, Samira: Meine Stadt und Versklavung? Jugendliche auf Spurensuche in Bremen. In: APuZ 65, 2015, H. 50/51, S. 41–46.

Gründer, Horst (Hg.): „... da und dort ein junges Deutschland gründen". Rassismus, Kolonien und kolonialer Gedanke vom 16. bis zum 20. Jahrhundert. München 1999.

Gründer, Horst: Geschichte der deutschen Kolonien. 2. Aufl. Paderborn u.a. 1991.

Habermas, Rebecca: Rettungsparadigma und Bewahrungsfetischismus. Oder was die Restitutionsdebatte mit der europäischen Moderne zu tun hat. In: Sandkühler, Thomas u.a. (Hg.): Geschichtskultur durch Restitution? Ein Kunst-Historikerstreit. Köln 2021, S. 79–99.

Hall, Stuart: Das verhängnisvolle Dreieck. Rasse, Ethnie, Nation. Berlin 2018.

Hansen, Christin: „Wilde" im deutschen Identitätsdiskurs 1830–1870. Spuren des Exotischen im nationalen Denken und in kolonialen Bildern. Frankfurt/M.-New York 2021.

Harms, Volker: Andenken an den Kolonialismus. Eine Ausstellung des völkerkundlichen Instituts der Universität Tübingen (Ausstellungskataloge der Universität Tübingen; 17). Tübingen 1984.

Hasberg, Wolfgang: Vermittlung geschichtskultureller Kompetenzen in historischen Ausstellungen. In: Popp, Susanne/Schönemann, Bernd (Hg.): Historische Kompetenzen und Museen (Schriften zur Geschichtsdidaktik). Idstein 2009, S. 211–236.

Haverkamp, Alfred (Hg.): Zur Geschichte der Juden im Deutschland des späten Mittelalters und der frühen Neuzeit (Monographien zur Geschichte des Mittelalters; 24). Stuttgart 1981.

Hayes, Deby/Slater, Alix: Rethinking the missionary position – the quest for sustainable audience development strategies. In: Managing Leisure 7, 2002.

Heese, Thorsten: Osnabrück und die Kolonial-Ausstellung von 1913. Eine westfälische Stadt auf dem kolonial-imperialen Olymp In: Bechhaus-Gerst, Marianne u.a. (Hg.): Nordrhein-Westfalen und der Imperialismus. Berlin 2022, S. 344–363.

Heese, Thorsten: Stadtgeschichte als lokale Weltgeschichte erzählen. Zur Theorie und Praxis postkolonialer Museumsnarrative als Entschlüsselung und Überwindung kolonialer Szenografien. In: Bischoff, Sebastian u.a. (Hg.): Koloniale Welten in Westfalen (Studien und Quellen zur Westfälischen Geschichte; 89). Paderborn 2021, S. 313–331.

Heese, Thorsten: Auf dem Weg in ein post-koloniales Utopia oder: Warum „Leopold" uns heute noch etwas zu sagen hat. Ein Essay. https://www.kulturabdruck.de/wp-content/uploads/2021/05/Auf-dem-Weg-in-ein-postkoloniales-Utopia.pdf (letzter Aufruf: 5.1.2023).

Heese, Thorsten: „de joden belde". Judentum und antijüdische Propaganda im spätmittelalterlichen Osnabrück. In: OM 124, 2019, S. 57–108.

Heese, Thorsten: Kluge und Törichte Jungfrau vom Brautportal der Marienkirche Osnabrück. In: Stiegemann, Christoph (Hg.): Gotik. Der Paderborner Dom und die Baukultur des 13. Jahrhunderts in Europa. Paderborn-Petersberg 2018, S. 546 f.

Heese, Thorsten: Glokalgeschichte ins Museum! Kann/muss Stadtgeschichte heute als lokale Weltgeschichte ausgestellt werden? In: IMIS-Beiträge 51, 2017, S. 127–152.

Heese, Thorsten: „... an diesem Orte wohl etwas Neues" – Osnabrücks frühe Begegnung mit Afrika, glokalgeschichtlich interpretiert. In: OM 122, 2017, S. 129–150.

Heese, Thorsten: Von Heiden, Herren und Händlern. Die Osnabrücker „Mohren Tauffe" als Grenzüberschreitung. In: Fenske, Uta u.a. (Hg.): Grenzgang – Grenzgängerinnen – Grenzgänger. Historische Perspektiven. Festschrift für Bärbel P. Kuhn zum 60. Geburtstag. St. Ingbert 2017, S. 155–169.

Heese, Thorsten: Kolonialwarenhandel in Osnabrück. In: Spilker, Rolf (Hg.): Waren, Welt und Wirtschaftswunder. Die Große Straße in Osnabrück um 1900. Osnabrück-Belm 2017, S. 56–63.

Heese, Thorsten: Die Entschlüsselung der „Szenografie des Kolonialismus" als postkoloniales Museumsnarrativ. In: Zeitschrift für Geschichtsdidaktik 15, 2016, S. 46–66.

Heese, Thorsten (Hg.): Faces of Migration (Edition Sozio-Publishing; 155). Osnabrück-Belm 2016.

Heese, Thorsten (Hg.): Topografien des Terrors. Nationalsozialismus in Osnabrück (Osnabrücker Kulturdenkmäler; 16). Osnabrück-Bramsche 2015.

Heese, Thorsten: sehen – erzählen – kommunizieren. Museale Topografie und historische Bewusstseinsbildung: Felix-Nussbaum-Haus/Kulturgeschichtliches Museum Osnabrück. In: Gleba, Gudrun (Hg.): Osnabrück. Stadt – Land – Lernort. Festschrift zum 60. Geburtstag von Thomas Vogtherr. Bielefeld 2015, S. 81–103.

Heese, Thorsten: Außerschulische Lernorte im Geschichtsunterricht: Das Museum. In: Kuhn, Bärbel u.a. (Hg.): Geschichte erfahren im Museum (Historica et Didactica; 6). St. Ingbert 2014, S. 13–21.

Heese, Thorsten: Museum 2.0 und Migration – Das „Virtuelle Osnabrücker Migrationsmuseum" als Instrument partizipativer Museumsarbeit. In: JPG 4, 2013, S. 45–66.

Heese, Thorsten: Gestern Besucher – morgen lebenslanger ‚User'. Jüngere Trends in der Museumspädagogik. In: GWU 63, 2012, H. 11/12, S. 705–719.

Heese, Thorsten: Das Kulturgeschichtliche Museum Osnabrück als historischer Lernort. In: OM 115, 2010, S. 187–198.

Heese, Thorsten: Das koloniale Osnabrück. In: Heyden, Ulrich van der/Zeller, Joachim (Hg.): Kolonialismus hierzulande. Eine Spurensuche in Deutschland. Erfurt 2008, S. 40–47.

Heese, Thorsten: Vergangenheit „begreifen". Die gegenständliche Quelle im Geschichtsunterricht (Methoden Historischen Lernens). Schwalbach/Ts. 2007.

Heese, Thorsten: „... ein eigenes Local für Kunst und Alterthum". Die Institutionalisierung des Sammelns am Beispiel der Osnabrücker Museumsgeschichte (Osnabrücker Kulturdenkmäler; 12). Bramsche 2004.

Heese, Thorsten: Das erweiterte Warenangebot. Überseebeziehungen und Kolonialwarenhandel. In: Haverkamp, Michael/Teuteberg, Hans-Jürgen (Hg.): Unterm Strich – Von der Winkelkrämerei zum E-commerce. Bramsche 2000, S. 157–179.

Heese, Thorsten: Von Mohren und Menschen. Der afrikanische Diener der Äbtissin Johanna Charlotte. In: Historisches Jahrbuch für den Kreis Herford 5, 1997, S. 67–78.

Heese, Thorsten: „... Und über ferner Gauen lichter Pracht soll segenrauschend Deutschlands Banner wehen.“ Kolonialismus und Bewußtseinsbildung in Osnabrück. In: OM 101, 1996, S. 197–261.

Heese, Thorsten: Mit Schulterband und Schleife „... zum Lustre Unsers Stifts ...“ Ehre, Eitelkeiten und Intrigen im Zeichen des Herforder Damenstiftsordens. In: Historisches Jahrbuch für den Kreis Herford 2, 1994, S. 65–100.

Hehemann, Rainer (Bearb.): Biographisches Handbuch zur Geschichte der Region Osnabrück (Schriftenreihe Kulturregion Osnabrück des Landschaftsverbandes Osnabrück e.V.). Osnabrück 1990.

Hochreiter, Walter: Vom Musentempel zum Lernort. Zur Sozialgeschichte deutscher Museen 1800–1914. Darmstadt 1994.

Hörning, Karl H./Winter, Rainer: Widerspenstige Kulturen. Cultural Studies als Herausforderung. Frankfurt/M. 1999.

Hund, Wulf D.: Wie die Deutschen weiß wurden. Kleine (Heimat)Geschichte des Rassismus. Stuttgart 2017.

Hürlimann, Annemarie: Zum Umgang mit Dingwelten in der aktuellen Ausstellungspraxis. Ein Plädoyer für die Schaulust, den geduldigen Blick und die Phantasie. In: Hartung, Olaf (Hg.): Museum und Geschichtskultur. Ästhetik – Politik – Wissenschaft (Sonderveröffentlichung der Gesellschaft für Kieler Stadtgeschichte; 52). Bielefeld 2006, S. 60–71.

Hurston, Zora Neale: Baracoon. Die Geschichte des letzten amerikanischen Sklaven. 3. Aufl. München 2020.

Igel, Karsten: Zentren der Stadt. Überlegungen zu Stadtgestalt und Topographie des spätmittelalterlichen Osnabrücks. In: OM 106, 2001, S. 11–47.

Irsigler, Franz: Juden und Lombarden am Niederrhein im 14. Jahrhundert. In: Haverkamp, Alfred (Hg.): Zur Geschichte der Juden im Deutschland des späten Mittelalters und der frühen Neuzeit (Monographien zur Geschichte des Mittelalters; 24). Stuttgart 1981, S. 122–162.

Jacobmeyer, Wolfgang: Labor, Schaubühne, Identitätsfabrik, Musentempel, Lernort. Die Institution Museum als didaktische Herausforderung. In: Mütter, Bernd u.a. (Hg.): Geschichtskultur. Theorie – Empirie – Pragmatik. (Schriften zur Geschichtsdidaktik; 11). Weinheim 2000, S. 142–155.

Janusch, Nicola: Das Humboldt Forum im neuen alten Berliner Schloss. Von Forschergeist durchdrungen, Gesellschaft verstehen [...] bei freiem Eintritt. In: Magazin museum.de 27, 2016, S. 18–31.

Jürgensen, Frank: ÜberFührungen. Mskr. Hamburg 2013.

Kaster, Karl Georg: Die Stadtgeschichtliche Ausstellung als „Entscheidungsprozess". Motive, Bedingungen, Entscheidungsfelder. Ziele am Beispiel des Kulturgeschichtlichen Museums Osnabrück. In: Steen, Jürgen (Red.): Zur Struktur der Dauerausstellung stadt- und heimatgeschichtlicher Museen. Frankfurt/M. 1998, S. 15–22.

Kaster, Karl Georg/Steinwascher, Gerd (Hg.): V.D.M.I.Æ. Gottes Wort bleibt in Ewigkeit. 450 Jahre Reformation in Osnabrück (Osnabrücker Kulturdenkmäler; 6). Bramsche 1993.

Kaster, Karl Georg: Von der Eindimensionalität zur Mehrdimensionalität der Geschichte. Zum Konzept der Stadtgeschichtlichen Ausstellung des Kulturgeschichtlichen Museums. In: Anschläge 13, 1987, S. 4–7.

Kaster, Karl Georg: Ansprüche und Widersprüche einer historischen Ausstellung. Kann man Geschichte ausstellen? Darf man aus Geschichte lernen? Einige Thesen zum Verhältnis von Geschichtswissenschaft und historischen Ausstellungen am Beispiel der Ausstellung „1200 Jahre Osnabrück". In: OM 86, 1980, S. 132–159.

Kaster, Karl Georg (Mitarb.): Osnabrück. 1200 Jahre Fortschritt und Bewahrung. Profile bürgerlicher Identität. Nürnberg 1980.

Kirschbaum, Engelbert (Hg.): Lexikon der christlichen Ikonographie. Sonderausgabe. Rom u.a. 1994.

Kittel, Ingeborg: Mohren als Hofbediente und Soldaten im Herzogtum Braunschweig-Wolfenbüttel. In: Braunschweigisches Jahrbuch 46, 1965, S. 78–103.

Kollar, Elke: Abschied vom klassischen Museumsverständnis. Wege zu und mit einem heteregonen Publikum. In: Museumskunde 1, 2020, S. 10–15.

Kontaktstelle für Sammlungsgut aus kolonialen Kontexten in Deutschland. www.cp3c.de (letzter Aufruf: 5.1.2023).

Korff, Gottfried: Dimensionen der Dingbetrachtung. Unveröffentlichtes Manuskript eines Vortrags am 6. Dezember 2004 auf der Zeche Zollverein. In: Landesmuseum Joanneum Museumsakademie Graz: Zeichenträger und Anmutungsqualität. Zur Eigenart der Museums-Dinge. Reader zum gleichnamigen Seminar. Graz 23./24. März 2007.

Korff, Gottfried: Fragen zur Migrationsmusealisierung. In: Hampe, Henriette (Hg.): Migration und Museum. Münster 2005, S. 13.

Korff, Gottfried: Zur Eigenart der Museumsdinge (1992). In: ders.: Museumsdinge. Deponieren – exponieren. Hg. v. Eberspächer, Martina u.a. Köln u.a. 2002, S. 140–145.

Korff, Gottfried/Roth, Martin (Hg.): Das historische Museum. Labor, Schaubühne, Identitätsfabrik. Frankfurt/M. u.a. 1990.

Kosche, Rosemarie: Studien zur Geschichte der Juden zwischen Rhein und Weser im Mittelalter (Forschungen zur Geschichte der Juden. Abt. A: Abhandlungen; 15). Hannover 2002.

Kraus, Michael/Noack, Karoline (Hg.): Quo vadis, Völkerkundemuseum? Aktuelle Debatten zu ethnologischen Sammlungen in Museen und Universitäten. Bielefeld 2015.

Kühling, Karl: Die Juden in Osnabrück. Osnabrück 1969.

Lange, Britta: Geschichte als Argument. Deutsche Kolonien und deutsche ,Heimat' in der Berliner Gewerbeausstellung 1896 und in der Retrospektive 1996/2007. In: JPG 4, 2013, S. 67–86.

Leicht, Imke: Multikulturalismus auf dem Prüfstand. Kultur, Identität und Differenz in modernen Einwanderungsgesellschaften. Berlin 2009.

Lentz, Sarah/Hagedorn, Jasper: „Unsere weiß-roth-weiße Flagge ohne Flecken"? Bremische Verflechtungen mit der atlantischen Versklavtenwirtschaft im 18. und 19. Jahrhundert. In: Steinführer, Henning (Hg.): Aspekte des Kolonialen in der Geschichte von Niedersachsen und Bremen. Tagungsband zur Jahrestagung der Historischen Kommission für Niedersachsen und Bremen in Cuxhaven am 17. und 18. Juni 2022 (in Vorbereitung).

Lenz, Siegfried: Heimatmuseum. Roman. Hamburg 1978.

Lexikon des Mittelalters. Studienausgabe. Bd. 5. Stuttgart-Weimar 1999.

Ludovici, Johannes: MOHREN Tauff=Predigt/ Welche bey angestelter Tauffe eines Mohren/ so zu Osnabrüg in St. Marien Kirch am 18 Maij st. n. Anno 1661 durch die Heilige Tauffe dem HERRN Christo zugeführet und einverleibet worden/ Gehalten/ Und auff begehren zum Druck übergeben/ Von M. Iohanne Ludovici, Mindano, Past. Zu St. Catharinen und Superintend. Daselbst. Mit beygefügtem Verzeichnüß/ wie und wann mit was Ceremonien solche Tauffe des Mohren verrichtet. Osnabrück 1661.

Maar, Christa/Burda, Hubert (Hg.): Iconic Turn. Die neue Macht der Bilder. 2. Aufl. Köln 2004.

Maier-Solgk, Frank: Nie war die Heimat so wertvoll wie heute. Siegeszug des Ausstellungsmodells: Wie regionale Sammlungen die Identität und das Zugehörigkeitsgefühl stärken. In: Die Welt, 6.3.2015.

Mandel, Birgit: Das Museum als dritter Ort und guter Nachbar? Wie das Bemühen um neue und andere Besucher*innen Museen transformiert. In: Museumskunde 1, 2020, S. 4–8.

Martin, Peter: Schwarze Teufel, edle Mohren. Hamburg 1993.

Mattioli, Aram: Verlorene Welten. Eine Geschichte der Indianer Nordamerikas 1700–1910. Stuttgart 2018.

Mayer, Ulrich u.a. (Hg.): Wörterbuch Geschichtsdidaktik. 4. Aufl. Frankfurt/M. 2022.

Mbembe, Achille: Ausgang aus der langen Nacht. Versuch über ein entkolonisiertes Afrika. Berlin 2016.

Mbembe, Achille: Kritik der schwarzen Vernunft. Berlin 2014.

Meijer-van Mensch, Léontine: Vom Besucher zum Benutzer. In: Museumskunde 74, 2009, S. 20–26.

Messerschmidt, Astrid: Kritische Gedenkstättenpädagogik in der Migrationsgesellschaft. In: APuZ 66, 2016, H. 3/4, S. 16–22.

Meza Torres, Andrea: Dekolonisation des kollektiven Gedächtnisses in den Museen der Stadt. In: Zwischenraum Kollektiv (Hg.): Decolonize the City! Zur Kolonialität der Stadt. Münster 2017, S 136–155.

Möhring, Maren: Fremdes Essen. Die Geschichte der ausländischen Gastronomie in der Bundesrepublik Deutschland. München 2012.

Newman, Karin: Anglo-Hamburg Trade in the late Seventeenth and Early Eighteenth Centuries. London 1979.

Nieswand, Boris/Drotbohm, Heike (Hg.): Kultur, Gesellschaft, Migration. Die reflexive Wende in der Migrationsforschung. Wiesbaden 2014.

Nightingale, Eithne/Sandell, Richard (Hg.): Museums, Equality and Social Justice. London 2012.

Oltmer, Jochen: Migration vom 19. bis zum 21. Jahrhundert (Enzyklopädie deutscher Geschichte; 86). 3. Aufl. Berlin-Boston 2016.

Oltmer, Jochen: Globale Migration. Geschichte und Gegenwart (Schriften der Bundeszentrale für politische Bildung; 1309). Bonn 2012.

Pandel, Hans-Jürgen: Museumspädagogische Materialien in der Geschichtskultur. In: Zeitschrift für Geschichtsdidaktik 2006, S. 109–118.

Pandel, Hans-Jürgen: Geschichtsunterricht nach PISA (Forum Historisches Lernen). Schwalbach/Ts. 2005.

Pape, Rainer/Huchzermeyer, Lisa: Wertvolles und Verborgenes aus dem Herforder Museum (Freie und Hansestadt Herford; 8). Herford 1991.

Pape, Rainer/Sandow, Erich (Bearb.): Urkundenbuch der Stadt Herford, Tl. 1: Urkunden von 1224–1450 (Herforder Geschichtsquellen; 1). Herford 1968.

Penny, H. Glenn: Im Schatten Humboldts. Eine tragische Geschichte der deutschen Ethnologie. München 2019.

Piesch, Gerd-Ulrich: Katholische Pfarrkirche St. Johann Osnabrück (Schnell Kunstführer; 2376). Regensburg 1999.

Piontek, Anja: Museum und Partizipation. Theorie und Praxis kooperativer Ausstellungsprojekte und Beteiligungsangebote. Bielefeld 2017.

Pomian, Krzysztof: Der Ursprung des Museums. Vom Sammeln. Neuausgabe. Berlin 1998.

Poppinga, Reemt Reints: Brandenburgs Kriegsschiffe im XVII. Jahrhundert. In: Schiff und Zeit 30, 1989, S. 49–62.

Poppinga, Reemt Reints: Brandenburgs Sklavenhandel über Emden. Der Dreieckstörn Emden – Westafrika-Westindien – Emden. In: Ostfriesland 4, 1986, S. 10–14.

Poser, Alexis von/Baumann, Bianca (Hg.): heikles erbe. Koloniale Spuren bis in die Gegenwart. Hannover-Dresden 2016.

Präsidium der Universität Kassel (Hg.): 40 Jahre Universität Kassel. Natur, Technik, Kultur, Gesellschaft. Kassel 2011.

Raisch, Herbert: Handlungs- und Produktionsorientierung. Ein grundlegendes Konzept historischen Lernens. In: Uffelmann, Uwe: Neue Beiträge zum Problemorientierten Geschichtsunterricht. Idstein 1999, S. 63–90.

Raphael-Hernandez, Heike: Deutsche Verwicklungen in den transatlantischen Sklavenhandel. In: APuZ 65, 2015, H. 50/51, S. 35–40.

Reden, F.W. Freiherr von: Der Leinwand- und Garnhandel Norddeutschlands. Hannover 1838.

Rein, Anette: Informieren und Debattieren! Ein Gespräch mit der Ethnologin Prof. Dr. Susanne Schröter über Museen und die sog. Flüchtlingskrise. In: Museum aktuell 225, 2015, S. 8–13.

Reinhard, Wolfgang: Die Unterwerfung der Welt. Globalgeschichte der europäischen Expansion 1415–2015. 5. Aufl. München 2020.

Röling, Theodor: Osnabrücksche Kirchen=Historie, darinnen die wunderbaren Schickungen GOttes über die evangelische Kirche zu Osnabrück erzehlet werden. Frankfurt/M.-Leipzig 1755.

Röll, Walter: Zu den Judeneiden an der Schwelle zur Neuzeit. In: Haverkamp, Alfred (Hg.): Zur Geschichte der Juden im Deutschland des späten Mittelalters und der frühen Neuzeit (Monographien zur Geschichte des Mittelalters; Bd. 24). Stuttgart 1981, S. 163–204.

Rothert, Hermann: Geschichte der Stadt Osnabrück im Mittelalter. Zwei Teile. Osnabrück 1938.

Rüsen, Jörn: Für eine Didaktik historischer Museen. Gegen eine Verengung im Museumsstreit um die Geschichtskultur. In: Geschichtsdidaktik 3, 1987, S. 267–276.

Sandkühler, Thomas u.a.: Restitution und Geschichtskultur im (post-)kolonialen Kontext. Facetten einer schwierigen Debatte. In: ders. u.a. (Hg.): Geschichtskultur durch Restitution? Ein Kunst-Historikerstreit. Köln 2021, S. 9–33.

Sarr, Felwine: „Es geht nicht um Rache“. In: Amnesty Journal 2, 2020, S. 7.

Sarr, Felwine/Savoy, Bénédicte: Restituer le patrimoine africain. Paris 2018. www.restitutionsreport2018.com.

Savoy, Bénédicte: Die Provenienz der Kultur. Von der Trauer des Verlusts zum universalen Menschheitserbe (Fröhliche Wissenschaft; 135). Berlin 2018.

Schäfer, Walter: Effigies Pastorum. Die Pastoren an St. Katharinen. 400 Jahre Kirchengeschichte in Bildern und Urkunden aus den Quellen. Osnabrück 1960.

Schieckel, Harald: Die Patenkinder der Prinzessin Hedwig Sophie Auguste von Holstein-Gottorp j. L., Pröpstin zu Quedlinburg und Äbtissin von Herford, aus den Jahren 1719 bis 1764. Ein Beitrag zur Namensgebung bei fürstlichen Patenschaften und zur Verbreitung des Namens August(e). In: Herforder Jahrbuch 9, 1968, S. 68–74.

Schmidt, Aiko: Das Neue Fleischhaus, das Magazin der kurbrandenburgischen Flotte und das Kornvorratshaus: ein und dasselbe Gebäude in verschiedenen Nutzungen – sowie weitere Gebäude in der Großen Brückstraße. In: Uphoff, Rolf (Hg.): Emden. Historische Stationen in der ostfriesischen Metropole (Schriftenreihe des Stadtarchivs Emden; 12). Emden 2014, S. 5–20.

Schmidt, Aiko: Vissers Hoop und die Schiffswerft am nördlichen Falderndelft. In: Uphoff, Rolf (Hg.): Emden. Historische Stationen in der ostfriesischen Metropole (Schriftenreihe des Stadtarchivs Emden; 12). Emden 2014, S. 23–45.

Schneider, Gerhard: Das Deutsche Kolonialmuseum Berlin und seine Bedeutung im Rahmen der preußischen Schulreform um die Jahrhundertwende. In: Mitarbeiter des Historischen Museums (Hg.): Die Zukunft beginnt in der Vergangenheit. Museumsgeschichte und Geschichtsmuseum (Schriften des Historischen Museums Frankfurt am Main; 16). Frankfurt/M. 1982, S. 155–199.

Schöttner-Ubozak, Benjamin: Vom Osnabrücker Land in die „Neue Welt" – Ein Kontobuch als historische Quelle der deutschen Nordamerikaauswanderung. In: OM 127, 2022. S. 197-211.

Schulte Beerbühl, Margrit: Zwischen Leinen und Zigarren. Von Westfalen in die Karibik, nach Afrika und zurück (ca. 1660–1922). In: Bechhaus-Gerst, Marianne u.a. (Hg.): Nordrhein-Westfalen und der Imperialismus. Berlin 2022, S. 69–89.

Schulte Beerbühl, Margrit: Linen merchants from the Duchy of Berg, Lower Saxony, Westphalia and their global trade in the 18th century. In: Weber, Klaus/Wimmler, Jutta (Hg.): Globalized Peripheries. Central Europe and the atlantic World, 1680–1860. Woodbridge 2020, S. 151–168.

Schultze, Johannes: Die Mark Brandenburg. 5: Von 1648 bis zu ihrer Auflösung und dem Ende ihrer Institutionen, Berlin 1969.

Schulz, Heinrich: Johanna Charlotte Markgräfin von Brandenburg-Schwedt. Äbtissin des Reichsstifts Herford (1729–1750). In: Herforder Jahrbuch 1, 1960, S. 35–58.

Sloterdijk, Peter: Museum: Schule des Befremdens. In: Frankfurter Allgemeine Magazin 472, 1989, S. 56–66.

Spickernagel, Ellen/Walbe, Brigitte (Hg.): Lernort contra Musentempel. 3. Aufl. Gießen 1979.

Stadt Osnabrück (Hg.): Christina, Königin von Schweden. 2. Aufl. Bramsche 1998.

Stadt Osnabrück u.a. (Hg.): Dritte Welt Bilanz Osnabrück. Menschen erkunden ihre Stadt. Osnabrück 1995.

Steen, Jürgen: Kategorien der Darstellung von Geschichte im Museum. In: Museumskunde 60, 1995, S. 23–26.

Steinwascher, Gerd: Osnabrück und der Westfälische Frieden (Osnabrücker Geschichtsquellen und Forschungen; 42). Osnabrück 2000.

Steltzer, Hans-Georg: „Mit herrlichen Häfen versehen". Brandenburgisch-preußische Seefahrt vor dreihundert Jahren. Frankfurt/M. 1981.

Sternfeld, Nora: Kontaktzonen der Geschichtsvermittlung. Transnationales Lernen über den Holocaust in der postnazistischen Migrationsgesellschaft. Wien 2013.

Stiftung Deutsches Historisches Museum (Hg.): Deutscher Kolonialismus. Fragmente seiner Geschichte und Gegenwart. Berlin-Darmstadt 2016.

Stiftung Humboldt Forum im Berliner Schloss. https://www.humboldtforum.org (letzter Aufruf: 5.1.2023).

Stüve, C[arl]: Briefe des Osnabrückschen Bürgermeisters G. Schepeler aus Münster im Jahre 1647. In: OM 15, 1890, S. 303–339.

Stüve, [Johann Carl Bertram]: Zur Entstehungsgeschichte der Stadt Osnabrück. In: OM 11, 1878, S. 119–213.

Stüve, [Johann Carl Bertram]: Der Handel von Osnabrück. In: OM 6, 1860, S. 80–168.

Thorbrietz, Petra: Wer fremd ist, wird schneller krank. In: chrismon 10, 2015, S. 13–19.

Trojanow Ilija: Ebony and Ivory. Eine universelle weiße Herrschaft existiert nicht. Erst durch ihr Handeln werden Einzelne Teil einer als „weiß" rubrizierten Tradition der Unterdrückung. In: taz, 16.02.2022, S. 11.

Virtuelles Osnabrücker Migrationsmuseum (VOM). https://www.museumsquartier-osnabrueck.de/virtuelles-osnabruecker-migrationsmuseum/.

Vogel, Brigitte: Inklusion – Integration – Migration. Das Museum als Raum für gesellschaftspolitische Herausforderungen? In: GWU 68, 2017, H. 1/2, S. 39–51.

Wappelhorst Annika: Forging New Narratives, Step by Step. Postcolonial and Decolonial City Walking Tours in Germany. Masterarbeit Universität Jönköping 2022.

Weber, Klaus: „Krauts" und „true born Osnabrughs". Ländliche Leinenweberei, früher Welthandel und Kaufmannsmigration im atlantischen Raum vom 17. bis 19. Jahrhundert. In: IMIS-Beiträge 29, 2006, S. 37–69.

Wegner, Nora: Publikumsmagnet Sonderausstellung – Stiefkind Dauerausstellung? Erfolgsfaktoren einer zielgruppenorientierten Museumsarbeit. Bielefeld 2015.

Wezel, Elsa van: Neue Impulse für die Museumsgeschichte: Ordnungskonzepte in Gemäldegalerien des 18. und 19. Jahrhunderts. In: Kunstchronik 86, 2015, H. 8, S. 446–452.

Wiemann, Hermann: Die Osnabrücker Stadtlegge. In: OM 35, 1910, S. 1–76.

Wintzingerode, Heinrich Jobst Graf von: Schwierige Prinzen. Die Markgrafen von Brandenburg-Schwedt (Veröffentlichungen des Brandenburgischen Landeshauptarchivs; 62). Berlin 2011.

Wonisch, Regine: Partizipative Museumsprojekte in der Migrationsgesellschaft – eine kritische Bilanz. In: IMIS-Beiträge 51, 2017, S. 245–261.

Wunderer, Hartmut: Zwischen Bedrohung, Faszination und Verachtung. Der Wandel des Türkenbilds in der Frühen Neuzeit. In: Gemein, Gisbert (Hg.): Kulturkonflikte – Kulturbegegnungen. Juden, Christen und Muslime in Geschichte und Gegenwart (Bundeszentrale für politische Bildung, Schriftenreihe; 1062). Bonn 2011, S. 376–395.

Zanella, Ines Caroline: Kolonialismus in Bildern. Bilder als herrschaftssicherndes Instrument mit Beispielen aus den Welt- und Kolonialausstellungen (Beiträge zur Dissidenz; 17). Frankfurt/M. u.a. 2004.

Zeller, Joachim: Weiße Blicke, schwarze Körper. Eine Spurensuche in rassistischen Bilddokumenten. In: informationszentrum 3. Welt 293, 2006, S. 42 f.

Zimmerer, Jürgen: Humboldt-Forum – Das koloniale Vergessen. In: Blätter für deutsche und internationale Politik 7, 2015, S. 13–16.

Fundus
Quellen für den Geschichtsunterricht

Regula Argast, Thomas Metzger, Daniel Sidler, Marino Ferri

Dekolonisation 1945–1975

Nach 1945 lösten sich innerhalb dreier Jahrzehnte die europäischen Kolonialreiche auf. Dieser neue Band behandelt Voraussetzungen, Phasen und Folgen dieses fundamentalen Umbruchs. Die gesammelten Quellen erlauben es, den Unterricht zur Geschichte der Dekolonisation nach 1945 exemplarisch, multiperspektivisch, in Längsschnitten und anhand von Fallbeispielen zu gestalten und dabei die ganz unterschiedlichen Akteure aus lokaler, nationaler und internationaler Perspektive zu Wort kommen zu lassen. Der Blick auf die Geschichte der Dekolonisation zeigt die Kontinuität diskriminierender Ideologien und Praktiken, nicht zuletzt, um ihnen entschieden entgegenzutreten.

ISBN 978-3-7344-1497-8, 312 S., € 29,80
Subskriptionspreis bis 31.10.2022: € 23,90
PDF ISBN 978-3-7344-1498-5 € 28,99

Die Welt nach 1989
ISBN 978-3-7344-1327-8

Die Weimarer Republik
ISBN 978-3-89974582-5

Mittelalter
ISBN 978-3-89974398-2

Die Eroberung einer Neuen Welt
ISBN 978-3-89974210-7

www.wochenschau-verlag.de  @Wochenschau_Ver  @wochenschau.verlag @wochenschau.verlag